非典型班主任

晏光勇————

著

四川大学出版社
SICHUAN UNIVERSITY PRESS

项目策划：徐丹红
责任编辑：徐丹红
责任校对：周　颖
封面设计：阿　林
责任印制：王　炜

图书在版编目（CIP）数据

非典型班主任 / 晏光勇著．— 成都：四川大学出版社，2021.1（2023.10 重印）
（名师教育丛书）
ISBN 978-7-5690-3963-4

Ⅰ．①非… Ⅱ．①晏… Ⅲ．①班主任工作 Ⅳ．① G451.6

中国版本图书馆 CIP 数据核字（2020）第 219047 号

书　名	非典型班主任
著　　者	晏光勇
出　　版	四川大学出版社
地　　址	成都市一环路南一段 24 号（610065）
发　　行	四川大学出版社
书　　号	ISBN 978-7-5690-3963-4
印前制作	成都跨克创意文化传播有限公司
印　　刷	永清县晔盛亚胶印有限公司
成品尺寸	148mm×210mm
印　　张	11
字　　数	277 千字
版　　次	2021 年 1 月第 1 版
印　　次	2023 年 10 月第 2 次印刷
定　　价	58.00 元

四川大学出版社
微信公众号

序 言

　　既然做了班主任，没有什么说的，只能把这事儿干好！

　　这是笔者这些年来的班主任实际操作法，最初是在QQ空间和微信公众号上发布，如今从教近20年，想对此做一个总结，于是搜集整理成册。希望能够给班主任道路上艰难跋涉的同行们如下的帮助：

　　一、有比较才能找到自己的幸福感，希望笔者的艰辛历程能够给您带来清凉一夏的慰藉。每个人的班主任之路都不是一帆风顺的，经验也好，教训也好，说明我们都面临着同样的困境，既然如此，没有必要自怨自艾，反而应该携手共进，互相提携，把这一份职业做到自己能力的极限。以此来养家糊口也好，为国家民族发展贡献力量也好，抑或是一种至高无上的情怀也好，总之希望能够给予您希望和力量。

　　二、由于是各个不同时期作品的合集，所以不同的篇章可能认识水平不同，甚至出现了一些自相矛盾的地方，但是这正说明了一个毛头小伙子到中年成熟大叔的成长历程，"光哥"变成了"光叔叔"，教育管理的理念、方式方法都有了变化，也许能使处于不同阶段的您"心有戚戚焉"。

　　三、您尽可以从不同的角度来欣赏和品鉴这部作品，希望它既可以作为您研究探讨班主任管理的案例教材，也可以作为您对学生进行教育的大段演讲词，还可以作为家校交流时给家长们的指导建议。

如果您是学生，也可以从中找到在中学阶段成为优生的途径，为您的美好未来奠定坚实的基础。如果您是家长，也可以从中了解班主任工作的实际状况，从而让自己更好地配合学校，为孩子的成长助力。如果您是热心读者，您可以从中了解作为全国名校的成都外国语学校的学校状况，为孩子的未来择校了解更充分的信息。

为方便读者理解本书，特说明一下：文中"山人""Y老"指笔者，"成外"指成都外国语学校。"蓝背心"指学校组织的学生校园实践活动，以班为单位，临时安排具体任务。

由于笔者的学识水平和从教经历所限，面对的教学环境可能跟您有较大差异，有些语言表达方式不太能够让人接受，敬请谅解。毕竟笔者就是一个"非典型班主任"。话不多说，直接看正文吧！

晏光勇

2019年8月6日

的最佳武器，也是班级积极向上精神培养与展示的最佳机会。"化腐朽为神奇"，既培养和锻炼了班干部，更凝聚了班级的人心与人气！

第四部分　家校交流原则

家校默契配合，教育事半功倍。详解如何应对与家长交流过程中的困惑，尤其是要"怼"得有理，"怼"得有情，"怼"得双方心花怒放。有特色的班级建设，离不开对家长教育理念的更新，让我们"别怕好为人师，就怕枉为人师"。

第五部分　班科教师协作

做一个善于合作、乐于合作的教师，尤其是做一个"好搭档"班主任，不难。站稳"C位"，懂得"放手"。让科任老师管理学生，明白"教导"学生为何要敬重科任老师。文虽短，却实实在在做一个"硬气"的班主任，同时又备受同事称道，成为"期待中的班主任"。

基本情况

内容简介：

第一部分 起始年级管理

围绕打造"我喜欢的班级"进行新班级管理，从心理建设到制度建设，变化就是从第一天开始的。介绍了如何让学生适应教师的管理风格、师生争论的处理、与学生交往中的沟通技巧、静待花开的心态调整、习惯与细节的关注、积极人生观的培养、规范制定的原则等，在娓娓道来中见证教育理念的贯彻。让班级一开始就"从心"而变，用内在的动力去激发学生主动改变。

第二部分 班干部培养

建设"自主管理型班级"，核心支柱就是优秀的班干部管理队伍。如何聚集"千军万马"？如何破解"一将难求"？这一部分我们可以知道：班干部汇报工作的有效方式、班级人才培养的新认识、激发学生参与管理的教育引导、班级干部互相配合的锻炼方式、解决班干部思想包袱的方法、干部队伍训练的途径等。由此，可以让班级人才不断涌现，呈现万马奔腾的壮观景象。

第三部分 班级活动组织

通过班级活动，寓教于乐，"娱乐精神"却蕴含着蓬勃向上的创新力量。班会课、跳绳比赛、接力赛、歌咏比赛、韵律操比赛、校园实践"蓝背心"活动、"共读一本书"阅读活动等，这些稀松平常的校园活动，在这里都变成了调节校园生活

目 录
Contents

第一部分　起始年级管理

第二部分　班干部培养

第三部分　班级活动组织

第四部分　家校交流原则

第五部分　班科教师协作

第一部分

起始年级管理

"我的地盘我做主"，怎么把新班级打造成自己喜欢的班级？你喜欢的班级氛围是什么？你喜欢的学生状态是什么？你喜欢的工作状态是什么？一切都可以从头开始，从心理建设到制度建设，变化就是从第一天开始的。

导读：憧憬的师生良性互动，需要哪些心理建设？学生不是天然就与老师亲近的，班级的融洽氛围也不是天生的，更多地需要我们用心去养成！本书列举了一些常见的让老师更关注学生的方式，其实是对学生说的，老师们可以作为教育学生的资料使用。说到底，这些也是人际交往的基本方法，具备这些素养，能够无往而不利，又何止是在学校！

如何让你的老师更关注你

（这是一篇旧文，偶然翻到，忽然觉得很有道理，可以给各位班主任新手做借鉴，用于对学生的教育引导）

最近由于有个别同学言行很不礼貌，让科任老师很生气，甚至影响了老师们上课的积极性。同学们，一个很现实的问题是，你只是老师眼中的一分子，而老师在你的该科学习中却是全部。所以你要造反，你要成"仙"，其实和老师没有多大的关系；但是对于你自己来说，却是很大的损失。

要让老师在众多的学生中对你多加关爱，有几种方法

（1）积极向老师提问，平时多主动接近老师，为老师做一些力所能及的事情，老师需要的时候，腿腿儿勤快一些，在老师的眼中就是很"乖"的学生。

（2）真正尊重老师。不是阳奉阴违，不是花言巧语，而是平时表现出的那种自然的尊重。如主动问好，平时微笑相待，维护老师的尊严，不损老师，丢老师的面子等。对老师提出的建议积极支持，同时有不同的意见可以在私下里和老师悄悄商量。对于老师的批评，乐于以"有则改之，无则加勉"的心态对待。真正表现出一种乐于接受教育的心态。

（3）正确把握和老师的关系，不恃宠撒娇。有的同学觉得自己和老师的关系很不错，有时候就在公开场合和老师"卯"上了，这样是很不明智的。老师永远是你的老师，即使和你很要好，也需要尊重。想想看，如果别的同学知道你和老师是好朋友，但是你也反对他，那么其他的同学更不会对老师予以认同了。这样老师就失去了威信，失去了威信的老师，会把你当作朋友么？所以，老师对你比别人更严，那是对你的特殊关照，就当天将降大任于你吧。当你比别人更优秀的时候，老师表扬你，甚至给予你更好的鼓励，别人也会口服心服的。对于你来说，你成才也会更有机会，因为你得到了更严格的训练！老师对你的关照其实是放在心里的，但是他不得不考虑要让别人相信他是公平的，是无私的，他要让别人知道，你的成功既来之不易，也当之无愧！

（4）对老师抱有感恩之心。一个对老师没有感恩之心的学生，是不会真正尊敬老师的，也不会真心对老师好的！单纯从职业的角度说，老师没有责任对你"偏心"，但是，他往往也有偏心的时候。其实，只要你是一个热情、诚恳、谦逊、上进的学生，做到好学不倦，与人为善，就一定能得到老师的特殊关爱！

面　子

> 江湖险恶，不行就撤！
>
> ——网络格言

师生争论，追求完胜，最终可能双方都是输家

"宜将剩勇追穷寇，不可沽名学霸王"，毛泽东是如此懂得"斩草不除根，春风吹又生"的道理。不过，《孙子兵法》中又说，"围师遗阙，穷寇勿迫"。

为什么已经胜利在望了，还要给敌人一条生路？沽名学霸王，还是傻乎乎地错失良机？"围师遗阙"既是一种战法，更是一种思维方法。其核心是要求人们处理事情时要掌握分寸，留有余地，话不要说得太满，事不要做得太绝，给对方或矛盾产生变化的空间和时间，如果超过了一定的限度，往往会适得其反。

人际交往更是如此，如果你想要"完胜"，最后一定会发现结局还不如不胜。比如我们因为学生的违纪"拍案而起"，学生因为自己的"面子"而抗争到底，结局是双方剑拔弩张，各不相让，旁边一大群人围观。此时，若是想让学生在众目睽睽之下立即俯首称臣，恐怕是相当的难。这时候僵持下去，对双方来说都不容易，但是又得苦苦支撑，不然各自的面子就保不住了。

我们看过很多这种情景，也深刻地反思过，为什么我们要"追穷寇"？要是我们细心一点，发现学生有"丧失斗志""动摇"的苗头，及时给予台阶，"围师遗阙"，放其一条生路，也许学生立马就缴械投降了，然后你作为教师的面子也就保住了，双方都有面子，他臣服，你胜利。

"给对方或矛盾产生变化的空间和时间""见好就收"，在教育中其实也是很好用的一招。如果我们极力追求"完胜"，坚持到最后，恐怕双方都是输家。"杀敌一万，自损三千"。

苦撑场面，不如避实击虚，以退为进

其实，面子者，"实之宾"也！何必苦苦支撑？"我不把你拿下誓不为人！"说起来容易，如果遇到的也是头倔驴子，恐怕还真不敢发誓了。特别是当着很多人的面说下的话，要反悔可真不容易。

我也曾立下如此豪言壮语，然而，如今我更喜欢这句话："江湖险恶，不行就撤！"

又不是大的问题，何必和学生较劲？真理没有站在我们这边，怎么办？我就站到真理那边去！灵活机动，随机应变。教育本来就不是一朝一夕可以完成的，今天搞不定，明天接着再战，总有一天，能够等到合适的教育契机，让学生心服口服。

"围师遗阙"作为一种思维方式告诉我们，退一步海阔天空。"以迂为直，以患为利"。我也曾拍案而起，但那是在抓住了其要害，在其已经知道自己犯了大错的情况下，他已经有了一定的心理准备。暴风骤雨不是想浇灭他，而是想表达，我可不是好好先生，也不是天天都好脾气，这事我很生气，特生气，后果很严重！

这咆哮把别人骂醒的作用也许不大，但是，表明我们态度的功能倒是很完美。很多时候，我感觉，厉声呵斥，其作用主要是表明我们的态度，而不是教导道理，很多道理其实在我们的日常言行中，已经传达给学生了。

学生犯错，做老师的是责骂之，还是感到"欣喜"？不妨淡然处之，也许这正是一次教育的契机，一次老师表达自己对学生关心的机会。

要知道，一次咆哮之后，还有很多的后遗症需要慢慢处理，双方之间的情绪也要慢慢地平复，如鲠在喉的东西还要慢慢消化。那多累人啊！

特别是，当我们想"借题发挥"的时候，如果遇到较真的学生，你还真不能自圆其说。所以，批评人最好是就事论事。

对于犯错误的学生，我常常抱着同情的心态："哎，你这行为，你这后半辈子……"貌似这全部是自己的事，其实这是学生应该自己承担的责任。当你都不把这当回事的时候，一切都变化了。因为他会发现，让你生气的目的没有达到，这个错误就只得自己去承担了，那压力可不小了。

我倒是常常服输的那一类，这个回合没有取胜，我立即白旗挂起，免战牌挂起，同学，对不起，你的错误，啊，对，你的错误，我搞不定！"你伤害了我"，我"一笑而过"。其实，我这防护盾可非同一般，你胜利了么？不，你拒绝了成长！

转而，我会娓娓道来。自己为何服输，也会给其他的人谈谈自己人生成长中遇到的困扰，谈谈人生的态度。知我者，谓我心忧，不知我者，永远那么冤大头！

批评教育，工夫在课外！

问题解决得好，才倍儿有面子

小面子，就是当时的那种气势，那种尴尬的处境；而大面子，则是未来的发展，扬名立万的机会。想想，韩信胯下之辱尚且偷生，此举并非懦弱，实为反抗之不值得。此所谓"包羞忍辱是男儿""卷土重来未可知"！

面对问题，先想想自己是否有不够完善的地方，调整自己的应对方式，也许更有利于问题的解决。"知己知彼，百战百胜"是也！

导读： 新班级，最需要的就是通过沟通，让孩子们了解新班级的要求，尽快融入新的集体。"我以为"是很多人面对问题时的托词，本质上是过于自尊而自以为是，缺乏团队交流的习惯，缺乏合作互利的思维。这个世界上很多东西不是你以为的那样，你看到的真的可能只是假象。

我以为

> 最痛苦的泪水从坟墓里流出，为了还没有说出口的话和还没有做过的事情。
>
> ——读书笔记

"我以为吧啦吧啦吧啦……"

"我以为"是多么适合的解释，这一切都是因为我猜测你的心思，猜测事件的发展，我猜中了开头，却没有猜中结局。

知子莫如父母，也不能理所当然"我以为"

"我以为我们小孩不会做这些事情。"是的，每个孩子都可能是立体的，还有好多的侧面你没有看到呢！有些人"见人说人话，见鬼说鬼话"，有些人仍然保留了那一份"傻"——学不会这般心机，于是基本上是一种淳朴的生活方式，真实地真诚地生活着。然而，总是有一些学生，挣扎在困惑的泥淖里，最终失去了自己，也失去了周围人的支持。我们内心深处，还是喜欢单纯的性格，还是向往简单的生活，明是非，懂礼仪，即使被人误解也只是一时，终究可以看出你是值得信任的。

"我以为他只是这一次这样做的呢。"是的，暴露出来的问题就是这一个，然而好多时候，是"毛病小，根子深"，积累到相当程度才慢慢地显现出来。我们发现一个乖乖形象突然间被颠覆，是不是有些难以接受？但是当你回首自己的青春，你就会发现，原来孩子可能真的一直都有隐性的问题，只不过可能被我们忽视了，或者我们因为自己身份角色不愿意承认而已。

比如，孩子的人际交往出现问题，和我们的家庭教育肯定有关系，我们要反省，教导孩子的交往原则是不是太功利化了？是不是没有考虑到这个年龄阶段的特殊情况？当一个孩子的异常行为让我们震惊的时候，一定要从我们过去的教育中去反思，而不是对青春期的孩子劈头盖脸地责骂，然后宣布"禁止"。孩子更需要的是帮助，而不是指责。

有一句话是这样说的："我们要有点耐心，谁都从手忙脚乱的青涩时期走过。"你要找准问题的重点在哪里。如果孩子因为同学间的矛盾而"吃亏"了，你要做的不是讨回公道，获得一个"道歉"。重要的是发现孩子的问题，首先教育好自己的孩子，告诉他们在今后的人生中，遇到同样的事情该如何处理，学会与人友好相处，学会与人沟通。你不可能一辈子都在帮孩子清扫前进道路上的障碍，唯一能够做的，就是让他掌握清除障碍或者绕道而行的方法。埋怨对方孩子"太能干"，除了打击自己孩子的信心之外，实在想不出来对自己孩子的教育有何意义。

团队成员不同于家庭成员，团队需要更多的交流

"我以为你会知道的。"是的，你以为，然而这并没有什么用，因为我着实不知道啊！如今交流沟通的方式非常多，选

用适当方式来完成信息的交流，完成意见的表达，这不是书本教给我们的知识，更多的是我们模仿父母、家庭成员而学会的技能。尤其是当我们进入社会，已经不再是朝夕相处的家庭成员之间的那种默契了，很多时候需要明确地表达我们的需求，需要征询别人的意见——不再有家庭成员之间那种无限制的宽容了。别人不知道就是不知道，这是你要假设的前提，你的责任在于告知对方，至于会得到如何的回应，是不是你所期待的答案，虽然重要，但最关键的一步在于你先走出来。

"我以为我可以做好的。"是的，依靠自己的能力去完成，不给别人添麻烦，这是一种很好的处世态度。然而，当我们面临的工作关乎更多人的利益，关乎团队发展时，这就不是一个人自己逞能的时候了。适时地评估事件的发展状况，正确地衡量自己的能力，就变得非常的重要。凡事不只靠自己的力量，学会适时地依靠他人，是一种谦卑，更是一种聪明。不能闭目塞听只关注自己的内心，而应该敞开胸怀接纳这个世界更多的信息，既是了解自己，更是对他人负责。

"我以为这样就可以了"，还可以补充一句"我一直都这样啊"。然而，你一直都这样首先不见得就是正确的，其次，不见得这样的标准就是符合团队要求的，更不见得这种方式就是最优的。多征询建议，多了解时代发展带来的变化，也许能让你的思维发生一些变化。变换一种方式，往往能起到意想不到的效果。人生道路上，改善心智模式和思维方式，也许你的人生就产生了质的飞跃。要善于觉察到趋势的小改变，学会从不同的角度来思考，不断地学习就是能发现改变的最佳途径。

你喜欢的样子和喜欢你的样子，都离不开交流

"我以为你不喜欢我了。"人生，不要指望所有人都会热

心地帮助你，还必须用你希望的方式。更不要指望，别人一直都喜欢你，有增无减的喜欢你。除了你，在别人心目中还有许多重要的事情，还有许多需要解决的问题他必须去完成。保持一种自我激励的状态，让自己为自己加油鼓劲，激发自己内心的渴望去不断奋斗，才是自我成长的关键。

"我以为你是乖娃娃。"人都有A面和B面，而且从来都是相生相伴、互为呼应的。顺从和优秀之间，并没有必然的联系，有时候你不得不接纳他的全部。你若逼着他完全改掉缺点，优点也难免唇亡齿寒同归于尽。"我们都曾青春年少，也曾青涩懵懂，给差生一点时间，让他变成你喜欢的样子。"虽然不可能每个人都变成你喜欢的样子，但是我们至少要给予自己这样的期待。

改变"我以为"思维，需要另一种方式来保护自尊

"我以为"，往往是以自我为中心，没有学会正确地交流沟通的问题。没有深入地沟通，我们都活在"我以为"的世界里，就会按照自己的价值观、喜好、方式和习惯去做事，很少考虑别人的感受，体会别人的需求，无意识将自己的意愿强加到别人头上，等出了事才发现，原来是"我以为"的。

当"山人"第一次听到对"我以为"这句话深恶痛疾的态度时，内心是震惊的。因为"山人"也常常用"我以为"来解释，而解释常常出现在事情出现了不好结果的时候。"我以为"，实质上就是一种责任的推脱，一种不敢承认自己失败的心态。为什么欠缺了"他会怎样"的思考？为什么不直接地征询别人的意见？

只因为那所谓的"自尊"，"我以为"最重要的自尊。怕别人说自己傻，嘲笑自己，于是就在自己的小环境中思考，在

自己狭隘的格局下采取措施。这就是一种局限思考——从自己的角度思考；而我们需要的是整体思考的能力——你把自己放到整个环境中去考虑。系统地思考问题，就会发现，你的行为会与别人产生互动。"互动"，就需要我们放下自己的自尊去做事情，看到的是目标结果。一个人越是百无一用的时候，越是执念于那些无足轻重的底线，处处都要表现出自己强大的自尊心。这种自我陶醉似的自尊，不过是一种建立在不安全感之上的脆弱的自我吹捧。

理解是在以一种双重的方式丰富自己

如果你希望自己的人生不再有那么多的遗憾，不必需要那么多的"我以为"来解释，就要学会以平等之心待人，学会倾听和体会别人的感受。坐下来，慢慢地表达，听听别人的声音，表达自己的意愿，通过沟通交流达成一定的共识，然后再慢慢地做事。埋头在"我以为"的框架下做无用功，最后反而是伤人伤己，适得其反。

容许自己去理解他人，具有极大的价值。同时，理解是在以一种双重的方式丰富自己。

"你以为"呢?

导读： 做事情要有"完成时"的那种快乐，因为它能够促使我们以积极的态度，更自信地集中精力去完成下一个任务。同时，我们也应该让孩子在学习中找到树立自己信心的方面，比如某个学科、某种独特的能力等，有了优生心理，才能够产生"马太效应"。

冻 结

事物发展的最终结果对初始条件有着非常敏感的依赖性，初始条件一个非常小的偏差，将会引起最后结果的极大差异。

——读书笔记

多从"完成时"中找到成就感

"马太效应"告诉我们，任何个体、群体或是地区，一旦在某个方面获得了成功，那么就会产生一种积累优势，就会有更多的机会去获得更大的进步和成功。在实际的教育当中，我们常常要求学生"全面均衡"地学习，一会儿这个科目要努力，一会儿那个科目要用心，不停地唠叨，最后学生只好东整一下，西整一下，即使是在暑假期间，忙碌一整天却不知道自己做了些什么——因为没有任何一个科目的学习给他带来了成就感。

"完成时"对于学生来说非常的重要，因为这意味着"我的劳动成果"。暑假期间轮到家长来管教孩子的学习，最怕的就是"越俎代庖"的计划和"婆婆妈妈"的管理监督方式。暑假当然要学习，但是学习的方法确实可以根据自己的实际情况调整，我觉得暑假是家长把孩子引向兴趣发展的最好时机，让孩子发现自己的特长，发展自己的特长。

发扬优势，树立优生心态让自己变得更好

从自己最喜欢学习或者最容易的科目入手，做深入的研究，做适当的阅读和练习，让自己在这一方面获得成功，从而找到学习的信心，才能坚定自己学习的信念。这些年来，作为班主任，我遇到过很多严重偏科的学生，而鼓励的方法，也就是这么简单有效——让优势更明显，让自己树立一种优生心态，然后再扩展自己的学习范围，触类旁通，让自己一步步地做得更好。当然这一理念需要各科老师以及家长的理解和密切配合。每一次的班科联系会，我们都在分析和研讨，然后鼓励某一科有优势的学生想办法拓展自己在其他学科上的能力。简单而言，就从以前的批评学生"偏科"，变成鼓励学生发扬优势，培养良好学习习惯，拓展能力，全面提高综合素质。

作为严格以"没有批评就是最好的表扬"为准则的班主任，我也从来不吝惜对学生学科学习能力的欣赏——无论是哪一科，都对学生报以诚恳的赞扬。要知道，在如此众多的竞争者中，能够在某一科目取得优势真的很不容易，那是学生自身实力的展现，理所当然可以而且必须得到你的由衷佩服。想一想，你在学生时代从老师那里得到过多少鼓励呢？那些鼓励是不是让你触动很大？能够看到老师的笑脸有多么的不容易！

关心与鼓励，能够让师生双方温暖前行

我们以为教育学生就必须冻结自己的"笑脸"，让自己保持严肃，学生才会认可。现在想想，这样不仅仅让学生感受不到成长的温暖，更让自己的人生陷入了冷面无趣之中。一起欢乐前行，一起经受风雨的洗礼，让自己冷漠的"封印"解除！

个人的成长也是如此。你是否了解自己的优势？了解自己

的短板？是否为自己的发展做过深入的思考？

还是在百忙之中，早就冻结了自己的梦想？

解除"封印"吧！

慢跑的马儿

千里马常有，而伯乐不常有。

——韩愈

"想喝点什么？牛奶、酸奶、果奶、花生奶随便选。"
"这么多啊！怎么选呢？好吧，给我来点洗面奶。"
"还需要什么？来点宝宝霜、护手霜？"
"不错，来点西瓜霜吧！"

良马总有些特别的地方

老虎、老鼠，傻傻分不清楚！慢跑的马儿，是不是一无是处？看看《宋史·岳飞传》里的一段对话吧：

七年，入见，帝从容问曰："卿得良马否？"飞曰："臣有二马，日啖刍豆数斗，饮泉一斛，然非精洁则不受。介而驰，初不甚疾，比行百里始奋迅，自午至酉，犹可二百里。褫鞍甲而不息不汗，若无事然。此其受大而不苟取，力裕而不求逞，致远之材也。不幸相继以死。今所乘者，日不过数升，而秣不择粟，饮不择泉，揽辔未安，踊跃疾驱，甫百里，力竭汗喘，殆欲毙然。此其寡取易盈，好逞易穷，驽钝之材也。"帝称善，曰："卿今议论极进。"

岳飞是马上英雄，自然善于分辨什么是好马，什么是劣马。这句话是点评马的，不过似乎寓意深远，不然就不会有"帝称善"了。

在岳飞看来，良马往往有些"怪癖"，有点个性，对于自己的待遇水平总是有一定的要求，不然宁可不吃。于是乎让人想到了诸葛亮，需要三顾茅庐才愿意出山。良马行进也有特别的地方：初不甚疾，比行百里始奋迅。在旁人看来，要"赢在起点"，而良马却是等到一百里了才开始加速，然而连续行进几百里，到达终点"若无事然"，可见耐力之强，最终是"赢在终点"。看来今天的汽车也不一定需要在"百米加速度"上火拼，更重要的是远距离行进的"持续能力"和"安全性能"。反观劣马，确实好养，平时也跃跃欲试，一开始就奋力狂奔，其结果是才一百里，就"殆欲毙然"，要知道，这时候良马才真正开始发力啊！

岳飞总结道："寡取易盈，好逞易穷，驽钝之材也。"这句是在形容劣马，大意是：吃喝不多容易得到满足，喜好逞能卖弄而力量容易枯竭，是平庸低下之才。然而我们总是对那些"精神百倍"，时常喜欢表现的人赞不绝口，以为这就是迎合了"西方人的善于表现，可以得到更多的机会，是成功的表现"。忽略了东方人特有的含蓄和谦逊。当然，并不是说敢于表现是不对的，而是说，还要善于表现才行。

"受大而不苟取，力裕而不求逞，致远之材也。"也许这句话才是我们需要研究的重点。大意是：（良马）能吃能喝但又不乱吃滥饮，力量充足而不求逞一时之速，是能够逾越遥远的良才。厚积才能薄发，藏于九地之下，也才有机会动于九天之上，正是苏轼所说的"用舍由时，行藏在我"。

慢跑的马儿，需要我们发现内在的素养

对于那些跑得慢的马儿，我们该怎么看待？爱因斯坦小时候是个"发育迟缓"的小孩子，后来竟然成了物理学历史上里程碑式的人物，谁说马儿跑得慢就是驽马？再说了，就算是笨马，也是有机会到达目的地的："驽马十驾，功在不舍。"换句话说，只要我们给予同样的鼓励，坚持不懈，那么在目标明确的情况下，只要有恒心和毅力，也一定能够到达目的地。

更何况，开始跑得慢的马儿，不见得是驽马，反而有可能是良马。"小时了了，大未必佳"，虽是戏说之语，不过也包含着一定的道理。教育界有一种观点，就是少年得志不见得是好事。事实上，没有经历过岁月的淬炼，没有"生于忧患"，往往就容易"死于安乐"。"忧劳兴国，逸豫亡身"也是这个道理。马儿慢跑，是一种充分的调整，是一种很好的"热身"，是为未来的加速"舒活舒活筋骨，抖擞抖擞精神"。

一个深谋远虑的人，面对事情总是需要一点时间来充分分析论证，思考自己成功到达目的地的方法，经过各种方案的优化比较，最终下定是否去做的决心。即使未来遇到一些意想不到的问题，也能够积极想办法去解决，在做事的过程中，一切都成竹在胸，不慌不忙，最后成功了，也很轻松自然。一开始就"跳赞"得很，往往是三分钟热度的表现，刚开始的时候，想挣点表现，特别卖力，而成功又不能一蹴而就，中途放弃者比比皆是，即使成功，也是误打误撞，瞎猫碰到死老鼠。

注重积累，坚信厚积薄发

开始慢慢跑，活动开了，路跑顺了，后面加速起来，自然视坎坷为坦途，加之后劲十足，轻松致远。当然，要想成为这

样的好马，那就得从内心开始接纳自己，开始约束自己，开始磨砺自己。

如果我们以前一百里来看，这慢跑的马儿，往往不容易引起重视，加之饮食挑剔，实在是乏善可陈。然而，人生毕竟更在于长远，不在于短时间的逞能卖弄——哪个人都想活得久一点，更久一点嘛！

知识能力的积累也是如此，开始的时候往往比较困难。当你积累到一定程度的时候，到了一定的阶段层次，才会"豁然开朗"。一览众山小，自然地触类旁通，而最困难的就是量变的这个积累过程。

马儿啊，你慢些跑！未来的路还很长，走得最慢的人，只要不丧失目标，也比漫无目的地徘徊的人走得快。（莱辛）

不完美

> 绝不要同你并不爱的人一起出门旅行，不要搞任何花招去迎接任何一种俗套。
>
> ——读书笔记

"Y老，慢走不送！"

"……"

"本周小练笔：《这几天的自由》"。

教室里洋溢着一种即将解脱的微笑，一种莫名的愉快在每个人的眼里忍俊不禁。

"耶……"在同学们还没有喊出来之前，我的剪刀手和呼声已经抢先表演完毕。

是的，也许他们正感觉自己终于可以不用看到班主任了，却不知道班主任也在庆幸，终于可以有几天不看到这一群过于活泼的崽崽了！

人与人之间就是这样的。当你以为是自己拒绝了别人而感到骄傲的时候，说不定正是别人内心里已经正式开始和你挥手告别了——但也许他脸上仍然洋溢着春日的温情。

道声珍重！如果我们还在一起……

季羡林有一篇文章《不完满才是人生》。好好读读吧！

虽不完美，却是一次幸运的错过

我推荐了一名同学参与班级活动，由于种种原因，他最终没能上场——没有去展示，也就没有达到最初的目的。如此不完满，是不是有些遗憾？

于是把学生叫到了办公室，准备听听他这次活动的感受和自我评价。反思、总结，是我们在教育中必须引导学生掌握的人生赢家必杀技。

你了解自己吗？你希望自己进步吗？那么好，这次的错过，也许就是认清自己的一次机会，也许就是这样的教训，才让你知道了自己的"清高"和自己在人际交往中的不足。别人为什么要和你合作？要么因为你能力超强，缺一不可；要么因为你性格特好，让人感觉合作愉快。为什么别人只问你一句，然后在你的沉默中选择了别人？只能说明平时大家真的不熟，交流沟通不到位，那么很可能就会合作失败。

那么，今后怎么办？平时多和大家交流，让别人了解你，尤其是在合作做某件事情的时候，一定要让别人知道你对此事是热心的，是积极的。其次就是在合作中不要太在意"谁是主人"，而应该重在事情能否成功，即使是扮演一棵树，都要让自己风中摇曳得融情入景。我是谁不重要，重要的是这一场剧谁都不可或缺。

于是，让一场记忆深刻的缺席，变成促进自己前进的动力，认清自己，找到自己发展的方向。从原来的完美错觉中，发现自己的提升空间。这又何尝不是一次幸运的错过？

让学生微笑着，信心满满地离开办公室，这也是我期待的师生交流。

美好未来需要自己去争取

"都站起来！你们以为我是因为你们违反了纪律，所以感到愤怒么？不，我是为你们无知地浪费自己最美好的时光而感到痛心！而感到痛心的应该是你们！"

"当别人肆无忌惮地吵闹，让整个晚自习不得安宁的时候，最有权利站起来说不的是你们！不是班主任！因为，侵犯你学习的权利，糟蹋你美好青春的，正是这些吵闹的同学！这些你天天见到却没有勇气向他说不的人！你不敢争取自己的正当权利，仅仅是因为大家太熟！于是你便一点点地挥霍着自己的青春！"

"你们以为，最应该大发雷霆的是老师吗？其实应该是你们！你们不敢为自己的未来，对那些糟蹋你们权利的人说不！你们视而不见，听而不闻，仿佛这些都与自己无关，宁可在闹声中低效率地忍受着，却不愿意站起来大声说'你们安静学习不行么'，结果就是，我们都讨厌这样的环境、这样的生活，却没有勇气去改变！"

"记住，美好的未来需要自己去争取！努力学习是一个方面，维护这样一个安静的学习环境，更是一种保证！不要总是寄希望于班干部，寄希望于老师，寄希望于班主任！拿出你的正义感，拿出你对自己未来关心的心！"

"我不生气，因为我懂得去把握我自己的人生！在这样烦埂无聊的生活中，我时刻努力保持清醒的意识，知道什么对我是最重要的，我知道控制我自己的想法！你们以为我喜欢批评人？不，我喜欢鼓励别人，就如我刚刚在办公室里对他们说的一样！"

"坐下！"

发现优点，及时鼓励，不必在意效果

小W的"rap式"[1]的发言，在班会课上可谓是别具一格——其实哪次发言不是机关枪一样爆发出来的？

然而，这次却让人看到了他在语言掩盖下思维的开阔性、见识的深刻性。于是，召见小W。

小W一脸茫然地来了，貌似做好了接受批评的准备。

"一年多来，我发现你对事情总是有一些独到的见解，但是每次语言表述出来的时候，大家都会发笑，大家笑的不是你的观点，而是你表达的方式，表达时候的语气、节奏。当然，你每次发言都是比较的冗长，缺少一些提炼。但是，你完全可以让自己的优点显露出来！我提一个建议，就是把想说的话用文字写出来——每次写作文、写小练笔的时候，都认真思考，谨慎地表达。其实只要写成文字，你会无意识地浓缩语言，会不自觉地让自己的思路更加有条理。所以，写作对于你来说是一条很好的路径，让自己的优秀得以表现。看到你的同桌了吗？这学期好些篇习作我都选用了，读书多的优势就通过文字得以发挥，顺带可以把课堂爱发言的习惯控制一下。"

"给自己一个机会，让自己优秀起来！擅长写作是未来工作中的一大优势！现在就开始积累自己的实力吧！我觉得你一定可以做得到的！就这样！"

小W面无表情地出门了。

打动了内心，才会改变行为

"我想提一些建议，也许对各位的成长有一定帮助。比如说，怎么给陌生人留下一个良好印象？初次见面的人，有一种

1　一种欧美流行的说唱艺术形式。

'首因效应'，也就是第一印象，看看你的言行举止，然后就开始猜测你为人处事的能力、你本领的大小。"

"比如，我现在在讲话，但是有同学东张西望，有同学自顾自的和旁边的人讲话。和旁边的人讲话的人，你知不知道你面对的那个人可能在讨厌你？因为你打扰了他听Y老的金玉良言？如果你看不出来，你就是情商太'low'[1]了！"

"再比如坐姿，如果你东倒西歪的，桌子上各种凌乱，表情上迷茫无知，那么别人就会认为你是个'渣渣'[2]。尽管你一百个不愿意，但是你无法阻挡别人在心里蔑视你。"

"但是你坐姿端正，桌子上整整齐齐，表情上专注认真，那么别人就会觉得你是个优秀的学生。你想怎么才能给别人留下好的印象呢？"

然后，我们看到J同学这几天坐姿相当的靠谱了。事实上，J同学这学期改变了很多，那就是越来越可爱了！每个人内心深处的高贵，都可以有意识地展现出来，让自己恢复这种高贵的本真！

老师无法改变你，只有你才能改变你自己——发现自己的内心，让你自己内心的渴望引导你行为发生改变。做这些不是为了讨好别人，更不是讨好老师。与其讨好别人，讨好世界，不如省下时间和精力来讨好自己——让自己活得从容不迫，活得高雅自在！想要别人对你好，认可你，不在于你对别人有多好，而是你有能够吸引别人、抓住他的地方，有别人不具备的优点和魅力——你可以慢慢修炼来完善自己的！

喜欢看着你们慢慢改变自己，慢慢变得优秀起来——虽然

1　太"low"，指太低级。
2　方言，意为垃圾，无用、能力差、水平差的人。

你们现在抑或将来都可能不完美——然而这一切都值得你去完善自己！

班级理念始终在教育之中

"了解自己，快乐成长。你们需要老师什么样的建议？"

"其实，我的建议早就已经告诉你们了，那就是八个字！"

大家恍然大悟。高声齐呼：

"好学不倦，与人为善！"

导读： 帮助学生化解心中的困惑，尤其是自卑心理，是我们的责任。但更多的应该是积极行动，放眼未来。不念过往，不畏将来。

心 事

　　春天，把心事埋在了心灵最深处，到了夏天，没有想到它居然生根发芽了！

——"山人"语录

　　谁没有经受过青春的陶冶？谁没有过充满疑惑的少年时代？谁没有憧憬美好未来的青葱岁月？

　　那时节，我们奋斗，我们挣扎，我们痛苦，我们快乐。把一段最美丽的岁月随意书写，成为记忆深处不可磨灭的图像。

　　因为单曲循环，一句歌词而潸然泪下；因为随便翻翻，一篇文字猛地撞击心灵；因为喜欢的声音，一声轻唤而颤抖不已。

　　迷茫与徘徊，思索与奋斗，都在这里交织，在这里融化，最后铸就了那个曾经的青春，也是必然流逝的青春。

　　有些情绪，终将在岁月中渐渐消失；有些心事，终将在成长中慢慢隐去。不可阻挡的，我们必须走向成熟，走向那种不再申诉求告的大气，那个明亮而不耀眼的年龄，那个看山还是山，看水还是水的境界。

消灭郁闷有方法

　　有小朋友很认真地问我，心中的那些郁闷，怎么才可以消解？"山人"思索良久，郁闷地说，其实，这是个严肃的问题！

青春，意味着可以换一种思维，换一种心情，可以在追寻梦想的道路上，用活跃的心灵去感悟更多，去领会更多。所以，郁闷，只是因为你太沉浸在某一种状态之中了。别再单曲循环了，别故作深沉了，做回那个天真的自己，欢笑与泪水都是如此的自然而生动，不必纠结，不必泄气，勇敢地朝前走。

前方的道路，就是我们新的兴奋点，也正是我们梦想的方向。如果你是一个严谨的人，那么当郁闷来袭的时候，把这些烦心事通通列在一张纸上，左边是让自己郁闷的事件，右边是解决的办法。如果自己可以立即解决的，立即行动，把它消灭；如果需要别人来帮助的，找出能够帮助自己的人，立即恳请帮助解决；如果有些事情必须等到某些条件成熟才能解决，那么把准备工作做完之后，就勇敢地放在一边，等待时机的到来；如果有些事情是自己永远都无法解决的，就不必心存幻想了，果断放弃，承担责任与损失；如此，天下还有什么必须郁闷的呢？

放飞心情，去感受生活，感受青春吧！

自卑也可以激发我们的闯劲

有小朋友说，自己以前特别的自卑，到一个新环境来，本身就是希望有个新的开始，让自己脱胎换骨。所以，特别怕别人说到自己的往事。

"山人"心有戚戚焉，也是很怕很怕的，那是一种来自心灵深处的自卑心。可是，你看有的人却总喜欢谈自己当年的失败，当年那些故事，没有故事的青春，那还是青春么？

可是，一个人如果只能谈谈当年的辉煌，那你就完蛋了，那意味着你只能提当年勇了，而好汉是不提当年勇的。敢于提及自己当年的落寞，正是源于对自己未来的信心。

于是乎我问，你现在还怕么？小朋友说，好些了。是的，一个人在新的环境中，通过自己的努力，渐渐地走出来了，说明他比以前更成熟，比以前更努力，获得了小小的成就感，那就是一种幸福，一种成长的乐趣。

我们不怕当年落后，就怕现在不努力。未来，我们也许可以很自豪地说，我们就是如此这般地努力挺过来的，当年的落寞，正是你今天低调炫耀的资本。

道路越来越宽，心灵越来越坚强，这才是我们成长的真正路径。也许，我们起步很晚，开始时的速度也不快。还记得那句话么？越是载重量大的飞机，起飞需要的跑道越长；一个飞轮，启动的时候也许速度很慢，需要的推动力也很大，但是一旦运转起来，其继续转动的惯性也越大，并且只要高速运转了，其维持运转的力量就比启动的时候要小得多，那就是惯性的力量，对于人来说，就是我们培养的良好习惯的力量。

我们不怕开始的慢，不怕启动时的费时费力，我们只怕自己不启动，不运转，不持续给力。同样年龄的人，在成长的过程中，和身边诸多的人相比较，你会发现在岁月长河中，有的人逐渐沉没了，有的人却超然前行；有的人越来越好，有的人却每况愈下；这当中，有机遇的原因，但更多的是一个人是否在持续地努力，是否在竭尽全力地开发自身的潜力。

行动的勇气，我们也有春风得意马蹄疾的一天

"一个人的人生最适合的目标不是社会公认价值最大的那个目标，而是最有可能实现的那个目标。"只有自己能够实现的目标，对于你而言，才是最有价值的，最合适的。我们不去好高骛远，只需要做好自己最擅长的事情，最能够完成的事情，逐步提高自己。

年轻，我们不怕，无须害怕。"昔日龌龊不足夸，今朝放荡思无涯；春风得意马蹄疾，一日看尽长安花。"当你在最擅长的方面通过不懈努力建立了属于自己的地盘时，谁还敢说你是傻瓜？谁还会嘲笑你当年某某学科不及格的悲伤故事？聪明，不是单指你全面发展，更多是指你开发出了自己的潜质，发挥了自己所长。"物尽其用，人尽其才"。从科学研究角度来讲，人的智能是多元的，所以每个人都能够找到自己最擅长的方面，也可以通过训练来激发这种潜能，让其成为自己成功的条件。

"朝闻道，夕死可矣。"也许我们曾经荒废了岁月，如今幡然醒悟，期望自己改变现状，渴望获得成功。那么我们不用去抱怨过去，不必去责备环境，只需要从内心深处树立一种信念，酝酿一种动力，然后开始一番行动。

有些时候，我们缺乏的不是时间，而是行动的勇气与前行的毅力。

把一个梦想种在心里，把行动落实到日常生活中，它一定会生根发芽，茁壮成长的。

导读： 戴红领巾的要求既要从实际出发，在有必要的时候必须佩戴；也要有原则性的宽容，寻找到解决部分学生"忘性大"的办法，在不影响班级风貌的情况下给予恰当的帮助。更重要的是，让学生知道这实际上是一个人良好习惯的表现，把重要的事情铭记于心，同时也是集体观念的体现。

红领巾与学习之废话篇

最近发现自己废话特别多，本来不喜欢争论，不喜欢发表看法，突然热衷于表现了。悲哉世也，这样要不得啊！

还是保持沉默的好，无论沉默的爆发还是灭亡，都无关紧要，沉默是金！

戴红领巾，是注意小细节，严格要求自己，培养好习惯的开始

戴红领巾和学习有什么关系？很多家长可能也没有真正想过，学生对这件事情其实不甚了解。仔细思量，也真没有什么直接关系。不过，倒是有一个很常见的现象，经常不戴红领巾的学生，往往在学习习惯上都存在诸多毛病，如课堂上不遵守纪律，常常不认真完成作业，自己的书籍文具等都是胡乱地塞在课桌中，一切似乎都显得很随意，很凌乱。

不戴红领巾，首先是没有严格执行学校的要求，先不说什么崇高的理想，单单是一个小小的要求都难以执行，这也就意味着，老师在学习上的要求，可能也常常被打折扣。只要是"我"认为不喜欢的，都可以敷衍应付，好多优良习惯在与自身恶习相抵触的时候，我们都自然地倾向于保护自己，恐惧改变，那么优良的习惯就很难养成。

首先执行要求，并非是让学生学会"盲从"或者做一个"机器人"。要知道，培养学生的独立性、理性思维也是学校教育的重要任务，遵守学校的要求不等于就是盲从，就如遵纪守法不等于盲从一样。每个学校都有一些延续已久相对有效的管理措施；每个班主任都有着适合自身个性，行之有效的班级管理方法，那么，在相对的时间段内，这些方法既然有效，就对培养学生各方面素质有着重要的意义。

戴红领巾，其实就是注意自己的小细节，严格地要求自己，力求做到学生最基本的要求；有了这样的心态，就可以把这些好习惯延伸到其他方面，如对学习的态度，对学习细节的把握等。再如，能够每天记得戴红领巾，就和每天记得自己学习任务一样的简单，就如每天认真整理自己课桌一样的自然，于是就有着良好学习习惯了。我们都知道"破窗效应"，如果我们在这些细节上不太注意，其实就是放任学生"看心情办事"，情绪化管理自己的学习与生活的习惯，最终从一件小事的不当，发展成为事事都放任自己，一切都是浮云。

好习惯有助于在新的领域获得成功

我们在办公室，常常看一个人的桌子上是如何放置东西的，看他的办公习惯，大致就可以猜测其工作能力。看学生的课桌抽屉，看平常学习状态，大致可以猜测出学生的学习状况：成绩是否优秀，习惯是否良好等。成绩也许在人生之中真的只是浮云，因为和工作能力没有必然的联系，但是"浮云千载"，也可以"悠悠"多年，成为你综合素质中一个不可或缺的部分。

我们常常发现，这个世界如有句格言所说的："凡是有的，还要加给他，叫他有余；没有的，连他有的也要夺去。"为什么有的学生会越来越优秀，甚至是到了中学之后，参加一些活动是以前从未接触过的，但也做得非常好，比那些自诩为有经验的学生还要好？我发现，这就是习惯问题，当然也是一个能力迁移问题，因为这些学生平常做事就有一种认真对待的态度，就有强烈的责任心，会努力去学习钻研，然后竭尽全力去完善它，因此，即使没有什么经验但是也可以很快地上手。而那些自以为有一定经验的人，由于抱着兔子赛跑的心态，即使完成了，其水平也和以前没有什么差别，达不到新标准和要求，自然就被后来居上者超越了。

优秀学生有的是什么？其实大家的硬件都差不多，只不过在人生的学习旅程中，人家在不断地优化重组自己的"软件"——思维方式，不断地提高自己的运算方法——各种习惯，然后在综合性能上就更优秀了。"脑袋是日用品，不是装饰品。"所以人不学习要落后。当严格要求成为一种习惯的时候，其实是不需要外在力量来约束自己的。自然，良好的学习习惯、管理习惯，都会促使自己在人生的道路上越来越优秀。

老子也说："天之道损有余而奉不足，人之道损不足而奉有余。"对学生而言，如果放任自己心情，情绪化地管理自己的人生，那么很可能导致自己原有的点点优势，也会逐渐地消失，在人生的马拉松旅程中慢慢掉队。这就是为什么有的学生在小学很优秀，到了中学后就逐渐衰落。在教育中，多关注学生心态的培养，良好习惯的培养，那么可以起到让学生在原有基础上进一步发展的作用。既然是要在原有基础上进步，也就意味着，即使以前很优秀，但是为了将来的发展，也要多多地发现其身上的不足，并及时地纠正，努力地培养新习惯、新思维。

因为有着新的思维方式、新的标准来要求自己，那么肯定就容易增强自己各方面的能力，所以，常常看到有的学生身兼数职，能力还绰绰有余；而有的学生即使只做个小组长，也还是完不成任务。"人和人之间的差别咋就那么大呐！"

小小的改变，坚持下来就是大大的进步

既然是从"有"到"更有"，那教师可以让学生先有个"小小的有"，让他逐渐改变自己。通过心理学上的"渐进效应"来改变学生。因为每个人都有一种本能的"安于现状"的心态，对于改变，常常是痛苦的，不情愿的。要想脱胎换骨，那需要多么大的勇气与毅力啊！但是，我们对于小小的改变，还是愿意的。那么，就从小小的改变开始，让学生在不知不觉中，思维得到了转换，观念得到了改变。比如，小组长也是一个小小的改变，能不能在其位谋其政，做好它？这个可以有嘛！好，做好了，及时地跟进，做个大组长呢？这样逐步地就完成了。不仅体会到了成功的喜悦，增强了自己的信心，还让自己在小小的变化中体会到了习惯的改变。

戴红领巾也是如此，如果班干部也常常出现不戴红领巾的情况，那么就意味着他对班级纪律的忽视和对自身要求的降低。自然就会带来更多细微的变化，如学习上的降低标准等。这些变化自己常常是很难发现的，需要老师来发现并严肃地指出来。古人说"防微杜渐"，就是这个意思。"千里之堤，溃于蚁穴"，要注意好这些小细节。

废话一篇，随便说说。

导读：老师没有未卜先知的能力，不过是看多了不同学生的表现，领悟了人各有不同而已。优秀来自日常的训练，来自对自我的严格要求，来自在活动中不断总结经验教训，从而学会了灵活机智地处理问题。

未卜先知

关键时刻的优秀表现，来自日常的严格训练

"我坚信明天有人会忘记着正装！"

"老师，不要太自信！"

不，老师的自信是有根据的！这就是墨菲定律，越担心的事情，越可能出现！

"山人"的英明神武，今天果然再次印证了：6个人忘记了，这导致他们必须在课间操的时候回寝室换衣服，然后又不出意料地迟到了。

其实参加录像的同学昨天还特地强调了，但是今天依然如故。但有人依然如平常那样，把领带歪戴着，把西装敞开着，根本没有想象过自己在荧幕中的形象。老师没有讲么？不，讲过，然而更多的人没有这样的意识，只是一种习惯罢了——不习惯给自己一个优秀的未来。

如果是一次有关你应聘，有关你升职加薪的重大会议，你还敢如此轻率地迟到么？如果你一直没有守时的习惯，没有严格要求自己的良好素质，你能够保证自己不出纰漏么？

"装"不出来的优秀

"Y老，声音大一点！"

彼时"山人"正在播放生物课摄制的录像给大伙儿欣赏，目的是让他们看看自己在荧幕中的形象，技术以及器材问题，视频中的声音比较小，背景音有点杂乱。学生在围观的时候，又不时地发出笑声和议论声。

"山人"凝视了一下发言的人，然后……

"哎……"（"山人"的声音陡然提高了八度，然后……教室里突然安静了下来，大家惊恐地看着"山人"……然后，安静的教室里果真就听得清楚视频的声音了……）

（Y老，我是喊你把视频声音调大一点……）

（现在不是听清楚了吗？）

看看视频里面自己的形象有什么感想？客观地说，绝大多数同学是坐有坐相，站有站姿的，发言的声音也洪亮，语言表达也非常清晰流畅，表现棒棒哒。但是，我们也看到有时候，有同学不自觉地转笔玩儿，有同学神情严肃，但是实验操作上却基本上没有参与，也就是"木处处"地坐着，没有动手；还有同学，忘了自己是在镜头面前，那些小动作、爱说小话的恶习不经意之间就暴露无遗了。

这一次的观影让大家看到了自己的形象，也许，留给我们的思考也会更多吧？

日积月累，习惯成自然

我们常说，台上一分钟，台下十年功。其实一个学生在镜头前的表现，虽然只有四十分钟，但真的很能发现他的学习习惯、行为习惯。课堂开始的几分钟，你也许还能有意识地控制自己的言行，但是当课堂继续推进，你的注意力就会逐渐地放松，那时候就看到你的课堂习惯了。是的，遮不住的！

延伸到我们的考试，同样如此，如果你没有良好的考试习惯——最近出现部分人作弊，或者利用收卷前几分钟浑水摸鱼，或者在考试过程中东张西望注意力不集中，那么遇到重大考试，你想改变自己都很困难。思考问题的方式，做题节奏的把握都在于平时的训练，人在紧张的时候——尤其是重大考试的高度紧张当中，平时训练得比较熟练的方面，做起来就得心应手，平时没有训练而只是"意识到应该怎样"，那么很可能出现"舌尖上的遗忘"，出现"会而不能"。所谓的粗心大意，其实就是与平时的训练不到位，与智商关系不大，与态度是否端正关系不大，而与训练是否达到了要求关系极大！

有的人做事情，平时不用功，总想临时抱佛脚，碰运气，偶然一两次成功是有可能的，但是想次次都如愿以偿，估计谁都帮不了你！人生的成长，在于每一天都做一定量的事情，而不是看你某一天做了多少事情！

在活动中学会领悟目的，灵活机智处理问题

"为什么我站着的时候只拍到半个脑袋？"

是的，双机位拍摄，为什么有一个机位角度始终没有变化呢？哦，原来是守着这台机位的同学，真的就是"守着"，没有跟随课堂的进度和变化，稍微地调整镜头方向。

怕出错么？不知道需要调整镜头？不懂，为什么不问问老师？"机灵"一点，看来真的不是乖娃娃能够做到的。是的，也许我们没有这方面的经验，可以责怪老师没有教，但是能不能从自身角度来想想，我们一个人该怎么才能让自己更出色？我们难道只能在老师和家长的视野里长大成年，然后限定在这

样的圈子里"成功"？

平时总是强调，我们要多参与各种活动，多去见识一下，多发现自己的不足，从而知道自己哪些方面需要提高。不然，我们永远是"乖娃娃"，最终只会成为唯唯诺诺、谨小慎微，毫无应变能力和创新能力的人。也许有时候，我们真的应该多反思一下家庭教育观念了！

这一次，没有批评，只有遗憾和教训。我不会为你犯的错误而难过、生气，只为你失去了证明自己优秀品质的机会而遗憾，只为你忘却了每一次活动都是培养历练自己的过程而叹息。

让学生懂得为自己的失误和过错而痛心，从而警醒，从而改正，从而进步，这才是教师的责任。

没有未卜先知，只有付出与收获的因果关系。

我与非我

　　你看到的我是你印象中的我，其实不是我想象中的我。

——"山人"语录

　　每个人的心中都有一个最完美的自己，都有着自己能够上天入地积极进取的样子。然而，在人生的行进过程中，我们常常会迷失方向，会跌倒，会犯"二"，往往不如别人期待的那么优秀。

　　于是，我们总是会受到不同眼光的"秒杀"，我们总是在别人的目光中变得焦灼，在别人的指点中迷茫。最终，我们也许变得越来越如别人期待的那么温顺，却再也找不到我们自己想象中的样子了。

不要过度关注学生的错误

　　英国行为学家L.W.波特曾经说，人们在遭受许多批评的时候，往往只记住开头，其余就不听了，因为他们忙于思索论据来反驳开头的批评。

　　也曾经，我喜欢把犯错的学生揪过来，狠狠地批评，声色俱厉，一定要让其无地自容。那时节，我以为这样才能够显示出自己作为班主任的威严，体现我的严格教育，而且杀一儆百，让人不敢"欺负"我！结果是，我刚刚批评完，一转身，那些被批评的人，做个鬼脸，蹦蹦跳跳地继续自己未竟事业去了，一切依然如故。

有些时候，过于关注学生的错误，尤其是一些非本质的错误，一些在成长的过程中必然出现的失误，很容易挫伤学生的积极向上的心，甚至使一些学生产生严重的对抗情绪，从而使班级的管理难度层层加大。

成长的过程，就是一个人不断试错的过程。如果我们过度关注学生的错误，就不会有人勇于尝试，而没有人勇于尝试比犯错误还要可怕。它让我们的学生拘泥于现在的一切，故步自封，不敢有丝毫的逾越和突破。

当然，我们不是做好好先生，让学生无法无天。但是，如果过于挑剔，常常会让学生处于一种极端的紧张情绪中，那么很难有平和的心态来思考、学习和提高。在一种不良情绪的影响下，不仅影响学生学习的成绩，恐怕还可能会对学生身心造成隐性伤害。

对已经犯错的学生，我们的评价方式，更应该着重于犯错之后，是不是善于从错误中学习，吸取教训，是否勇于承担责任。变责怪为激励，变惩罚为鼓舞，让学生在接受惩罚的时候心怀感激之情，进而产生前进的动力。

冷静一下再处理，找到问题的根源

我们看到了学生的行为，不见得我们就了解学生行为的动机，而且这行为结果也不见得就是学生所愿意产生的。如果我们没有深入了解，根据现象就匆忙下结论，就容易给问题处理带来隐患。

有时候，作为教师也会"以小人之心度君子之腹"，以为自己有多年的教育经验，某某现象一定就是某种原因产生的。于是乎，没有调查研究，果断批评，斩乱麻。殊不知，如果不小心成了昏君，你的乱麻没有斩断，新麻烦倒是不断地来，那可就事与愿违了。

　　戴着有色眼镜看学生，以貌取人，以刻板印象，看不到学生的变化发展，都会产生这种自以为是的幻觉。原本我们想做个好人，结果却不是我们想象中的那样，而在别人的眼中，就更是大相径庭了。

导读： 新一届学生群体，你脑海中还是"上一届"的憧憬吗？保持一种平和的心态，善于营造一种向上的氛围，散发一种友善的态度，你面对的就是"别人家的孩子"，欣赏、鼓励、帮助，负责任的老师并不一定要苦大仇深，春风化雨更能够给自己一片美丽的天地。

邻家小子

初，先生谓学生曰："尔等今为吾弟子，不可不学！"学生辞以天性爱玩。先生曰："孤岂欲尔等读书为职业耶！但当涉猎，为考试耳。尔等言贪玩，孰若孤？孤常贪恋读书，自以为大有所益。"其乃始就学一点点。及半期考试后，看其成绩，大惊曰："卿今者成绩，非复不及格者！"其曰："孺子可教，自发愤图强，先生何苦天天揪着我乎！"先生遂告其母，严格而教！

——"山人"笔记

主动站到学生队伍里去，适应每一届学生的客观条件

不看成绩，都是乖娃娃。这是我们老师常常感叹的。是啊，如果不看成绩，而看他们朝气蓬勃热情开朗的眼神，那么就知道这是中学生的黄金年龄，是最值得人羡慕的。

有教无类，是要我们在对孩子进行教育的时候，不要遗漏任何一个渴望进步的孩子，而并不是要求每个孩子的成绩都一样好。问问自己，我们是否远离了这样的初衷？我们是否选择了以成绩作为衡量老师和学生的唯一标准？

有些客观环境条件我们是无法改变的，我们能够改变的，就只有我们对教育这件事情的态度。魏书生老师常说，你把孩子看作天使，你就生活在天堂；你把孩子看作魔鬼，那么你就整天生活在地狱。

改变我们的态度，首先得改变我们的立场，改变我们思考问题的方式。是要把学生放在对立面，还是主动站在学生队伍里？毛主席说，考试不是与学生为敌。我们改变观念，多一个朋友总比多一个敌人好吧？朋友多了路好走，朋友爱学习了成绩就上去了。

不可否认，在班级中，总是有些学生是不爱学习的，也有些学生是努力了但是成绩总是提高不了的。那种一学就懂，成绩优秀，人又乖巧的，毕竟是少数。很多人，都是依靠着勤奋和执着，才取得一定成绩的。

承认现实，我们才有重新寻找方法的可能性

我们讲解了很多次的那些道理，那些题型，我们自己自然烂熟于胸，但是对作为初学者的学生而言，却往往是难上加难。即使重复多次，也许仍然会犯习惯性的错误。看到这些，老师常常有一种怒气无法遏制地爆发出来，学生或许惊慌失措地站着，或许一脸无辜地看着你，或许满脸不屑地蔑视你，或许愧疚自责地垂首而立。总之，发过了火，该错的依旧一如既往地错，你奈他何！

这些现实，我们天天都在经历，孩子们也在天天不知疲倦地上演着。有时，我们和家长交流的时候会有那么一些无力感，家长也许会觉得老师太不近情理了，可是，当面对这些情况时，作为凡人的老师又该如何平复自己的心态呢？！

这，就是我们现实的处境。家长只是在看到成绩通知的时

候，一阵难过，而我们面对孩子天天出现的学习问题、行为问题，都得烦恼，都得想方设法去帮助孩子解决。难怪说，教师是常常伴随心理疾病的职业，因为我们面对的事情，有太多的烦恼忧愁了！

换一个角度，换一种方式来看待，积极思维去解决问题

用我们的微笑去改变世界，别让世界改变了我们的微笑。做到坦然，做到自由，那就是从深陷其中，到有距离地审视，我们站在学生成长的路边，为这些奔跑在人生道路上的孩子们加油助威的人！

我们须明白，改变学生的，不是我们所谓的"教育"的力量，而是源自学生自身那种对成长的渴望，对未来的自信，对人生幸福的追求信念。作为教师，最主要的就是去激发学生的奋斗激情，激发学生的斗志，在他们偏离航道的时候善意地提醒，在他们疲惫松懈的时候安慰鼓励，不仅仅关心他们飞得高不高，更要关心他们飞得累不累。

回首这些年的教师生涯，我越发喜欢把学生看成是邻家小子，也许顽皮，也许聪慧，也许狡黠，也许善良，也许坦诚，也许懒惰，也许……无论如何，他们都是邻家小子，永远不是我们生活的负担，不是我们今生非得怎么样的那个人，何不坦然面对他们的不足呢？给予真诚的帮助，给予不倦的教诲，给予可能的要求，坦然相伴三年，如此而已。

我也生气，也咆哮，也怒不可遏，但是在一切都烟消云散之后，依然不忘记可以给予的帮助，依然不时欣赏他们身上闪光可贵的品质。只要那种真诚还在，只要有着对老师的尊重，对同学的友善，那么一切都是美好的。

当你把有些东西看得过于沉重时，那种沉重感就很难消

失，你的生活就不可能轻松，你的教育就可能狭隘而偏激。当你换一个角度，换一种方式来看待时，往往会有柳暗花明又一村之感。

邻家小子，好好干，前途大大的有！

导读：如何让学生对你又爱又敬？能够恰当地保持着和学生之间的距离，善于在不同时刻调整距离，这就是一种教育的智慧。既要有教育学生的"威力"，更应该有鼓舞学生的"亲和力"，阳刚与温柔，集于一身才是班主任的魅力。

治愈系

如果你不出去走走，你会以为这就是世界。

——网络格言

"我们都有畏惧的东西。一个人越聪明，他就越会感到恐惧。而真正勇敢的人即使知道自己害怕，也会强迫自己继续前进。"乔治·巴顿将军如是说。鸟儿因为相信自己的翅膀，可以毫无顾忌地站在树枝丫上，欣赏日出日落、云卷云舒，或引吭高歌，或喃喃自语。这就是对自己的自信。

距 离

建立和学生多方面的联系渠道

我们应该和学生保持什么样的距离，才能够让他们感到敬畏？如果，我们给了学生QQ等联系方式，是不是就显得太近了？

远与近可能有不同的表现形式，但似乎和这些没有关系，你的严肃面孔和刻意保持的所谓神秘感，可能确实可以让学生"敬而远之"，然而对教育教学来讲，不见得真正达到了当初的目的。有个班主任说得好，让学生"敬爱"，就是说要有原则，要有"度"，在让学生知道你作为教师的威严之下，还有对你的爱，这就是你具有亲和力的一方面。

"山人"一直认为，学生知道你的QQ号码，和你有这些交流方式，不见得就会让你威严丧失，你也不会失去学生对你的尊敬。要知道，这只是现代社会的一种联系方式而已，它只会加强你们之间的沟通，而不是削弱你们之间的信任。

距离是"敬"，亲和是"爱"

学生对老师的敬，有些是来自对你权力的畏惧，有些是对你专业能力的信任，有些是对你人格魅力的仰慕。而最能够让学生服气的，应该是对你的专业能力和人格魅力的充分信任和佩服。以人育人其实就是人格魅力带来的教育效果。

如果我们的老师止步于遗留下来的教师权威效应，以为少和学生交流，保持自己的神秘感就可以达到"威慑天下"，估计这样的"威天下"也不会长久。专业能力突出的老师，学生应该是很赞赏的，他会愿意接受你在专业方面的指导，对你产生充分的"敬"。而能够让学生产生"爱"的，是老师对学生的爱心，对学生真诚的帮助，是老师自身拥有的那种独特的魅力。而后者，常常让学生乐于和你交流沟通，也乐于向你倾诉自己的想法，倾听你的建议。换句话说，这个时候师生之间像朋友般互相信任，互相支持，这是一种非常愉快的交流，也是让老师把工作和生活都变得美好的境界。

威信不是吼出来的，再说天天听你吼，慢慢就习惯了，你也总有"黔驴技穷"的一天。教育本质上应该是一种沟通，而不是一种灌输。我们能够和学生多一种沟通的方式，也是一种幸运，重点在于你怎么运用，而不是一味地拒绝科技发展带来的便利。有这个方式，不是用来闲聊的，也不是随时教育别人，而是在关键时刻，或许可以派上用场。"山人"的运用，主要是在一些工作上——如资料的传送等等。偶尔，通过这种方式来鼓励学生，包括在假期给学生的建议等等。

合理的公平公正能够调节师生之间的距离

孙子有云："厚而不能使，爱而不能令，乱而不能治，譬若骄子，不可用也。"这是太过于近，没有距离，甚至可以说是主将心太软而造成的恶果。换句话说，没有魄力没有决断力，甚至是没有是非观念的表现。而真正能够治理好一个团队的，就必须"文治武功"并举。

于我们的新生而言，一方面要建立威信，一方面也要给予适当程度的关爱。也借用孙子的话来说这个过程："卒未亲附而罚之，则不服，不服则难用也；卒已亲附而罚不行，则不可用也。故令之以文，齐之以武，是为必取。"这就是一个新团队管理的过程。

能够公平公正地处理事务，也是调整师生距离的方式。当一个学生和老师之间开始比较近的时候，也就是开始逐渐放松警惕，开始露出狐狸尾巴——显现出真实性格的时候。如果这个学生有一些习惯不是特别好，很可能就表现出来了，而如果你的管理和指点不够，别的学生看在眼里，也就会跟着学起来，你能不能平等对待？处理，一定要合理且公平，而不是绝对的公平——对待和你关系好的学生，你应该更严厉一些，给其他学生树立一个典型——因为一般人都会合理地怀疑你对"亲信"的处理带有偏袒。

客观公正的考核评价能够保持距离

能够用客观公正的考核标准来评定优劣，也是保持距离的一种方式。量化考核，根据平时的"军功"——日常表现累积的操行分数来衡量，这是一种可以选择的方式。

同时，我们应该明白，作为教师，绝对不可以把你对学生，对这个科目的期望，寄托在某个你偏爱的学生身上，只有他考第一你才高兴，只有他做好了你才表扬——这些都会造成学生之间的分裂，以及学生对你的不信任。事实上，这样的话，你的喜怒哀乐就被绑架了，一旦这个学生出现不可饶恕的失误甚至失败，你就会跟着崩溃。最好的办法就是，告知学生，任何人考到第一，你都感到高兴，而且你也在不断地鼓励其他学生勇争第一，在班级创造一种你追我赶的学习竞争氛围。而学生在面对这种情况的时候，也总想让自己做得更好，得到老师的赞赏和同学的认可。教师的评价、鼓励应该具有普适性，而不是专一性。

教师能够对不同的学生，都给予客观的评价，把发展创造的机会，合理地分配给更多的学生，也就营造了更好的进步氛围。任何人都不是唯一，但是任何人都有机会展示自己，发展自己。你的这种平等、博爱，其实就是在表示着一种距离——如果学生没有表现出一定的求进步的热情，没有做到积极向上，有些机会可能就会被别人获得——本来这个世界机会就是留给有准备的人的——你唯一可以做的就是不断地努力。

给予鼓励——你可以做得更好，你已经在努力了——比给予廉价的表扬"你很聪明"更能够激发学生的斗志。勇敢地尝试，努力去学习，即使没有达到预期目的，但我们也一定能够获得某种收获——经验或教训。这就比重复那些我们已经熟悉和稳操胜券的游戏，更能够培养学生的自信，培养学生的能力。

学生在这样的环境下，自然知道赏罚分明，知道什么叫作距离。而这距离，确确实实产生了教育教学之美。

阳刚之美

"我全毁了！我全毁了……"

我的哀号没有带来同情，反而带来了大家欢笑——本来我们就是为了带来欢笑，自娱娱人。反串角色就是这么逗比！这么不忍直视！

先天不足，要想从外形上占据阳刚之美的优势，看来是不可能了；由于天天和这群带着无比逗比气质的人在一起厮混，从语言到动作无不显示出不可逾越的幼稚，看来也不可救药了。

善于交流，能够为学生成长提供帮助才是阳刚

未来的发展趋势，看来只有从处事决断能力，从决心意志上去实现这个颇不完美的转变了。事实上，"山人"一直以为，真正的阳刚之美，应该是"泰山崩于前而色不变"，是"运筹帷幄之中，决胜千里之外"，是"言必信，行必果"，是"虽九死其犹未悔"。内心的强大，才是真正的强大。

人往往容易被假象所迷惑——就犹如"山人"常常被别人认为幼稚与无知一样——我读书少，你不要骗我。一个人的优势，在某些人眼中可能就是不足，其实能够适应环境，快速适应环境，进入角色，也是一种能力。如果在对待这些初中生的教育管理时，我们摆出一种高高在上的姿态，一种不可一世聪明全能的俯视态度，实际上是加深了代沟而无法真正获得学生的认可，并起到教育促进作用的。教育，不是单纯的书本知识的传授，如果仅仅是书本知识，现在的科技如此发达，什么东西搜索不到？还需要你喋喋不休耳提面命？

然而科技无法代替人与人之间的交流，更不用说产生激励鼓舞作用了。正因为如此，教师这个职业才难以消亡。看看

《星球大战》里面，不是还需要"master"么？科技可以测出你的智商程度，你很多的物质特性，但是很难预测你的内心，很难帮助一个人了解自身精神力量方面的潜质，这些都需要人来完成。

"逗比"也是一种"教育生产力"

而"山人"的"逗比"，事实上只不过是在现有环境下的一种适应，当然无知的人也往往是乐观的人，是对未来充满好奇的人。更重要的是，与人交往是需要一种亲和力的，尤其是对于这个年龄层次的学生来讲，也许这就是优势。

郑板桥说："难得糊涂。"这里面包含了多少人生智慧啊！

做一个完整的人，而不是精神割裂的人。能够简单、快乐地生活，为什么还要去拼命地寻找一种复杂，来彰显自己的"智慧"？

阳刚之美，在于给人一种温暖，一种靠谱的感觉，一种刚柔相济不断提升的境界。始终记住：太刚必折，太柔必废。

走走停停，笑看江山风月，整个人都好了！

导读： 鼓励学生是一门科学，更是一门人际交往的艺术。真诚坦率的交流，简化行为的坚持，能够让班级氛围越来越富有活力，教师也会从中找到班级管理的幸福感。

"放牛娃"（节选）

调整好自己的心态，才可能真正鼓励学生

人的成长亦如是。与其为那些"才能卓越"的人锦上添花，不如对那些还在默默奋斗的人雪中送炭。同样的一个学生，你会在什么时候认为其很有发展前途？当然，这就看你从哪一方面来确认人的"前途"。如果你的评价标准过于单一，那么有潜力的人则少之又少；如果你的评价方式多种多样，那么你可以充分地发现人类才能的多样性。

你也可以讲故事，你也可以让别人相信某个故事，甚至让某个人自己成为一个故事。作为教师，传道授业解惑自然很重要，但是比这个更重要的，是如何鼓励别人自己去发现答案，自己去创设问题并自己解决！闻道有先后，术业有专攻，教师的术业应该就是鼓励别人。

鼓励学生的方式有很多种，但是对于我们教师来讲，重要的是你的心态——在你的心里本身是以什么态度来面对学生的？你觉得你的教师职业值得你为之付出么？如果你以为这仅仅是谋生糊口，那么得过且过的思想将让你止步于传道授业解惑；如果你认为职业生涯本身也是你人生的一部分，而你认为人生应该是很愉快的，是一种享受，那么你就会努力让你的本职工作也变得多姿多彩，让这占据了人生相当部分时间的工

作，成为一种别样的人生体验。积极的心态，引导你积极思考解决问题的方法，而不是悲叹职业的枯燥与无聊。

带着自信，鼓励学生也就是营造良好的氛围

如果，我们处在积极鼓励别人的层次上，那么我们也会常常被自己的这种乐观精神所鼓励。你心中的世界、眼中的世界、口中的世界，往往是交相辉映的——心中的美好带来眼中的美好，带来口中的美好。教师身上的那种积极向上的热情，会给学生带来潜移默化的影响。一个善于学习的、细心的学生，更是容易在这种情绪的带领下奋发向上，创造更美好的未来。而班级也往往在这样的氛围中，健康地成长，给教师带来正能量，最后就形成了良性循环。

"不错""很好""加油哦"，表达的时候太生硬，就会给人一种假兮兮的感觉，没有感情，只是为了"鼓励"而客套而已。真正能够给人以鼓励的，是那些充满感情、轻松自如的表扬。老师在说这些话的时候，有没有注意到自己的表情？有没有注意到自己的语气？有没有从内心感受到学生的进步？可以三思矣！

照本宣科的老师，学生就是在你指定的范围内学习，最乐观的情况就是把你所知道的全部掌握而已；而善于鼓励学生的老师，学生就是在各自的视野范围内积极探索，能够知道老师所不知道的很多东西。毕竟，我们老师的知识面和见识水平始终还是有限的，而学生由于数量大，每个人的成长环境不一样，接受的教育也不一样，家长的职业多种多样，家庭所提供的视野自然各有千秋。那么综合起来你就会发现，总是有学生在某个方面的见识和视野远远超过老师。

善于鼓励学生的老师，总是能够给学生带来正能量，总是

能够让学生从老师的眼中看到理解、信任、支持和赞赏，总是能够在日常生活中，感受到老师所创造的那种积极向上的氛围，那种让你沿着正确的方向策马飞奔的自由。当然，善于鼓励学生的老师，不见得自己要多么优秀，但一定要对生活有着坚定的信念，对未来有着美好的憧憬，并且在生活中是一个踏实前进果敢行动的人。

善于鼓励学生的老师，总是在困难与机遇之间找到适合的平衡，在告知学生"路漫漫其修远兮"的基础上，也让学生感受到上下求索的乐趣。你敢告诉学生其实学习很简单么？你敢告诉学生其实你所教的科目有很多简易的方法么？你能够有把握地告诉学生你能够把他们带上康庄大道么？教师一定要让自己先自信起来，然后把这份自信带给他们。

简化行为，让学生能干一点，自己"愚笨"一点

我们常常羡慕别的班级有多么优秀的学生，是的，遇上天资聪明的学生需要缘分，但是没有遇到也不必这么消沉。就犹如以前我曾经说过的班干部培养一样，没有那么多成熟干部让你任用，那么就通过自己的努力去培养也不错。发现人才苗子，通过自己的独特方法去培养人才，这样的人才也许更适合自己来管理。很多事情道理其实很简单，只是我们被书本上那些概念给弄糊涂了，书读得越多反而越不明白。

成功的秘诀真的很简单，就是认准自己的目标，坚持自己的行动。越简单，越容易记住，更容易采取行动，剩余的事情就是坚持。所以在教育教学中，我们万万不能把简单的事情复杂化，最后学生搞不清该做什么，老师也常常忘却自己下达过的指令是什么，大家就容易处于一种失序的状态。如果只简单地"约法三章"，那么明白底线的我们自然知道"法无禁止即

可为"，反而给了我们很多创造性地学习的机会。

　　鼓励学生，作为老师还可以发扬"不耻下问"的精神，敢于向学生讨教学好某部分知识的诀窍，让学生去钻研，让学生去总结归纳，让学生找到学习的成就感。"示弱"在这个时候，就变成了对学生自主学习的一种激励。更何况，学生从自己学习的角度，更容易给同学们传递一种适合他们认知水平的学习方法——一种与我们成年人的理解方式和思维方式有别的方法。做教师的一定要记住，自己不是全能的先知，不要高估自己的水平。让学生能干一点，自己"愚笨"一点，其实是有很多好处的。

全员参与，带领学生提升班级整体自我管理水平

　　善于鼓励学生的老师所带领的班级氛围往往更融洽，学生的自主性也往往更强，最后取得的效果往往也更好。其实这都来源于教师的自信，学生被信任激发的动能，以及师生之间、生生之间由于人际关系的融洽而带来的高效合作，由于互相信任，人际摩擦减少，学习与成长更专注从而产生高效率。

　　班级管理中应该建立一种集体进步的目标，而不是单纯的精英管理班级的思维模式——那种方法简单，但并不一定意味着高效——我们的目标是树立一种自主管理的良好习惯——这必须是一种全员参与的方式。在这一学年来的管理实践中，我们事实上已经组建了较为稳定有效的两组班干部，而且在班干部的轮换管理中，我们也看到，班干部管理的魄力、组织能力都有所加强。特别是在对于主管全面工作的班长的培养上，我们逐渐有敢于抓全局，有独立思想的班长。并且，班干部已经可以做到在班长的负责下，自主安排岗位，进行人员优选与淘汰。

当然，在我们的教育管理中，既然要学会激励学生，那么就要有宽容学生的气度。教师在管理中能够以从容不迫的姿态，面对学生的各种表现，能够有预计、有指点、有总结，让学生在每一步的前进中，都能够学到东西——尤其是自我管理的知识，并提升自我管理能力。很多的东西，我们可以下放给学生协助我们完成，我们要有意识地培养学生这方面的责任感和能力。

其实吧，我就是个"放牛娃"。

导读： 教师积极的人生态度，对学生是健康向上的影响。积极人生态度来自哪些因素呢？终于从天赋、勤奋、教育环境、家庭氛围、社会主流心态等方面做了分析，一下子让自己轻松了好多！

用积极的人生观引导学生

两天的培训，收获很多，尤其是四川师范大学黄尚军教授的《传承"灵魂工程师"崇高使命》的讲座，精彩纷呈，其中有一点，最令我印象深刻：

"用积极的人生观引导学生。"

1

积极的人生态度，可能来自天赋——基因。在多年的教学生涯中，有时候发现，有的学生真的就是"天生乐观"，无论遇到什么事情，都"稳如泰山"。宋朝苏洵的《心术》："为将之道，当先治心。泰山崩于前而色不变，麋鹿兴于左而目不瞬，然后可以制利害，可以待敌。"这份勇敢与乐观，常常让这些学生有着勇于面对问题的态度，有着努力去解决问题的决心。这些学生即使是面对教师的严厉批评，都能够正视自己的缺点和不足，也就是我们常说的"抗打击能力强"。他们的成绩有可能并不优秀，甚至可能在某些方面有着明显的"缺陷"，但是他们生活态度却很积极、很乐观，别问为什么，家长的回答是："从小就这样！"

2

积极的人生态度，有可能来自勤奋。我们说，有些学生无论是学习成绩，还是其他技能，都跟开了挂似的，样样精通，门门优秀。不可否认，人与人之间有着智商和天赋的差异，但是对于大多数人来说，都处于"中等""平常"水平，而能够让我们满足日常处理问题需要的能力，基本也差不多，有些人更好一点，往往是由于比别人勤奋一点点。因此，勤奋的人儿总是更容易处理所遇到的各种问题。有句话说，天赋决定你飞的高度，而勤奋决定你飞的距离。

勤奋的学生更多地相信自己的努力，因此踏踏实实，成绩、能力都稳步提升，即使偶尔有后退，依然能够坚持前进，然后不断地提升自己，从而超越自我。尤其是初中阶段，本身知识量并不多，只要勤奋认真，考出一个满意的成绩是比较轻松的。因此，勤奋的学生在成绩不断提升之后，也会增强对自己的信心，当然也就能够发自内心地相信自己，从而乐观面对生活、学习中的困难和挫折，更欣喜于自己所获得的成功。

3

积极的人生态度，来自教育环境提供的助力。"蓬生麻中，不扶而直"，一个学习氛围浓厚、人际关系融洽的班集体，对学生的成长，对学生乐观积极人生观的树立，是极有帮助的。

首先，从教师的角度来说，你对人生的积极态度也会潜移默化地影响着学生。教师对待学习的态度，对待生活的态度，每天都展示在学生面前。教师热爱生活，对工作有热情，有敢于直面的勇气，也就让学生——特别是"学困生"感受到力量，看到希望。如果教师在教学过程中，给予学生方法、思维技巧方面的训练，培养学生独立钻研的习惯，并对学生的学习抱有信心、耐心，那么相应地，学生的畏难情绪就会消除很多。

其次，从学生的角度来说，每当自己遇到困难，有打退堂鼓的念头时，能够得到老师的鼓励，得到同伴的支持，那么也能够重整旗鼓，再次出发。我们常常说，要想走得快，就一个人走；要想走得远，就一群人走。"孤举者难起，众行者易趋"，就是这个道理。

4

积极的人生态度，来自家庭教育的潜移默化。家庭成员的人生观、价值观很容易影响孩子的成长，这是不争的事实。在我的教育生涯中，有这么一个例子。

学生Z成绩优秀，班级事务管理方面的能力也很不错，但是在一次让她担任班长的任命中，她却说："老师，你找×××可以不？我做副班长都可以。"这不是谦虚，这是不自信。因为就班主任看来，该生是有这个能力做好班级管理的，统筹管理能力、人际交往能力等综合素质绝对够格！当然，最后该生接受了做班长的要求，并且在当月的管理中做得非常好，班级还获得了年级班风班貌优胜红旗。不过，我始终感到不解的就是，为什么学生会拒绝老师的建议呢？后来有一次，该生家长来交流时家长当着老师的面对孩子说的那句话，终于道出了真相："老师，我们孩子就是缺少自信。"我恍然大悟，然后很认真地回答："不，不是你孩子缺少自信，是在你眼里孩子缺少自信，结果孩子自己也就不太自信。你看看，她做班长不是做得非常好吗？在老师眼里，她就是能够做好的！你需要的，就是相信她！"

这就是家庭原因所导致的孩子不自信。所以我在和家长交流中，经常纠正家长对孩子评价所使用的词语，要求他们少用负面词语，多用积极的词语。"人类是最容易受到暗示的动物。"我们常常使用哪种类型的词汇，其实也就明示着我们的心理状态。

5

积极的人生态度，还来自整个社会的主流心态。当前我们的社会正处于一个积极向上的状态，经济的发展，国力的强盛，都在上升阶段，那么学生也容易对未来充满信心。一个不断超越过往，向前发展的社会，必然会为我们未来的发展，提供更多自由选择的机会。因此，我们的学习与生活，也就有了多种模式，也就更加自由。"真正的自由，就是看拥有的财富和可以自由支配的时间"，学生在学习生活中能够不断前进，心灵也就得到不断的解放，当然趋向更加的积极乐观。

看了电影《战狼2》，我们知道了和平年代的珍贵，也感受到了战乱之中人们生命的脆弱，更感受到强大的国家带给我们的安全感。因此，社会的主流是积极向上的，如此学生也会容易受到感染，从而以积极的心态来面对未来。

6

最近朋友圈说，某地管理机构暗示老师们假期不要晒朋友圈旅游照片，以免引起那些还在辛苦工作的人们的"情绪波动"，带来不和谐的音符。

我们教师群体必须嘴上说着"是是是"。如果，老师们连自己正当的休息娱乐都不可以有，而是背负着沉重的阴暗的心情来教书育人，这个社会还会有将来么？学生还能够感受到阳光雨露照耀成长么？

教师群体有着真正积极向上的生活方式，必然会用这样的积极向上心态，来引导学生健康成长！

　　为黄教授的讲座点赞！

导读： 让一个班集体更有活力，激发学生的潜力，需要我们把"卧槽马"——不太活跃的学生，一步步地调动起来。坚定的信念，明确的治班理念，积极主动地开展活动，让学生在有计划有步骤地活动中，成长起来。

别让孩子成为"卧槽马"

> 活着就是为了遇见美好。
>
> ——读书笔记

B班班长拿着"帝尔"复读机走了过来。

"Y老没人要。"

"山人"没有回答。

班长面对全班同学又高声说：

"Y老没人要。"

"Y老没人要。"

"Y老没人要。"

果然重要的事情要说三遍。

"山人"实在忍不住了："Y老有人要，只是这个复读机没有人要。"

台下群情激动：

"哪个要？"

似乎一场好戏即将开始。

"就算全世界都不要我了，我爸爸妈妈还是要我哒！"

"切……"

班主任管理有信念，班级治理有理念

怎么才让一个集体更具有凝聚力，更具有团队的热情？怎么才能让一个孩子更具有青春活力？

"山人"认为，班主任首先要有坚定的信念和明确的治班理念。

家庭教育中，我们发现孩子常常"战胜"家长，很多时候不是因为家长"太民主"，而是家长不知道什么叫作"真民主"，以为退步、听孩子要求，就是民主。以至于在教育中常常被孩子呼来喝去，然而孩子并没有那么听话，直到退无可退的时候，才来找老师"支招"。即使老师指点出了问题症结，然而家长未必见得能够在实践中执行，孩子的某些不良观念始终得不到改变，根源在于家长没有坚定的教育培养方向和教育理念。

班主任同样如此，如果没有考虑自身特长和自身修为而随意模仿——美其名曰善于学习，那么很可能画虎不成反类犬，如邯郸学步，最终不知道自己该怎么走路了。明确的信念，要敢于在班上强化宣传：打动一个团体的方式就是要让你的理念形象化，而且在宣传过程中言之凿凿、不断重复，这样的信念绝对不解释！比如我们"好学不倦，与人为善"的班训，就是以富有内涵、简洁明了著称，当然也不容置疑。

活动开展贯彻班训，坚决果断强化实践

其次，在实践班训的过程中，一定要坚决果断。

开展一系列活动，都应该围绕着这样的核心来组织，通过这些活动来强化我们的信念。比如，我们在班级中开展读书活动，我们坚信培养学生的阅读习惯，弘扬好学精神，让他们做

到喜欢阅读，做到手不释卷，就是最好的教育。我们根据学校的整体安排进行体育活动训练，一方面让学生强身健体，另一方面我们还明确地提醒学生，团体活动有助于培养我们"与人为善"的能力。同学之间更深厚友谊的建立，不是因为"同桌的你"，而是因为我们"曾经为同一个目标一起奋斗过"。

在团队活动中，我们既要展示自己的个性，同时又要服从团队需要，成员间在过程中不断地加强相互之间的了解，学会沟通，学会妥协，学会互相支持，甚至开展批评与自我批评。毕竟，就考试来讲，学习个体性是主要的，而在团队活动中，共性的形成更为重要。完善的性格，实际上不是"教育"出来的，而是在人际交往的矛盾冲突中，被逐渐地"磨平"的——成功交往的愉悦与失败交往的沮丧总是不断地出现，而我们也懂得了求同存异，懂得了"己所不欲，勿施于人"，懂得了团结互助。我们开展各项班级活动，也要不断地宣讲这些理念，让他们得到提醒，得到指点，明确了方向，行动起来才有动力。

通过持续、渐进的活动，让学生在班级氛围中成长

最后，活动应该具有持续性、阶段性，要有步骤地发展。

每一个阶段都应有不同层次的提高。要培养学生在活动中敢于去尝试、敢于去想象的习惯。我们要敢于亮出自己管理理念，敢于坚决地实践这样的理念，让更多学生融入团队中。

心理学认为，群体情绪的相互传染，对群体特点的形成起着决定性作用，决定着群体行为的选择倾向。有些学生虽然很有"个性"，不那么积极向上，但是在这样的群体中，总是免不了受到正面影响，从而改变自己的行为；有些学生虽然一直都缺乏自信，行动不积极，但是在班级活动中被群体情绪所感

染，也会觉得自己前所未有的强大，他的行动就会完全听凭这种陌生力量的主宰，成为活动的积极参与者。也就是说，在这样长期暗示力量的影响下，学生是能够改变自己，并培养出良好思维习惯和行动习惯的。

班训要长期坚持才有故事、有魅力

有人建议，人生应该坚持以下的几个原则：

1. 该做而且做得来的事一定要坚决地做。
2. 该做但是做不来的事要尽量去做。
3. 不该做的事虽然做得来也不做。
4. 不该做而且做不来的事坚决不做。

事实上，"山人"更建议，我们的信念不要转换得太快，不然学生还来不及形成一种思维模式，就得"跟上形势"，最终导致目标混乱，无法形成自己特有的风格。这个世界，并不是每个人都能把自己的理想置于生活之上的，但是一定有人不愿意游戏人间，而专于一事，带着信仰，传承下去。这样，我们可以说，"一事精致，便已动人；从一而终，就是深邃"。

秉持这样的信念，我们的班训多年来也一直未变，而"山人"的班级管理理念始终如一：着眼于未来，着眼于成长。唯一改变的是，随着时间流逝，"山人"在不断的学习与实践中，更深入地了解了信念对于人的强大作用，也积累了更多实践操作技巧。沉下心来去做好一件事，这就是最重要的。我们不把时间花费在争论上，而是全心全意去推动信念的施行。

"赶鸭子上架"也是一种发现人才、培养人才的方式

如我们在班级管理中要着眼于培养更多的管理实践者，因为我们相信，能力是在实践活动中培养出来的，水平也是在实

践中得到提升的。"赶鸭子上架"也会成为一种时尚，让你去挑战一下自己，发现自己的潜力。这两年来，不少"书呆子"通过活动慢慢地开发了自己的"运动细胞"。活动是暴露一个人缺点的时候，当然也是帮助其完善自己的时候。参与这些活动可能会"丢脸"，但如果我们怕麻烦而不去学习，不去尝试，那么就很有可能错过让我们心动的人和事，错过新的风景。活动也拓宽了学生的人际交往面，特别是那些性格内向的学生，通过不断地和同学协作，逐渐地学会了和不同性格同学交往的方式，人际交往能力得到了提高。能力是培养出来的，唯一需要的就是建立平台，给予机会，悉心指点，耐心等候。

让"卧槽马"跑起来，才知道哪些是千里马！

给自己定一个班级小目标

班级管理，"山人"没有宏伟的目标，常常都是比较懒散，只想做一点小小的事情。因为"山人"的海拔不高，所以头脑还是比较接地气的，也就只擅长于做一点小事情。

阅读与写作，坚持三年的小目标

什么是班级管理的小目标呢？就是这三年，你希望自己所带的班级成为什么样的班级？这个班级要打上什么样的烙印？你希望人家说到你的班级，说到你这个班主任，首先想起的是什么？

据传说，有一位高中老师曾经问学生："说起语文，你首先想到的是什么？"在别处，"山人"听课，老师也是问："为什么学语文？"学生回答是："因为要高考。"可以说是非常的坦率了。

说到语文，你首先想到的是什么？成都外国语学校的那位学生回答："Y老。""山人"听到了，也是非常惊讶，怎么首先想到的是"山人"？看来这位初中三年的语文科代表是相当可爱的咯！这位高同学当年所在的班级，三年来开展了两项小活动："共读一本书"阅读活动和编辑班级作文集的活动。这两个小活动我们都坚持了三年，毕业的时候，前者公益活动我们有一个课外活动证明，后者我们有五本作文集。

三年，在行进的过程中，会有很多别样的诱惑，让我们诮新逐异，然而"山人"不动如山。一则确实不擅长各种花样，二则不喜欢花样作死。记忆深刻的事情对我们的人生才会产生长久的影响。阅读与写作，就是"山人"教学生涯中的核心要素。三年的阅读课，学生可以阅读近千万字的优秀作品，这几十本书作为初中的底子，对于高中学习来说，也算是一种朴实的交代吧！

班级特色，就是小目标坚持到底

小目标，就是说不要好高骛远。学生需要培养的综合素质里，坚持和毅力，执着和恒心，都是不可或缺的成功必备因素。在我们行进的过程中，教师也要对未来拥有信心，要不断地鼓励学生坚持下去。做事情不能单凭三分钟热情，不能虎头蛇尾，班主任选定的小目标，应该具有可操作性，具有可以长久进行的意义。

如果班主任在目标的选择上，随意性太大，任何事情都可以随时开始，又可以看心情结束，学生就会受到这种影响，常常会见异思迁。我们都知道班主任的影响是很大的，至少在带这个班的这段时间是这样的。"山人"不敢说对学生的终身都产生影响，但至少对中学时代是有影响的。

班级特色是什么？留下印象的是什么？"山人"曾经有一届带班，学生喜欢唱歌，三年来，每天小班会唱歌，最终培养出不少的麦霸。也让同学们对这个班级特色深以为傲。

不管是班级演讲也好，还是班级阅读也好，都应该坚持到底，都应该成为学生的一种信念。而且应该让学生、让家长深刻理解，并从心底支持。

班级小目标，重在坚持，重在坚持，重在坚持。

东风·观念

高谈者未必有高见，沉默时也许在沉思。

——网络格言

我们都知道，观念的优先，往往比资源的优先更重要。一
种观念的超前，往往带来很多意想不到的机遇，但也带来旧有
势力的警惕与敌视：每当吃饭噎着的时候，就决定不吃饭了，
并且要把它提升到道德的角度来评判。

有时候，一些路人皆知的公平道理，却总是被掩耳盗铃强
词夺理地扣上帽子。于是乎，那些有益于普通人的社会活动，
经济活动，总是在前行的过程中磕磕绊绊，曲折坎坷。看惯了
风云变幻，于是乎喜欢付之一笑，历史的车轮谁又阻挡得了？
毛泽东说了，"小小寰球，有几个苍蝇碰壁。"

我们所藐视的东西总是会在某个时候用意想不到的力量击
垮我们，我们围追堵截的东西，后来发现是社会发展的客观规
律，说起来都是泪啊！我们该怎么摆正自己的位置，做好自己
应该做的事情？

给班级"造势"，形成自发前进的趋势

多少年来，我们的学生管理都是在努力地把学生往某种既
定的模子里装，千方百计，削足适履，要过滤出我们"需要"

的人才，凡是不对胃口的，要想方设法"纠正"，最终造就一批批砖瓦，成为大厦的一部分。

花开有时，不是所有的花都在同一季节开放，参天大树甚至永远都不会开花，我们是否有耐心去守望？管理，我们是在激发每个学生的学习动力，激发其创造力，除了我们所谓的"底线"之外，也应该有"法无禁止即可为"的胸怀，来面对学生的成长。

那么我们的管理也应该用一种新的眼光，不要老是盯着"犯错误"，而应该多引导学生"做正确的事情"，并且教给他们"怎么正确地去做"，在他们"做正确的事情"的过程中，可以给予实际的帮助，但是不能唠唠叨叨越俎代庖。他们在做，他们才在成长，他们才是在接受教育。

班级的管理，到后来重在"造势"，让班级的班风、学风形成一种惯性的力量，在这种力量的良好引导下，学生自觉地去"实现自己的最大价值"，找到自己的成功之路。一个班级的前进趋势形成之后，短期内是很难改变其运行规律的。做到这点，我们班主任的工作就轻松多了。

每一届学生群体有不同，学会顺势而为，成就不一样的辉煌

一个班级，究竟要采取班主任推动型的前进方式，还是学生积极向上的状态形成的"民主型"推动方式？二者之间谁最优？其实这个问题是需要分阶段的。在班级刚刚组建的时候，需要建立什么样的班级，达到什么样的目的，学生不一定清楚，但是班主任肯定是明白的。那么在这个时候，就需要班主任的"顶层设计"，组织、建立团队领导方式，推动团队的形成。而当班级运行到一定程度，学生积极向上的自发意识逐渐变成一种自觉追求的时候，我们就应该学会放手了。面对学生

提出的甚至有些匪夷所思，但有利于班级成长的建议，班主任应该顺水推舟，让学生尽情发挥自己的才智，去创造班主任都想象不到的辉煌。

学会未雨绸缪，拓展专业之外的知识

我们没有做好准备，不等于世界已经停止了前进的脚步。而如果没有万事俱备，就算东风吹来，也起不了作用。要拥有更领先的观念，就得不断地学习，不断地思考，不断地接受新生事物带来的冲击。

成功需要丰富的经验来做支撑，而丰富的经验，要么得自于不同的科学领域，要么来自不同的人生经历。由此也让我们知道，失败是成功之母是有一定道理的。失败带给我们的不仅仅是经济损失，更可能是心灵的锤炼，也是思维观念转变的巨大压力。改变不一定能生存，但是不改变一定是等死。

那么，我们在日常工作之外，是否也在思考如何主动改变我们自己？还是我们一直处在一种抱怨之中，焦虑之中，而不知道怎么行动，或者不想去行动？这是不是一种未雨绸缪的观念？

不止一个人问"山人"，你既然现在没有打算去改变职业，那你考取的那些证有什么用处？其实，来自"山人"对"专业的缺陷"的警惕，我们这些自诩为受过高等教育的人，往往在看问题的时候，因为专业知识的影响而带有局限性。通过学习不同专业的知识，开阔我们的视野，可以构建出新的知识结构。我们尝试得越多，发现的也就越多，学习也就越快，而前进的距离也就越远。当你懂得了"不畏浮云遮望眼"的捷径是"自缘身在最高层"，你就不会"不识庐山真面目"了。

阅读专业书籍，可以让我们获得加深自己专业的机会；阅读别的专业的书籍，也就如"一把敲开我们内心冰冻之河的斧子"（弗朗茨·卡夫卡）。等待东风的过程中，你是否一直在做着适当的准备？

　　未来不可怕，但是我们前行的过程中要小心谨慎。我们应该保持着在信心和畏惧之间的精妙平衡。既要有观念的不断更新，更要在东风到来之前，做好各种必要的准备。有些庇护可能只是一时，更重要的是学会自我保护，在别人放手之前，我们已经能够独立行走。

你不是我的对手

和学生斗智斗勇的岁月又开始了？

NO!

斗智斗勇，那是多少年前的战法啊！

新时代了，我们的策略是：不予交战！

"上兵伐谋"，明晰且高瞻远瞩的治班理念

与人斗，其乐无穷？

教育，其实是很讲究"四两拨千斤"——借力打力的。再厉害的高手，也很难抵住群殴或者车轮战的，毕竟大家都是人，三个臭皮匠赛过诸葛亮，老师一个人的智慧和勇气，也很难长期和一帮富有天赋、擅长整蛊的娃娃斗智斗勇。

单从班主任管理的角度来看，所谓"上兵伐谋"，就是要有一个非常明晰且高瞻远瞩的治班理念。班主任以自己的治班理念为依托，发展出对自己班级学生进行管理的具体手段。注意力集中在如何让自己的理念得以实施，并且通过最接地气的方式，让学生意识到这一理念对他们成长是最好的引领。

这时候，由于有一种高境界在引领学生，他们观察到的就是自己和理想之间的差距，努力想去找到如何提升自己的途径。学生被治班理念吸引，也就是被自己的梦想所吸引，想到的是和自己的不足做斗争，是如何让自己的潜力得以有效挖

掘。师生之间不是"互相伤害"的阶级斗争，而是"同仇敌忾"的战友情谊。

相反，如果班主任的理念就是和学生斗争，那么就把一起解决学生成长路上的问题，变成了学生是否听话的问题。这样是极端危险的，因为这样，学生的思维里就变成了和你斗争，而不是自我修正。当你们处在同一个层面的时候，你会发现你的所有策略都有被破解的可能。实际情况是这样，学生把你拉到了他们最熟悉的战场，然后运用自己群体的机智、捣蛋的专长和丰富的经验，大概率击败了你。

帮助学生完善自己，引领他们去实现自己的梦想，这些高大上的理念其实也很朴素。那就是每个人都渴望自己能够健康成长，每个人都期待自己被关注，被尊重，被认可，得到他人的理解和支持，并最终能够获得成长的快乐。

"其次伐交"，调整人际关系促学生成长

教育，其实就是尊重常识，就是理解人的发展需要，做出适当的引领，让他获得前进路上的力量。

然而，并不是所有问题都可以用"理念"来解决的，总有些时候，需要我们采取进一步的行动。

所谓伐交者，就是通过人际关系的力量，来促使学生找到自己的成长方法，完善自我。

首先是师生关系的力量。教师提高自身的专业能力肯定是必要的，如果班主任在自己的课堂有绝活，有强大的魔力，那么在让学生膜拜的同时，也能让学生在不知不觉中受到教育力量的影响。班主任的管理能力、人格魅力也是重要的影响力量。

其次是生生关系的力量。根据心理学相关研究，人的成长

过程中，在不同的阶段，"重要他人"是不同的。小学阶段是老师，中学阶段是伙伴（同学），大学阶段是恋人。在中学阶段，如果我们能够给学生营造一个友好向上的团队氛围，让伙伴的力量来帮助学生成长，那就是最好的了——"蓬生麻中，不扶自直"。

最后是家庭力量的影响。教育需要合力，尤其是家庭的全力协助。我们常说，父母是孩子的第一任老师，家庭成员对孩子的影响是显而易见的。而在现代社会，隔代教育、留守儿童等，都是教育中不可忽视的教育盲点。如果没有意识到这一点，而单纯地依靠学校力量，是不可能达到教育的理想效果的。争取家庭成员在教育理念上配合学校，配合班级教育，就成为班主任的重要任务之一。

"其次伐兵"，批评方法的因地制宜

所谓伐兵者，并不是说我们要和学生刀兵相见，而是说我们要做出即将"惩罚"的姿态，让学生感受到误入歧途的话，将会有新的"暴风雨"到来。

学生并非不能接受批评教育，只是看我们的暴风雨如何巧妙地到来——风雨下的花儿更娇艳。孙子云："厚而不能使，爱而不能令，乱而不能治，譬若骄子，不可用也。"（《孙子兵法·地形篇》）

首先，严肃的批评教育是成长不可缺少的养料，然而"伐兵"也是需要技巧的，对此，特别需要注意学生的发展阶段性。

初一时期，那些原则性的规矩就是应该遵守，没有什么可以讨价还价的余地。

初二时期，学生的自我意识进一步增强，温柔理解型的批评更适合，也可用比较恰当的方式帮助学生度过逆反期。但是，必要时候的风雨洗礼还是有意义的，可以促使学生"醍醐灌顶"式的醒悟。

在初三的时期，批评方式就是提醒式，只要让学生明白自己错在哪里，以及如何改正即可，没有必要啰唆半天。

也就是说，在初中阶段的教育中，先严后宽的方式，更符合学生的心理发展，更适于对学生的管理。

其次，错误的性质特点。

是否采用严厉的批评方式，还要看学生所犯错误的性质特点，明确批评所要达到的目标。

如果某些问题的出现具有普遍性，并且又特别严重，需要集体告诫，采取公开、严厉的批评就很有必要了，否则无法对团体进行普遍教育，也不能体现出教育的警示作用。有时候，面对学生出现的问题，我觉得至少要念三十遍"别人家的孩子"才能平复心情。淡定是一种极高的境界，我求之，但不得之。

第三，被批评对象的个性特点。

学生存在个体差异，表扬和批评的尺度只能因人而异。

优生也得接受批评，这是区分对象之一。对于性质严重的错误，且态度不端正的优生，我们就应该严肃地批评，因为不见得在社会上也永远受到别人的垂青而不受责骂，在学校被宠爱惯了，心理承受能力就得不到提高。

性格各异，区别对待，对胆小、缺乏自信的学生来讲，以表扬、鼓励为主能增强他们的自信，挖掘他们的潜能；对本来就淘气、张扬的学生，赏识教育要慎用，要更多地采用适当的方法让他们形成规矩。

伐兵之法，就略述如此。

其下攻城，慎用慎用

"攻城之法为不得已。"

手里没有金刚钻，就不要揽瓷器活。攻城之法，是如此的不可描述，那就不再说了吧！

总之，你不是我的对手，因为我心中根本没有你这个对手，"必以全争于天下""不战而屈人之兵""兵不钝而利可全"，这才是最高境界的谋攻之法。

导读：班主任教育管理学生，不必时时声如洪钟，也不必事事指手画脚。课堂上做到声调高低搭配，内容繁简适宜，教育管理学生时注意方法和节奏，那么就能够成为一个一言九鼎而又沉着温和的班主任。

无声的咆哮

靠卖声吃饭的人，总有时候会失声啊！不想说话，可能是因为嗓子疼，可能是因为懒得说，可能是因为没有什么好说的。总之，不说，就是一种愉快，就是不想说！

记得那一届刚刚接班的时候，学校突然增加了小语种班级，"额滴神捏"，2个班的教学加班主任工作，第一个学月就彻底把我征服了，彻底让我失声痛嗓了。那段时间，我每天最想做的事情就是：不说话！

后来，我终于慢慢适应了，也想到了一些方法，让自己的嗓子能够有效发挥作用，而且"经济节约"。

概括起来，不外乎音调的"高低搭配"，内容的"繁简适宜"。

轻言细语如沐春风，抑扬顿挫彰显节奏

音调的高低搭配，就是要避免直着嗓子每天咆哮，避免在课堂上一直以高亢的状态讲课，因为那样是非常消耗体力的，可以说那样就是把教育这项脑力活变成了体力活。

常言道：能够高声说话是一种勇气。我们确实也看到，一个缺乏自信的人，内向自卑的人，往往在说话的时候声音是很小的，生怕自己说的话让别人反感，所以总是小心翼翼。而敢

于大声说话的，往往都是有自信、胆子比较大的。教师大声讲课，不仅仅是因为对自己的讲话内容很有自信，更是为了让全体学生都能够听清自己的讲解。但是，一直用高亢的声调，学生听起来虽然不容易睡着，但时间长了也会昏昏然也，教师自己也会很累。如果班级多了，肯定很难坚持下来，同时还可能影响隔壁班的教学。

另一方面，轻言细语地说话是一种修养。有理不在声高，温和的声音虽然可能无法盖住那哄闹的场面，但是当学生静下心来倾听的时候，这种声调就能让学生感受到一种温柔、一种可亲，课堂自然就会倾向于安静。轻言细语，节约了嗓子，更培养了一种礼貌，一种待人接物的正确方式。在轻言细语中，可以感到课堂的流畅自如，可以感受到学习是一种享受，是一种生命的礼遇。

学生总是处在变化之中，因为课堂上的好奇，因为对知识的不理解，或者对老师的不满意，甚至是注意力的转移，都可能产生讲话的行为。也可能一讨论起来就没有结束，叽叽喳喳个不停，这个时候，我们温言细语恐怕起不了作用，那就得咆哮一下。并且，一贯的高声或者一贯的低声都可能使课堂节奏如一，让学生产生疲倦感。那么，抑扬顿挫，有张有弛，有快有慢，配合课堂内容的需要让声调有所变化就很有必要。

新教师课堂内容删繁就简，节约嗓子，突出重点

内容的繁简适宜，首先要做到的应该是"删繁就简"。刚刚走入课堂的那段时间，我生怕自己所准备的内容不充实，不够填满整个课堂，于是拼命地找资料，准备了无数的言辞，填满了课堂的每一个角落。不仅自己累，考试成绩下来，发现效果并不理想，学生感觉就是每天听得累，天花乱坠华而不实。

后来，做了改变，学会在课堂上给学生一点点时间，让他们思索，让他们感受、体会从而消化所学的知识。老师讲的东西少了，学生得到的不见得少，因为他们思考了，领悟了，知识过手多了，这样的教学效果自然就好了。课堂上，讲授的应该是最最重要的，尤其是学习方法、分析方法，以及教育教学中所体现出来的学习理念，让学生学会学习，感受到学习的乐趣。

学习内容减少，重点更加突出，这样学习负担减少了，而效果却更好，可谓事半功倍。对于老师来说，讲解的内容减少了，自己嗓子的保护就增强了。当然，对于教材的研究工作加重了，但那个是不费嗓子的，是思考、总结、探索的脑力活。

也许有人说，内容少了，那填不满课堂啊！关键是，你为什么要填满课堂？找点时间，找点空闲，大家聊聊，探讨探讨，活跃思维，让学生来发言，不也是一种培养和锻炼吗？再说，我们讲课的语速常常特别快，而当学生没有听清楚的时候，我们又不得不重复N遍，那不是做了很多的无用功？与其成为做无用功的复读机，不如减缓语速，好话不说二遍，学生也养成认真听讲的习惯，不依赖于你的再次复述，两全其美，何乐而不为？

如果说删繁就简是为了节约嗓子，突出重点，其秘诀就是说话前三思，整理好自己要讲的内容，组织好语言，惜字如金，铿锵有力。

班主任进行学生行为教育，把握心理当繁则繁

内容的繁简适宜，要做到的是当繁则繁，不可一律草草了事。你的温柔可能他们永远不懂，所以有时候要咆哮，咆哮完了，还是有细致的工作要做，那就是让学生懂得相关的道理。作为新时代的初中生，思维活跃，接受能力普遍较强，思辨能

力也强，强攻不行，那就迂回绕道解决。学生的每一种行为背后，除了小时候习惯没有得到及时矫正而延续的外，还有一种情况就是对自己行为背后的心理原因不了解。作为教师，就应该有责任让学生懂得，人的良好行为与不良行为产生的原因，以及可能对自己人生造成的不良后果。

作为教师，对学生的心理应该有深入的研究，懂得学生的心理，才能够把握住学生的心理。同时，应该留意一些有教育意义的故事、哲言等，在适当的时候作为教育学生的最好教材。这些经典的语言，可以起到以一当十的作用，胜过自己的千言万语。有时候，学生很喜欢听故事，教师应该从故事中引申出自己所需要的教育理念，并且以针对当前的状况为目的，做适当的扩展。比如，当有的同学在发言时，有学生没有认真听并在讲小话，那么教师可以引用："爱人者，人恒爱之；敬人者，人恒敬之。"（《孟子·离娄下》）讲到学会倾听的重要性：只有把握了别人讲话的重点，你才可能懂得如何吸收有效的信息，为己所用。而忽略了别人的话，可能失去的不仅仅是知识，还可能是良好的人际关系。用这些理念不断地熏陶学生，让学生逐渐养成在课堂上收放自如，动静自如。

以动制静，偶尔让学生的谈话飞一会儿

在课堂上，保持一种良好的心态很重要，有时候，我们认为学生"很乱"，其实很可能是学生思维活跃的表现，而所谓的"刹不住车"，常常是老师的引导和控制能力不够。比如，如果我们的图片很有趣，可能会引起学生的兴趣使其兴奋起来；也可能我们的问题有启发学生发散思维的效果，让学生的思维飞了一会儿；也可能是学生对老师的解释不满意，有自己的想法要表达，而老师并没有给予适当的时间让学生的情绪得

到释放。总之，如果老师善于把握学生的心理，善于发现学生兴奋点，就如消防人员要及时发现火源位置，才能够准确地灭火。

让学生的话"飞"一会儿，也许课堂自然就顺利了。如果老师总是以一种"学生乱"的心态来对待，学生就会感到委屈，并且以后可能就不会再说话了。随便你讲什么，我无动于衷。到那时，恐怕老师又会说学生太"死"了。总之，这个发言的度，需要老师好好地思考。

以静制动，指令发在关键时，执法行在果断处

对于学生的声音，如果强力制止，恐怕是无法凭一人之力盖过那几十种声音的共鸣的，怎么办？避其锋芒，击其惰归，以静制动，微笑着看着他们，胸有成竹，让学生感受到老师的淡定与宽容。把课堂要求背后所蕴含的对学生的益处慢慢道来：珍惜课堂，就是珍惜自己的人生。当你想说批评的话时，一定要三思而后行，选择合适的时机，不要想到就说，随想随说，成为"太婆"式的人物。想想，学生之所以乱说话，不就是因为有随想随说的坏习惯吗？比如，晚自习很闹，老师不停地说，结果还是制止不了。其实，没有必要一直说，我采取的方式是，让大家起立，静站5分钟，然后坐下。在学生站着，保持安静的时候，我就训导他们；等坐下后，我就不说了。几次之后，学生就懂得不说，少说了。或者在开始、结尾的时候提出要求和总结。中间最好不要打断学生的思维，一会儿给个指令，给个信息，就会扰乱自习，打破学生的学习氛围。否则，学生肯定会骚动起来，所以说，有时候课堂、自习的乱，是我们不恰当的教育引起的。

请循其本，作为老师来说，要节约自己的嗓子，一定要学

会在课堂上收放自如，学会理解学生的心理，学会以自己的教育理念来引导学生，帮助他们适应自己的教育方式，做到言于所当言，止于所当止。

导读： 规矩的制定，不是为了限制学生的行为，而是为了促进学生良好习惯的培养，是为了学生更好的发展。在制定规矩的过程中，尽量让学生参与，尽量抓住关键的要求，把底线设置合适。

规范与发展

> 是规矩成就了方圆，还是因为方圆的需要才有了规矩？
>
> ——"山人"

先立规矩，后养成教育

不以规矩，不能成方圆。这是我们熟悉的格言，特别强调了规矩对于一个人、一个团体的约束和管理作用。让我们明白，生活在规矩之中，才能够有最大限度的自由。就如"法律是统治阶级进行阶级统治的工具"一样，很多金科玉律在我们还小的时候，就已经强烈而固执地灌输到我们头脑之中了，让我们找不到自己的方向。

我们是需要多做一点点，尝试一点点，还是少做一点点，节制一点点？这个问题在生活中是很简单的。请看，我们最擅长的就是"具体问题具体分析"，根据环境的不同，采取不同的应对措施，美其名曰"适应生活的需要"，随机应变。

平心而论，先立规矩，然后养成教育，这是一个人要成长的必然途径。只有学会了适应这个社会的基本需要，初步成了"社会人"，才可能在这个社会上生存，才有去发展自己的可能。当我们能够懂得社会的需要，并产生出新的理念，想要改变社会的需要时，那就是一种创新了，但是那必须有着强有力的信念支撑自己，要面对太多的质疑，太多的压力。

规范要有预见性，也要承认发展性

对于学校教育，或者说班级管理，入校之初就做好规范的管理，确立学生行为的基本准则，是非常有必要的。所谓严格管理，严格要求也就在于此。如果没有最初的规范性要求，让学生养成良好的习惯，那么对于今后的管理来说，就会显得越来越困难：学生的自由散漫，最终可能导致班级管理的失控。先说断后不乱，这是我们很多老班主任在管理中的经验。我们在做科任老师的时候，遇到管理严格的班级，上课的时候总是感觉到比较轻松，比较自在，由此而和学生的关系一般也比较好，从而形成一种良性循环。遇到管理混乱的班级，上课就非常费神，并且心理压力也很大，教育效果大打折扣，有时候甚至感觉教学过程是一种折磨。

对于此，学生日常行为规范，做到先规范，后发展，我觉得是非常有必要的，也是毋庸置疑的。那么，是不是在学生整个的发展过程中，都必须听从于班主任或者老师的要求，不能够做任何改动呢？换句话说，是不是没有规范的地方，就是不可逾越的禁地呢？大多数人的思维，习惯于别人允许的才做，而不习惯于"没有禁止的就是可以做的"这样的想法，所以我们常常缺少创新精神。

我们可以规范的，往往都是在长期教育过程中，形成的可以预见的一些东西，这是岁月留下的宝贵经验，当然是可以借鉴的。但是，随着社会的发展，一些新事物出现了，我们是不是能够预测到其发展的趋势呢？

既要发展，又要有稳定感

我坚定地支持，基本的素养必须具备，基本的规范必须养成，有些东西必须作为规范存在。但是，规范并不应该压抑学生的创新发展。也许我们无法预见这项创新的未来，但是如果我们是怀抱善意且希望实现有序发展，那么可以尝试"先发展，后规范"。

教育，其实不仅仅是发现学生存在的问题，更多的是发现学生的优势并努力促使其发展。而学生的创意，往往和老师的求安稳相冲突。既要发展，又要有稳定感，怎么办？那就要多关注事情的进展，多和创新者探讨在前进过程中出现的问题，本着解决问题、发展能力的原则，一起研讨完善整个行动。当事情发展到一定的阶段，就把可以确定的方面做一个总结，能够形成制度固定下来的，就形成规范，让这个规范保证我们的发展。而对于新出现的问题，在控制其造成的负面影响的同时，重在探讨成因，找到解决办法，让问题成为激发我们完善发展的助推器。没有任何一种发展是一帆风顺的，都是一个不断产生矛盾而又解决矛盾的过程。

遵守规范，更多是懂得沟通带来原则以内的灵活性

有些问题，先发展，后规范，才能促进学生的成长，而这种思维观念对于学生的教育来说影响是很大的。那天，学生偷偷唱《我心永恒》的事情，其实我是知道的，但是我hold住了自己的情绪。我之所以想发火，不是因为这首来自电影《泰坦尼克号》的爱情歌曲，而是因为文娱委员没有把要唱的歌曲事先向班主任汇报。本来，小班会唱歌振奋精神的做法不是我的教育中的常规事项，因此我对于此项事情的管理是没有经验的。

但是出于对学生提议的一种支持，既然是班干部提出的，大家又有兴趣，那何乐而不为呢？不过，对于歌曲的选择，我只有一个要求，那就是必须让我知道唱什么歌，得到我的允许。学生把自己喜欢的歌曲推荐给文娱委员，文娱委员收集整理之后，经班主任审查，然后施行。

但是这次文娱委员私自行动，破坏了整个规矩。既然班主任没有压制学生的唱歌愿望，那么作为相互约束的一方面，审查歌曲是必不可少的。这次事件没有在班级内公开批评，也没有从此以后禁止唱歌。但是对于当事人来说，还是必须明确我的观点。"换歌"事件如果不及时处理，并想办法防止类似事件再次发生，那么今后还会有很多的"换×"事件出现，那就是集体瞒着班主任去做一些事情，可能这些事情并无不好，但是也不能排除可能会逐渐养成班干部"阳奉阴违"的作风，造成班级管理中的指令执行困难，甚至管理失控。唱《我心永恒》其实是个很小的事情，但是对学生"磊落行事，坦荡做人"的要求不能放松。唱歌，可以逐渐规范，但是也要注意不能因为要规范而让班级的种种创新胎死腹中，让学生的成长生涯暮气沉沉。当事人的错误不在于所选歌曲，而在于是否与班主任积极协商交流，达成共识。

建立"容错机制"，某些方面"先发展，后规范"

从学生自身的发展来说，在一种开明且充满善意的关注当中成长，可以培养出积极乐观的精神，培养善于创新的头脑。特别是在飞速发展的现代社会之中，能够及时地跟上时代的步伐，不被陈旧落后的教育管理方式打击了自身积极性，才能让自己的未来更加灿烂辉煌。这学期在体育活动方面，我们的篮球队已经开始和其他班级进行比赛了，班级女子排球队也正在组建完善之中。有些尝试，需要师生共同参与，甚至需要家长的积极配合。而在进程之中，遇到问题是难免的，关键是抱着什么样的心态来对待。创新类的，我的建议就是"先发展，后规范"，因为我们没有现成的经验可以借鉴，都是"摸着石头过河"，学生都过河了，难道教师还要继续在河边摸石头玩吗？

教师，不是控制着学生的发展速度、发展节奏，而是帮助学生发现自己的发展规律，进而利用规律，发展得又快又好。激发学生的积极性，调动学生的主观能动力，变拉着学生跑为学生主动跑，奋力跑，才是王道！

服务的态度与管理的行为

一家公司的成长高度，不可能超过最高层的见识高度。所有的成长，仿佛都顶着天花板的，如果你没有看到，那是因为这个天花板是透明的。

检查的本质是让某种状态保持在一定水准之上

记得曾经有老师对"山人"说，怎么你一进来就发现班级有那么多缺点？我怎么看不到啊？我觉得班级已经很好啦！

"山人"笑而不语。是的，新组建的班级在"山人"的眼中，还有很多地方需要改进，许多地方需要完善。不是"山人"没有看到班级已经做得很好的地方，而是"山人"认为很多地方还可以做得更好。

每每提出需要改进的地方，并不是在否定以前的工作，更不是否定老师或者学生的努力，而是在向老师们、向学生们建议，你可以做得更好。

这不是批评，而应该看成是鼓励，看成是对自己成长的帮助。如果我们在面对上级的检查，或者别人批评时，更多的是看成对自己的鼓励，那就好了。记得多年以前，有位老师告诉"山人"，她在每次听写之前，都会让学生再次复习。"山人"很惊讶：为什么还要他们复习？对付这些懒惰的人，先突然袭击，然后让他们没有做好就抄写N遍以长点记性不好吗？而且，这不是我们老师的"惯用伎俩"吗？

这位老师说："不是，我们听写的目的是让学生掌握知识，而不是让他们厌恶语文。""山人"豁然开朗。是的，检查的本质是什么？就是让学生的学习状态保持在一定的水准之上。检查不是用来恫吓的，更不是来看笑话的，而是来帮助学生提高的。

具有问题意识，善于解决问题

在管理过程中，看到问题很重要能够看出问题，是一种能力。当然，看到问题后，不是要去责骂，而是要去解决。没有问题意识或者问题意识不够的人，在人生中无论看到多好的方法，都不会注意到那个方法好在哪里。

"山人"常常在阅读的时候，领悟到自己在管理中遇到的问题，找到解决的方法。这就是因为，看到了问题，并且时刻在思考解决的方法。如果恰好在学习中遇到了，在生活中看到了，会马上联想到自己的困惑，也会立即想到运用类似的方法来解决。

比如，当看到团队开展活动不够齐心的时候，就会思考该如何去辨识团队的重要人员。对一个团队而言，哪些人比较重要呢？实践经验告诉我们：当团队出现嫌隙时能够成为润滑剂的人，明明没有机会成为固定班底却还愿意拼命练习的人，当成员松懈时能够扮演"黑脸"的人，这些人的存在都跟固定的班底成员一样重要。这是看球赛的人都明白的一个道理。

反过来讲，我们也应该努力成长为对团队重要的人，这就是我们自己的价值。每每安排工作时，"山人"总喜欢告诉别人这次工作的目的，告诉他们可以自由行动的程度，更愿意在这样明确的目的原则下，先自行判断如何行动，"山人"在一旁观察和提供必要的协助，并最终确认结果。培养出能干的学生，才是一种快乐；而把自己的能干展示给学生，让他们充当看客，只不过是一种炫耀性的自娱自乐。

能力不是用来展示的，而是用来解决问题的

当然，适当地展示自己的能力是有必要的，但时常展示就不对了。毕竟，"高手在民间"，还有很多人可能在某一方面比你更优秀。"山人"以为，能力不是用来展示的，而是用来解决问题的。

长远看来，不同个性的人员组合而成的团队是最有发展潜力的。"山人"从来不嫌弃自己接手的团队，也许是因为从来就没有想过要用"卓越"的成就来显示自己吧。也不喜欢去展示，除非为了解决问题。更不想让别人觉得自己是无所不能的——毕竟也真的不是。就像别人说自己："对某某方面没有经验，没有做过某件事情，不懂！""山人"付之一笑。社交之所以让人感到疲惫，往往就是因为我们总是活在别人的眼光中，总是试图表现出自己其实并不具备的品质。

抱歉，"山人"其实很普通，所以只想做个普通人，做自己力所能及的事情。偶尔折腾一下，也不过是在自己熟悉的地盘上、熟悉的领域里进行深耕罢了。

其实，很多时候，如果我们想让一个团队发展得更好，就不应该是以"管"的姿态，而应该以"服务"的态度。就犹如，并非"山人"对班级管得好，而是"山人"能为班级学生和家长多多提供力所能及的"服务"，从而让他们有更大的收获。

鼓励学生，鼓励身边的朋友，偶尔会"强迫"他们改变，比如说："虽然你有可能做不到，但你还是得这么做！"这就

是探索能力的边界，不去尝试，永远不知道自己能力的边界在哪里。成功了自然值得高兴，失败了也不必气馁，因为你至少知道了这种方法行不通。

以服务的态度，才更懂得如何给学生成长搭建平台

只有先改变自己的态度，才能改变人生的高度，"山人"觉得这句话很有道理。就比如每一届"山人"都在和学生、家长进行"三方会谈"，虽然暂时看不到成功，但"山人"依然乐此不疲，因为"山人"明白，这不是没有成功，而是在让事业更深地扎根。

原本教育就不是一蹴而就的，教育是从你决心采用一种方法，运用自己的智慧去做的那一刻开始，持续累积而成的。我们常说，一个人最大的破产是绝望，而一个人最大的资产是希望。你在和学生相处的这三年，是否给予了他们，或者唤起了他们最大的财富——希望？害怕失败的人，在还没有开始之前，就已经输了。

这就是我们所说的，成功的人找方法。失败的人在还没有真正行动之前，已经在构思自己的借口了。比起在前进的道路上老是失败的人，那些因为害怕失败而不行动的人，才是真正需要担心的对象。所以，"山人"目前的心胸和格局，是基本上能够容忍探索式失败的。

前行的道路还很漫长，还需要我们端正态度，约束自己的行为，找到最适合的方法，去成就最喜欢的自己。

导读： 从新生报到开始，就把细节融入管理之中，引导、鼓励学生迎接新的变化。治班理念就在行动中逐渐体现，新的班级成员之间开始了合作，也开始了各自的转变。本文写了很多细节，值得新教师们探讨。

习惯教育不能急于求成

深入了解本校教育管理特点，明确不同阶段具体要求

习惯决定命运，我们常常如是说。于是我们对学生的学习习惯、生活习惯都异常的关注。作为新生班级的老师，也非常希望立马就把学生的良好习惯养成了。于是常常出现为了让学生知晓习惯、养成习惯，就喋喋不休地在班级讲解，反复地叮咛，不惜牺牲学生的活动时间来灌输。

这样急切的心情，是可以理解的。但是，学生良好习惯不是一时半会就养成的，那么教育也不可能一蹴而就。我们在对学生进行习惯教育方面，不仅仅是要关注学生是否懂得该做什么、如何做、如何坚持，更重要的是，教师要循序渐进，要善于引导、督促在实践中贯彻落实。

开学之初，就希望把相关的东西一股脑儿地灌输给学生，恐怕学生很难记住，偶有忘记，教师就大呼小叫、厉声呵斥，反而把人都给吓晕了！让学生一下子就适应新学校的相关要求，这是不现实的。我们希望的是"尽快地适应"，这当中就包含了对不同资质的学生不能一概而论，应该允许学生有这样一个适应的过程。教师的教育，是耐心细致，是有计划有目标，是顺应学生接收信息的规律、发展的趋势顺势而为，也是

一种善于等待的教育。

回首三届班主任管理的经历，对此感慨良多。（目前已经六届了，我依然觉得应该如此）成外的学生管理有其独特的管理模式，当然有很多要求和学生以前所在的学校不同。面对刚刚步入新学校的学生，教师要根据学生目前学习和生活的实际，把相关要求慢慢地教给学生，让学生懂得并遵守。有些比较"遥远"的，就可以暂且不说，等待时机再说。而对于已经要求做到的地方，教师要经常注意观察、了解学生的动态，并及时地进行指点和鼓励。

讲完就做，印象深刻且便于及时纠正

比如，报到那天，根据学生来报到时家长喜欢包办事情的现象，我及时指出：孩子是初中生了，家长应该学会逐渐放手，让孩子做一些自己力所能及的事情，不要再依赖家长来完成。像填写报到注册表，就可以让孩子在家长的指点下完成，虽然可能比家长自己写要慢点，但这个等待是值得的。要让孩子体会到，初中生活就是自己新生活的开始，就是自己依靠自己的开始。更何况，孩子慢慢地认真地填写完成，在时间上是完全许可的。最后我发现，绝大部分家长都是让孩子填写的，体现了家长在这件事情上是明理的。

再比如，新生报到当天，我发现不少孩子来到班主任面前的时候，都一声不吭，悄悄拿注册表，接注册表的时候一只手来拿，或者拿了之后什么也不说就离开。于是，我立即对此做了要求，家长不能代拿，必须孩子亲自来，还要向老师问好，接东西的时候要用双手接，要说"谢谢"，并且及时表扬了这之前一位主动说"谢谢"的学生和一位用双手来接注册表的学生。这样强调之后，后面的学生基本上就按照要求来做了，家长也积极地配合老师。这样，孩子在进入新学校后，就感受到了新学校的不同，也感受到了新班级对学生个体素质的高标准要求。

学生去食堂吃饭，需要及时地讲解学生在食堂的相关要求，以及向生活老师问好、对食堂的师傅说"谢谢"等基本的礼貌。离开教室的时候，就教育他们要起身看座等。那天，我班学生基本上都能够按照这样的要求去做了。离开教室的时候，我说，希望有同学主动为班级服务，帮助保洁、关门、关窗、关灯等。事实表明，很多学生都希望自己在新学校有新的发展，希望自己从一开始就努力做一个受老师、同学、家长欢迎的学生。

军训期间，针对学生见到老师没有问好的现象，又及时地教育学生见面要问好。要教育学生养成一种良好的习惯，微笑问候，声音响亮，抬头挺胸，做个明朗快乐的学生。在搬运行李的过程中及时地提醒他们，与人为善就是要多帮助别人，只有互相帮助的集体，才是一个和谐的集体。

把班训融入实践行为中，着手营造班级氛围

军训回来那天下午教室，我提出了时间上的要求，学生都在规定时间内到达了教室并且坐好。但不足的是：教室里没有开灯、开窗、拉开窗帘，非常昏暗和闷热。我没有咆哮，而是走进教室开始给学生讲解到教室后应该怎样做。开窗、开灯、开空调、拉窗帘，为什么这样做、如何做、哪些人应该对此负责任等。很快，就有学生积极协作完成了相关事情。这时候，我们班级还没有选班干部，学生做这些事情都是出于自愿。

我说："同学们，一个人的积极品质就是在这些小事情中表现出来的。我们不仅仅要追求好成绩，更要追求在学习中提

升自己的综合素质。受到同学欢迎的同学，不一定就是成绩最好的同学，而是那些乐于助人、热情乐观，有着一颗为他人、为班级服务的心的同学，才是我们最值得尊敬。新东方俞敏洪老师当年在北大就是一个常常给同学打开水的人，现在新东方的高层，几乎都是当年俞老师的同学，那些成绩最优秀的同学！我们班级的融洽，就是大家积极主动地为班级贡献自己的力量，让这个班级形成我为人人，人人为我的良好风气的班级。我不想知道你以前的表现，那只代表过去，我更关心你现在的表现，以及对今后人生可能产生的影响。一切从头开始，英雄莫问出处，展现自己最优秀的方面。也许我的身体瘦弱搬不了水桶，但是我可以为班级翻个凳子吧？我身高不够擦黑板，但是可以用抹布把讲台擦干净吧？小小的事情，也是一份小小的贡献，每个人都贡献这一点点，那就是了不得的！"

搬书、发书的过程非常迅速，完成后，教室里的保洁也做得很好。当然，这些都是从班训"与人为善"的角度来要求学生的。对于那些积极表现的同学，我们都报以热烈的掌声，报以欣赏感激的眼光。整个下午各项事情的完成，我们班级每个人都参与了，因为我们是班级的一员，为班级就是为自己。

班主任立场鲜明，才能引导学生"趋利避害"

对于班训中的"好学不倦"，当然要体现。对于学生到了教室之后，很多人都在摆龙门阵的现象，我提出了要求，那就是每个人都准备一本有积极意义的书，在今后的时间，将进行"朗读会"，组织学生利用这些时间来读书。交代完周末的相关事情以后，还有一段时间才下课，于是又及时地播放科教片《唐诗韵》。宗旨就是让在教室的时间都有效地用来学习，让学生感觉到事情安排有序，时间都要充分地利用。不给自己带来懒惰的可能性。

当然，我的意思是，更多的时间应该是从不同的角度，在实际活动中来培养学生的良好习惯。不是习惯于口头强调，班主任说了很多，但在下面听的学生各自胡思乱想着，花费了时间却效果平平。班主任应该把更多时间用来思考班级的长远发展，观察学生的状态并及时地调整教育方式方法，应该从烦琐的事务性中解放出来。让活动，让"别人"来教育学生，因为班主任的见识和知识总是有限的，你说得越多，就是表现你知之甚少的时候。班主任的要求简洁、明确，而执行上做到令行禁止，那就是一种成功。我们做学生的时候都不喜欢那些婆婆妈妈的教师，那为什么还要有意无意地仿效呢？

"我的性别是有目共睹的，脸皮薄，胡子都冒了不知道多少茬了！纯爷们，干脆利落！我们培养的习惯就是：'好学不倦，与人为善'。做任何事情都要想想，是不是符合这一要求，符合的就是我所赞赏的、支持的；违反的，就是我所鄙视的、反对的！"

这些习惯的最后养成，需要时间，需要耐心地等待，甚至有反复的可能，只要我们不气馁，不放弃，坚持去做，一定可以做好。还有更多的要求，在今后的教育中将一一地随着需要提出来。

导读： 这些年来的不断总结和反思，让我对起始年级的管理更得心应手，也总结归纳出了简便易行的规则，对班级快速形成标准风格很有帮助。早布局，早行动，班级管理才会进入快车道。

与班级一同成长，别让自己陷于初级管理的泥淖

先养成一个好的习惯，让你的大脑和身体自动适应一种行为模式，而不能单靠意志力。

——读书笔记

小要求，大意义

"请随时关注学生的抽屉是否整整齐齐。"

"请随时关注三个时段的准备情况：早读、小班会、晚课。务必把学习内容提前准备好，到场就有事情做，能够静下心来！"

"请坚持把几项活动不断深入进行下去，这是有关恒心和毅力的训练！要做就做到最好！"

提前做好规划，利用学生求新、求变、求优秀的心理

班级管理的初级阶段，或者说在初一阶段，"山人"都是以此为标准的。苦口婆心的教导当然很重要，但实实在在的训练也许更能够让学生养成良好的习惯。

我们都知道，人的行为是环环相扣的，你想要改变一个行为，受到的不是一个行为的抵制，而是全部生活习惯的抵制。因此，对学生新习惯的培养，应该是一件循序渐进、润物无声的事情。那我们就从最简单的事情入手，把这些坚持下来，就

是胜利。

在初一阶段，尤其是初一上学期，学生进入新学习阶段的新鲜感使他们乐于接受新的行为模式，期待自己有新的变化，有新的成长。不如趁此机会告诉学生，我们只有"简单的"几项改变，非常容易，只要我们坚持下去。

作为班主任来讲，在常规管理中细致入微、注重细节是很重要的。班主任所倡导的风气，对学生就是潜移默化的影响。虽然我们能够真正深刻影响学生的地方并不多，但是在某个阶段对学生的影响也不可忽略。要把班级管理成自己期望的那样，就必须做到有理念，有方法，有行动。

这些都是比较容易的，相信我们班主任能够做到。

初一下学期抓好个体激励，布局自主管理

然而，班主任的管理肯定不能止步于此。如果一个班级在初一快结束了时还在不停地处理"人际纠纷""新环境适应"等问题，那就说明管理没有进步，还停留在新班级组建时期，这是极其危险的情况。

学生进校快一学年了，相互之间对性格脾气都有了一定的了解，如果秉着"与人为善"的心态，那么多多少少都会收敛自己的脾气。即使性格怪异、处理人际关系能力欠缺的学生，在老师和家长的帮助下，在学校纪律要求下，也应该是有所改进的。毕竟这是在学校，不是在自己家里，为所欲为总会受到约束甚至惩处的。

初一下学期，班主任的管理重点应该进入对学生个别状况的处理了。这就从新班组建的混乱时期过渡到了一个稳定的集体。乱班先从集体入手，然后抓个体。现在是激发学生个体积极性的时期，应该更注重在班级中发现优秀的个体，以点带面

来带动整个集体。

初一下学期，要发现班级中优秀苗子，激励他们向着更高的目标前进。发现班级中等生里面，潜力很大的学生，帮助他们找到自信，找到适合自己的学习方法，适合自己发展的途径，向着优生的方向努力。对于学习后进生，也要去发现他身上可以挖掘的潜力，打消畏难情绪，积极寻找出路。

也可以这样来说，如果第一学期是建立班级学习秩序，营造学习氛围的时候；那么在第二学期，应该是从关注班级整体氛围，到关注学生个体的成长，更是走进学生内心世界的一个起点。每当我们给个人一种影响的时候，这种影响必定同时也会影响集体。

对于"初二现象"，"山人"以为最好的方式就是提前做好对学生的引导。在班级管理中，能够做好学生自主管理能力的培养，在初一下学期就要有所行动。所谓的"中二病"，就是他们追求独立自主道路上行为的夸张表现，那么就意味着自主管理行为就是他们独立自主"外交政策"的表现。学生需要自由，我们在初一阶段就积极构建班级自主管理模式，培养学生自主管理的能力，唯一可以做的，就是把自己培养得更好。（虽然这个想法可能比较理想化，但是事实却是如此，只有与自己的不足之处作战！）

用乐观的心态、积极的管理影响班级发展

班主任有没有乐观的心态，在管理中使用的方法就可以看出来。有的班主任，即使面对的是一个"烂班"，也敢于对学生微笑，敢于告诉别人，他的学生正在慢慢地向好的方向转变。实际上，我们平时的言行举止，都有意无意地昭示着你对自己班级的认同程度。你自己肯定不愿意被人说成是不学无

术、不思进取的人，学生同样也有这样自尊心的。所以，你在改变自己，你在引领着积极向上的风气，那么班级也是在这样的暗示下成长着。

乐观的班主任在管理中总是对学生的发展持欣赏态度，敢于接受学生制造的"麻烦"，把每一个麻烦看作是学生接受教育、改变自己的契机。Trouble Is A Friend，一个班级的学生，总是性格各异，"多姿多彩"的人生在他们身上实践着，因此每天总是有各种各样的事情发生。如果用尼采的话说，就是那些不能将你击垮的，终将使你强大，只有敢于面对，才能够寻找到与学生合适的相处之道。

乐观的班主任在向别人描述自己班级的时候，使用的词汇总是积极向上的，描述到个体学生的时候，也多是看到学生身上的闪光点。这是对班主任自己的一种暗示，更是对别人的一种暗示，而这种描述最终又会被传递到我们的学生那里，对学生产生积极的暗示效果。这就是"山人"常常对家长强调的，家长对学校教育理念的认同，对班级教师教育方法的认同，往往会对孩子产生积极的教育效果。反之，则会抵消教师努力付出的效果，最终受到伤害的一定是学生，是家长自身。

用故事来激发成长的热情

我们常常说，成功的人总是在找方法，失败的人总是在找借口。我们教师自己是不是喜欢在学生面前找借口？教师就是最佳的示范者，因此教师要在班级中营造一种敢于面对问题，敢于纠正自己过去错误的氛围，要有敢于不断尝试不断进步的心态。对自己的行为负责，养成独立思考的能力，不断超越过去的自己。

常言道：有一个竞争对手永远打不败，那就是趋势。我们班级的发展，也是能够造成一种趋势的，重点就在于班主任有没有一种坚定的信念，有没有一定的能力来策划并执行班级行动，带领大家朝着既定的方向前进。乐观的班主任，总是能够让学生在困难中看到希望，在前进中保持昂扬的斗志。

班级管理中的不同阶段，要运用不同的方法。对于普通人而言，即使后面有根鞭子抽着，可能也懒得去改变。但是，优秀的人随时都有危机感，而且保持了求知若渴的态度。在班级管理中，我们要有敢于鞭策学生前进的胆识；还要让学生看到自己与优秀者之间的差距，看到成长的空间，不断地超越过去的自己。

"山人"常常把那些优秀学生的成长故事讲述给现在的学生听，把学长们现在的发展状况与过去的成长轶事关联起来。既让他们看到成长是不断否定自我的痛苦过程，又让他们看到成长是一种充满乐趣、化茧成蝶的美妙体验。

回归正题，班主任善于引领学生，那么班级事务就不会是简单的重复，学生也不会重复过去的故事。换句话说，学生犯的错误会越来越"高级"，那就是在成长中。

仰望心之所向

管理者的终极任务就是要激发员工的工作热情和希望。

——读书笔记

教室里的状况，让老师愤怒了！于是三个五分钟原则开始发挥作用。大家欢天喜地地下楼了，看到主任更加疑惑与愤怒的眼光，可惜这些小屁孩儿根本不知道收敛自己。他们一路欢歌、一路奔跑，来到了操场的跑道上，"山人"远远地跟在后面，没有说话。黑暗中几个声音高声喊着"老师来了"，感觉像在指挥秩序一样，给人以一种组织能力超群的样子，原本静悄悄的操场上有了嘈杂的声音，打破了这里的宁静。

人群里依然有人热烈地讨论着，也许是在说刚刚考试的题型让人纠结吧，也许是在讨论待会儿要跑几圈；也有人一声不吭，恐惧着这几圈多么让人痛苦。"山人"快步来到了人群边，竟然没有高声宣布"起步跑"，而是一声不响，围着人群转了一圈，黑漆漆的夜晚里，根本没有人看得到那种不平常的眼光。

"你们觉得我们下来就是为了跑步？"这是一声严厉的问候。

"如果你觉得我们下来就是为了跑步，就是为了接受惩罚，那就错了！你看看你们，根本不晓得自己为什么下来！而这个问题才是这次下来的关键！自习课安静不下来，兴奋地不晓得这是应该安静自习的时候，不晓得自己的喧哗影响了多少位正在认真学习冥思苦想的同学！"

"你们可能觉得，吵闹都是别人的事情，自己根本就没有说话，可是你错了，你站在那里一脸崇拜地看着那个正唾沫横飞演讲的人，不也是一种无声的鼓励么？你不知道自己应该坐下来，开始自己的复习与预习，不晓得应该去完成自己的作业，这就是你的错误！你鼓励了别人，耽误了自己！"

"你们是一个团队，一个集体，任何人的不对，你都有责任！那些让某些人横行无忌的，不是因为某些人太猖狂，而是因大家的宽容和忍气吞声！无所作为助长了某些人的嚣张气焰！如果班级闹得很，那就是因为你助长了这些人的坏脾气！如果整个班级都在闹，那就是班主任助长了这些人的气焰！"

"能够时刻在你们身边的，就是你们自己，自己都不想要一个安静的环境，谁能够给你？不要动不动就埋怨环境！水性不好的人，无论换多少个游泳池都解决不了问题！主宰一切问题的根源就是你自己！站好，好好反思自己！"

夜风吹来，深秋，有点点凉意，正好可以让人冷静下来。晚上的运动场黑漆漆的，有几个人在散步。夜晚的校园安安静静的。人群这时候也静静地站在跑道上，"山人"已经围绕着人群走了好几圈。目光扫过每一个人的脸上。

时间过得好慢好慢。

"好好想想，你到这个学校来的梦想。你再抬头看看教学楼的灯光！1276个人，最后最多500人能够直升本校，你会是其中的一个吗？你敢想象自己，三年后的今天晚上，你正在上面某个明亮的教室里奋笔疾书吗？"

"想想你现在的状态，现在所做的，所想的，是不是正在朝着这个目标前进？不要等到将来再后悔！未来不是等到了未来才去把握，未来就在于你现在把握的东西。还在想你小学多么优秀？还在想你小学多么受老师的宠爱？过去了！清零了！这里的一切都在于你是否会重新努力！"

　　"好好想想，你为你的梦想做了些什么！埋怨老师，埋怨家长，埋怨同学，都不可能促进你的成长！连简单的闭嘴不说都做不到，还说什么发愤图强？还说什么自己要在这里苦读6年？你在喧闹的时候，有人正在埋头苦读；你在打盹的时候，有人正在奋笔疾书；你在埋怨的时候，有人正在积极行动！你以为只有63个人才是这个世界，不，三年后就是你们这1200多人在竞争！而竞争就是从现在开始的！"

　　"好了，你们自己再看看教学楼的灯光，给自己立个目标，许个愿！"

　　四下里一片静默。教学楼灯火辉煌，仰望着，有多少人正在为自己的梦想奋斗着。而在这黑漆漆的跑道上，在这寒风中，仰望着教学楼，憧憬着未来的某一天，骄傲地走进高中，去继续自己的梦想。只有在心灵的深处，充分地描摹好那个美丽的场景，才能为自己的未来找到方向。人群的目光都注视着教学楼的灯光。

　　也许，都在沉思着吧！

　　几分钟后。

　　"叫你们下来，你以为一定会跑步？不，我们不跑步。而是让你们用心聆听自己内心的渴望！我看看上楼的时候，有多少人仍然嬉笑怒骂，仍然慢慢悠悠无所畏惧，仍然回到教室不知道自己该做什么！以后的路，都是你们自己在做选择，最终的结果早就写在了你现在的言行上！"

"好了，自己回教室！"

大家没有说话，有人开始往教室方向跑了起来。越来越多的人跑了过去。没有人说话，大家的脚步声倒是非常响亮。

"山人"跟着，也没有说话。回到教室的人群没有说话，老师也没有说话。

直到下课。

我们没有跑步，我们只是在夜风中，站在操场上，仰望着灯火通明的教学楼，想象三年之后的自己，在某一间教室的灯光下，书写自己的亮丽未来。

这20分钟，我们感受了秋风的萧瑟，也聆听了自己内心的声音。

第二部分

班干部培养

不拘一格，更要不辞辛劳。培养班干部功在班级，利在学生，多多益善！自主管理的班级，一定是有着核心班干部集团的，自己训练的班干部，用起来最顺手。

努力，会赢得你所不知道的美好未来（节选）

改变自己的思维方式，你也可以做好

"Y老，只有一个笔记本，现在学长和学姐两个都要送，怎么办？"经验交流会，班长问。

"H妹儿，你想办法来解决，找人借也可以。""山人"回答。

"找不到啊！"

"我不管，反正你来解决！"

交流会结束，赠送笔记本环节，H妹儿竟然给学长和学姐每人一本笔记本！原来，她找同学借了两本。

"问题＋解决方案"的汇报形式

常言道："成功的人找办法，失败的人找借口。"

思维方式决定着我们行动的可能性、行动的速度以及最终的结果。如果送笔记本这个事情的解决办法"山人"自己扛起来，肯定也能够解决，但是对于班干部的培养而言，就不是一件好事情。因为班干部习惯了"请示"，只做一个执行者，而没有恰当地做一个思考者，那么学生的主动性和智慧都得不到展示。

"不说问题，只说解决办法。"这是"山人"最近常常感受到的，也在努力地去寻求解决办法了。

记得在班干部的培养过程中，"山人"一直给学生强调："任何一个问题出现，请你们书面汇报的时候，给我三个解决办法，并告知我你最倾向于哪一个办法。"

三年培养，不少班干部都养成了"问题＋解决方案"的汇报形式。

"Y老，我们想这样开展这个活动，需要你提供这些帮助，你看可以吗？"学生往往会把较为详细的过程分条表述，既有他们将分工协作的任务，也有把班主任作为其中一员要分担的部分。

放手，来自于班级学生管理能力的提升

"感觉你们这的学生比大学学生还要能干，说话的语气不像中学生。"一位实习教师赞叹说。

"大学生说话和中学生有什么不同？""山人"问道。

"大学生跟辅导员说话，都要请示'可不可以'或者'准不准'，而你们这的学生都说'商量一个事情'，还直接吩咐你该做什么。"

"其实吧，只要能够把事情做好，他们在积极思考和行动，语言表达方式平等一些没有关系。我告诉他们，只要改变自己的思维方式，你也可以做得更好。"

有时候，"懒惰"的班主任，反而能培养出独立工作能力强的班干部，当然，如果班主任能够主动地、有意识地培养学生，学会"放手"，那么班干部的成长就可以更为快速和全面。

四月，我们再次得到了优胜红旗。但对于我们班干部甚至整个班级来说，做好我们应该做的，做得越来越好，为自己营

造一个更好的成长环境，才是我们的终极目标！

也许，我们并不知道我们的未来会怎样，但是我们的努力已经让我们的今天充实而愉快。

人生，原本就应该重视过程，重视人生旅途上的点点滴滴，即使是挫折，也是别样的风景！

导读：班干部培养，就是在不断的指点下，在班主任的坚持中，形成惯例的。当班级的主流观念逐渐形成，反过来又推动了班级管理向更高层次发展。

---

you can

不拆台，在经历中获得成长

"我觉得这周打扫清洁的同学，没有班级工作总结上说的那么认真。"劳动委员在班会上直言不讳。

虽然连续三个月没有拿到优胜红旗，但是"山人"的心却在寒冬里暖暖的。

是的，就是因为发现有几位同学在参与班级管理中越来越认真负责，真正成长起来了。

"我觉得你今天说的话，虽然在理，却不太合时宜。"一个私下场合，"山人"委婉地提醒道。

"是，我也觉得这样说有点拆班长的台。"劳动委员也爽快地承认。

"对，以后记住，这样的不同意见，可以在私下里进行交流，但不要在班会课上公开分歧。我知道你是无心的，但是这也就告诉我们，虽然团结协作的道理我们都知道，却只有在实际的人际交往中，才能够学会如何巧妙地处理。如果你没有这一次失言经历，就不可能真正领悟作为团队成员应该抱有的心态，应该掌握的说话技巧。"

"山人"以为：让学生在经历中获得成长，也是一件意义非凡的事。

忍住，人才是在使用中成长起来的

B在前几次的班干部活动中表现实在堪忧，甚至在和家长一起交流中"山人"也直率地谈："体育老师都很看好你的管理能力，但是在班级体育委员这个位置上，你却没有很好地发挥出来。尤其是敢于管理这一点，是不是因为觉得自己的成绩不够好，就没有那个底气？"

甚至有一次，"山人"在看到这乱糟糟没有及时整队的景象时，都有一种冲动，想立马让其就地免职。但是，终于忍住了，毕竟这是班长会议自己挑选的，最好的方式还是让他们再次开会来做出决定吧！多次给班长提建议，要求班长把管理的要求转达到。

时间总是很漫长，即使就是一个月。

下一组班干部组阁的时候，特意叮嘱，不要再这样用人了。

似乎一切都完美了。

当这一组班干部再次组阁的时候，竟然又有他！又有他！又有他！

"山人"忍住了。询问班长起用的缘由。

然后，叮咛再三。

然而，这一学月，他的画风突变！组织管理敢于严格，敢于硬碰硬！于是，这一学月的表现真的亮点多多！

"山人"以为：人才是在使用中成长起来的。

精神支持，人才是在信任中诞生的

"这一学月由你来组织班干部。"

"让××来吧，我怕做不好。"

"不行，就是你。如果有什么无法做好的，可以求助于各位副手！"

让学生敢于接受挑战，只有这样才能突破他给自己设置的极限。配备有经验的副手，让班长学会听取意见，从而做出决策。这是对那些具有多方面才干但是信心不足的学生的一种培养方式。

一个学月下来，他显然找到了自信。学会了交流，学会了主动处理问题，虽然开始时内心忐忑，但慢慢地就懂得了组织管理的方法。

这样等到再次轮值组织班干部的时候，就一点都不怯场了。

"山人"以为：人才是在信任中诞生的。

加快班干部轮换节奏，给更多学生机会

班干部一月一换的方式，让更多的人参与了进来，也让更多的学生发现了自己的才干，激发了他们内心向往优秀的那一股洪荒之力。当你看到他们越来越熟练地组织班级活动，越来越严谨地对待班级工作和自己的学习时，心中总是涌动着一种暖暖的快乐。

是的，我们错失了很多次优胜红旗，但是我们收获了更多的成长经验。

望周知：谁翻了你的牌子？

新一期班干部名单公布的那一刹那，Y子有点懵逼："我怎么不知道呢？"身为"ban草"，怎么回事？谁翻了我的牌子？

是的，你不小心被"翻牌子"了！惊不惊喜，意不意外？确实，在这次班干部的推荐名单中，好多人都不知道自己已经"入吾彀中"了！从初一开始的班干部自主管理班级训练到如今已经形成了惯例：每月一换。而班主任需要做的就是，确定班长和副班长，让他们去组建班委会。在第一学期的时候，班主任为了培养锻炼更多的学生，会主动推荐或安排一些学生来担任班干部，并在工作中进行训练，提升他们的管理水平。到如今，已经一年半了，所以班长合意的人选，班主任就基本上不做调整了。

被"翻牌子"是对你的高度认可

运用这种管理方法，有时班长会觉得某些同学工作能力挺强，责任心也很强，往往就直接"翻牌子"了。其实做班干部，不仅仅是一种权利，是一种荣誉，更是一种责任—— 既是对班级做贡献的责任，又是对自己多方面发展锻炼的责任。

换一种表述形式，如果你不小心被"翻牌子"了，那充分说明了同学对你的信任，看好你哟！还记得在成外的时候，有一位同学每次都被挑选为体育委员，每一届班委都很喜欢跟他搭档。大家看重的就是他那种做事认真的态度，那种合作愉快的良好感觉。在我们这种班干部挑选制度下，其实同学们是最清楚班级里哪些人比较靠谱，比较适合一起合作。当然，我们也会防止"近亲繁殖"，规定在一段时间内，除少部分人外，不得重复担任班干部，就是希望有更多同学都有机会。

是否是一个善于合作的人，这种在自然状态下最能够看得出来。既然翻了你的牌子，那就好好干活吧，毕竟这是你自身实力的体现。至于说，竟然没有提前告知你，那就是班长大人对你相当熟悉和认可，了解你啦！当然，如果提前和你聊聊天，征求一下意见，也许更好！

拒绝"翻牌子"，有时候在错失成长机会

对于安排工作，不同的人理解是不同的。有些人不希望自己"多事"，只希望事情越少越好，收入越多越好，这种人比较多，比如"山人"就是这样的心态嘛！不过，如果认真思考一下个人成长空间，就会觉得各种事务，正是提高自己的机遇，毕竟小白鼠只有在复杂的迷宫里，脑沟回路才会更发达嘛！

复杂的环境能够让一个人变得越来越聪明，这就是你得主动把自己放到一个陌生环境里进行锻炼的原因！其实就是，不断要求自己走出舒适区，去学习，去探索，去发展自己新的能力。人总是有惰性的，没有压力，往往习惯于在现有状态下悠然地生活。不是说转变之后，生活就不再悠然了，其实是在另一个层次变得悠然了。

有时候看到有些年轻人，以各种借口拒绝被"翻牌子"，拒绝成长，内心还是蛮遗憾的。毕竟，人生能够遇到的好机会，并不是我们想象的那么多。甚至可以说，机会并不一定等你做好准备才找你，往往是你还没有准备好，就猝不及防地来

了，你只有在接受之后，一边承受压力，一边努力学习如何成长。

　　"山人"有一次问一个年轻人，你这样那样的都不接受，是不是自己已经有另谋高就的打算了？如果有，坦率一点，没关系，毕竟小池塘容不下巨龙。如果没有，那么这就是你变得强大的机会，不然的话，在这样一个需要复合型人才，需要一人身兼数职的客观环境下，你就得改变自己，就得接受这样的安排。不然，年纪轻轻就来养老了，社会不断发展变化，就不怕将来自己被社会淘汰吗？难道你认为自己大学里学习的那点东西，可以依赖一辈子？

不断学习增强你安全感

　　"山人"三天不看书，就觉得自己心慌慌，怕自己被这个飞速发展的社会淘汰了。如果没有看一看提升自己工作之外能力的书籍，强烈的不安全感就会扑面袭来。什么是进可攻，退可守的策略？那就是不断地精进自己的专业，同时又拥有触类旁通的本领。

　　当你有能力了，当你越来越优秀了，当然被"翻牌子"的机会就多了。甚至说，你组建了团队，开创了事业，翻别人牌子的机会也就多了。这一切，都离不开你始终如一的学习。

小确幸（节选）

接班人

班级工作交接的时候，要注意些什么

每月一次的班级工作交接，总是在考验着班干部们。

最好的方式就是，两组班干部都在一起，交班的同学除了相关资料的移交之外，还应该把工作的重点，已经完成的内容，还没有完成的部分，都说得清清楚楚。更重要的是，能够提醒接班同学，做好哪些事情是重中之重，如何才能完成得更有效率。接班的同学呢？除了听清楚要求之外，还要对自己不清楚的地方认真提问，寻求答案，对于别人的经验和教训，要牢记在心。

每一项活动都锻炼着我们的思维，培养着我们的习惯。如果你仅仅是把班级工作看成是一种责任，也还是不错；但是如果看成是在责任之外，对自己成长有着积极的影响，那么你就会更热心、更主动地去完成任务了；如果你有服务别人就是快乐的想法，那境界就更高了。

只有在活动中才能获得真实的感受，活动在塑造学生身心

方面具有重要作用。让更多的人在活动中成长，这就是我们培养班干部的目的。班级管理之中的小事情，能够踏踏实实积极主动地完成，你也就在不断的成长之中。

导读： 把每一次解决问题的过程，都变成提升班干部管理能力和思维水平的机会，班主任要善于从小事情中引导他们归纳总结出新知识、新经验，从而有机会改变未来！

牙 慧

没有教育智慧，一切方法都是枉费。

——读书笔记

做事留有余地，结果不解释

"这次黑板报只得了8.25分，是年级倒数第二名，与年级平均分相比少了大概0.7分。你们有什么看法？"

"那天早上我们本来要办完了的，×××因为有事情就没有写完她的那部分。不过我们后来补上了的。"

"你觉得有什么经验和教训可以借鉴？"

……（学生陈述）

"其实我觉得至少有两点可以思考：一是，办任何事情都必须给自己预留时间余地，头一天晚上我看到你们没有办完，还特别提醒了的。但是，你的回答是很快就可以完成。不留时间余地，如果出现突发事件，就会影响工作进度，也会影响工作的质量。以后，一定要留出至少一天的时间，也就是要提前一天完成。这样，即使有什么需要改进的地方，我们也可从容不迫地完成。"

"二是，无论你怎么解释你的问题，团队办公室的评审老师也不会听取你的陈述，更不会更改分数，分数已经冷冰冰地判定了你的成果。所以，解释已经不重要，重要的是提升你们黑板报的版面设计能力，提升你们的见识水平。这一次完全是让你们自己设计完成，也就看出了你们的实际水平。那么，图书角的板报设计书籍，或者你自己回家买几本黑板报设计书籍来钻研，是很有必要的。要让自己在某个方面更专业，那就必须去深入研究，要有更高的标准来要求自己。"

吃一堑，长一智，不可忽略老师的建议

很早以前，我就告诫学生，你们可以有自己的创意，可以有自己的思想，但是一定要结合老师提出的建议来修改，至少要整合老师的建议，这样才可能取得更好的成效。原因很简单，那就是你必须考虑到评审老师的角度。而班主任作为成年人，作为在这个环境中适应了较长时间的人，对这一套打分规则是比较熟悉的，其欣赏眼光和衡量标准也比较接近评审老师，因此班主任的提示和建议，往往可以让我们的活动水准更符合学校的相关要求，也更容易得到高分。以往的黑板报，往往要把设计稿件退回去重新设计好几次才能确定。而这次由于时间短，同时也想让学生自己去考验一下，果然是放手不易。

"延伸到学习上，期末复习也应该注意计划时间，不能把任何复习计划安排到考试前几分钟。因为你无法确认，会不会有些意外事件，如老师让你帮忙做事情、班级工作、同学请教等会耽误你的时间。我们要给自己的计划留有余地，提前复习，早做准备，这样才能从容不迫地应对考试。"

让学生感受到每一次与老师交流，都有收获，都看到了自己成长

三个班长在办公室，看着班风班貌评比表，各自说着自己的思考。

"这次没有拿到优胜红旗，但是我很高兴听到你们三个的反思。在这个位置上，才能够发现自己能力的短板，才能够看清自己的发展方向。这也应该是你们自己最好的收获。你们要有坚定的信念，这些活动、这些实践经验，对于你们来讲一定是有积极影响的。每一种性格都能够获得成功，所以不要怀疑是性格妨碍了自己的发展，而应该努力去发现自己的长处，克服自己的弱点，让自己的性格达到一种平衡。"

"我们成人之后，一生的所有重要决策，不是基于数学考了90分还是60分，而是我们在成长的过程中，有意无意获得的精神资源，这些形成了我们的精神结构——主导我们一生的好恶感与羞耻心，我们的愿望、梦想与恐惧，从而影响了我们后来所有的决定。你们现在感受到的，思考的，培养的能力，都会影响你将来的发展。所以，不要小看这些活动的影响力。只要善于反思，勇于改进，我相信你们将来会做得更好。"

有句话说：什么样的社会精神资源，就会孕育出什么样的民族面貌。那么，什么样的班级氛围，也会孕育出什么样的学生精神状态。教师把学生当成什么样的人来对待，就会把学生培养成什么样的人。学生的勇敢、执着、乐于奉献，都是在一种信任的环境中养成的。

看到学生在努力中成长，是一件极其愉快的事情。发现学生的潜质，培养学生的才干，是一件冒险的事情，因为事情很有可能不是那么的完美。那么，我们敢不敢面对可能出现的失误甚至是失败呢？如若老师在面对失败时总是怒气冲天，总是怨天尤人，那么传递给学生的也会是一种"失败很可怕""失败很可耻"的人生信念，慢慢地，有些学生——也许是很多学生，由于害怕看到你不敢面对失败的脸，也开始变得谨小慎微，变得不敢去尝试，变得畏首畏尾。"失败是成功之母"的说法，我们早已知晓。然而我们真正学会了从失败中得到有意义的经验吗？难道我们的经验仅仅止步于"不要尝试"？

愉快的三年，一定是有成长满足感的三年

任何人想在实际生活中把一件事情做好，就不得不面对未知，而面对未知，就意味着冒险。如果班主任在三年的教育中仅仅止步于使用人才——就是把那些已经具备某种才干的人，好好地用好就可以了——当然可以顺利地度过三年的教育——甚至是很愉快地度过。但是，还有没有其他学生具有潜质，由于缺少锻炼的机会而没有展现出来？既然没有一件事情可以不冒险，那么冒险就反而是一个理性的选择了。我们的目的是培养人才，使用人才，那么适当地、大胆地使用新人，也就是一项长期而言的最优选择。

前几天，几个已经毕业的学生到学校来看望老师，聊起了当年那些奋斗的日子，谢天谢地，那时候我们愉快地度过了三年的时光！创造平台，给予机会，鼓励锻炼，给予帮助，及时肯定，再接再厉，我们的道路就会越走越宽广。他们说，最高兴的就是三年初中生活，大家之间的关系是如此融洽，以至于后来遇到的班级都没有那种感觉了。也许这话有些夸张，但我宁愿相信我们一起走过了那段美好时光，这永远值得我们怀念！

如实汇报，只为有机会改变

一个人能够看多远，决定了你能成就多少。几个班干部聚集在一起，我们反思这一学月的班级管理，谈谈我们的经验教训，说说我们的内心感受，然后展望未来，看清我们发展的道路，让我们的内心对未来充满期待——下次我们可以做得更好！

　　学生在参与班级自主管理中难免会出现一些差错。减少差错发生的唯一方式就是承认它们的存在，收集关于差错的信息，从而为减少差错的发生做出相应改变。看着班风班貌评比表，我们一项一项地进行了分析。特别是对于班干部的管理，我们的要求是如实汇报自己的管理现场，以便于了解事情，寻找方法，解决问题。我们力求使报告这些问题变得更加的容易，因为目的不是惩罚班干部做得不好，而是给他们机会决定如何改变，使问题不会再次发生。

　　这就是我们的管理理念。当然，很多东西都是借鉴来的，姑且就是拾人牙慧罢！

导读：让喜欢指手画脚的人闭上嘴，让心动不行动的人迈开腿，班级才能真正地向前发展。教会学生如何处理问题，比替代学生解决问题更难，但这样的尝试却值得——这才是助人成长！

匹 夫

大思维决定大境界，大境界决定大成功。

——读书笔记

常见的看客思维模式

"Y老，书柜那里好臭哦！"

"然后呢？"

"有一种腐臭的味道。"

"然后呢？"

然后就没有然后了。

一群人围着你说了很多"臭"，只有班干部几个人开始想弄明白"为什么臭"。

然后，他们的双眼到处看看看，然而依然袖手。

"为什么不把书柜里的东西都拿出来，然后再看看是什么发出臭味？"

于是他们开始找"发臭"的东西，看上去找到结果是一个很漫长的过程。因为看上去那些书本、水瓶、废纸等并不臭。

"为什么不把所有的东西都拿出来，然后一样一样地整齐放回去？"

然后儿个人开始战战兢兢地行动，"山人"很努力，走过去几下就把书柜里少得可怜的几样东西掀了出来，然后说：

"把里面用帕子擦干净，然后闻闻还有没有味道。"

于是几个人开始行动，整理了书柜，但是发现臭味貌似不是书柜里面的——很好，至少书柜清理完毕了。

于是又有人觉得是书柜上面的那盆草有味道，于是把班草搬出去丢了。

在这个期间，阅读课本来应该安安静静地阅读的，但是又有好几个人眼睛始终盯着书柜，喊喊喳喳地议论，还不停地指挥班干部做这样，做那样，仿佛这臭味就是他们身上发出来的，所以必须自己清洗一样。

若有事件，没有哪一个人是免责的

"山人"愤怒了。

"你们觉得是班干部的责任么？你凭什么袖手旁观？还指指点点？只知道说这里臭，那里应该怎么做，为什么自己不上来帮忙？教室环境是几个人的责任吗？"

"以后记清楚，如果你对现在的环境不满意，那么首先就要自己动手来改善环境，不要只知道闹嚷嚷！天下兴亡，不是匹夫有责，应该是天下兴亡，我的责任！"

"有些同学在家袖手旁观习惯了，在集体生活中也是如此，指责环境，指责别人，却从来没有想过自己的责任！"

（PS：家长会的时候，要是哪个家长来说是别人的孩子影响了自己孩子成绩，或者影响了自己孩子的成长，那我要首先问问这位家长，你的孩子带给别人的都是正能量吗？）

"今天的事情，我看到了有些人"坐享其成"的思想，当然也看到了我们班干部的与人为善和奉献精神。这就是你们的不同！性格的不同，思维习惯的不同，境界的不同，将来的成功也定然不同！"

臭骂一顿后，教室里学生才开始静悄悄地看书去了。

独立解决不了，才求助

有事件，就有教育契机。

如果我们的教育，仅仅是告知学生遇到问题首先是"求助"，而不是思考如何解决问题，那么我们的教育是不够完美的。我们教育学生的，教给孩子的，首先应该是遇到问题有解决问题的勇气，积极思考如何去解决问题，在自己解决不了的情况下，才去寻求帮助。

班级管理中也是如此，我们应该帮助班干部树立主动解决问题的观念，培养自己解决问题的能力，而不是告知班干部最主要的事情就是"打报告"。如果我们的班干部面对班级活动中那些零零碎碎的小事，都一定要班主任来解决，那么作为班主任将"鞠躬尽瘁，死而后已"了。既没有培养出干部的能力，也没有让自己从日常事务中解放出来，去思考一些更重要的教育问题。班干部的能力低不是你的责任，但是不能提高他们的管理能力，就是班主任的问题了。

如果班主任能够不断地提高学生的管理水平——不仅仅是班干部对班级管理的水平，还包括学生的自我管理水平，那么班级就将蒸蒸日上，越来越有团队精神，也就让在这个班集体中的每个人都更加优秀——至少在不断地进步之中。

打掉旁观者心态，让其在沉思中安静

解决问题，除了常规思路，还应该有换个角度来思考、另辟蹊径的习惯。比如，与其在书柜中艰难地寻找"臭源"，不如趁此机会把书柜整理清洁一下，然后把书放得整整齐齐。如果是书柜里某样物品的问题，那么也就一目了然了。先清空，再装回，这样就比在万物丛中去寻找容易得多了。

换一个角度来思考问题，那么很多问题都会豁然开朗。让学生学会积极寻找办法，而不是抱怨问题的出现，这才是一种正确的思维方式，也是营造一种良好、积极向上班级氛围的必经之路。

再如，如果我们把学生在下面的叽叽喳喳仅仅看作是"吵闹"，臭骂一顿也可以。但实际上，没有触及事情的实质，或者说那些吵闹学生的心理本质——袖手旁观的心态。

如果我们抓住了问题的实质，我们就会发现，与其强令"安静"，不如让他们明白，自己这种行为的"可耻"——明明自己依赖别人，却还无端地指责嘲笑别人。

You can you up，no can no BB。

让学生展示能力

班级管理不可能一劳永逸。事情总是层出不穷，无法一一解决的，并且有些事情，其实是随着时间的流逝，然后就逐渐地消失了的——有些问题的出现只是某个阶段的现象。无论如何，我们在教育学生的过程中，不能够完全"就事论事"，还应该有超前的意识。就是教会学生如何处理这一类的问题——当然不是每个学生都能够理解并运用，但如果有那么一部分学生理解了，那在今后遇到这类问题的时候，就会有学生出来帮助解决——学生之间的互相模仿能力也是很强的。

谁是英雄？我们常常感叹有些学生太喜欢表现，其实我们班主任不也是如此？很多事情都越俎代庖，自己把这些事情做了，然后获得了学校的表扬，感觉棒棒哒。而学生呢，在这个事情中往往就是棋子，就是道具，听其摆布而已——学校的初衷应该是培养学生吧？如果是学生的创意，是学生自己动手做出来的，即使做得不完美，那也让学生得到了体验，得到了提升——就算是失败了，也是一种人生经历，是一笔不可或缺的人生财富。当然，这样可能就无法展示我们班主任的"能力"，光彩了。

然而，这就是不同教育理念下，班主任采取的不同策略。

学会放手，才会有学生的成长

考前复习中，如果我们没有手把手地指点，没有在复习中一直不停地唠唠叨叨，而是让学生根据内容在规定时间内自行复习，教师只起到答疑的作用，考试效果没有那么理想了，我们会怎么看待？

是的，我们不少学生都是在小学阶段被抱着走的，如果在中学阶段要自己走，教师只起到拐杖的作用，那么一时间不适应，一时间教育"效果"下降，我们能够接受么？我们可以依然抱着走，永远不放手——如果有永远的话——那样的教育有什么意义？如果我们逐渐地指点学生，能够在有限的时间内，不断地跌倒又不断地爬起来，然后终于学会了走路——自己合理地安排自己的复习，是不是一种最好的"教育效果"？

是的，这样的老师显得太懒了。勤奋的教师和一群懒惰的学生，或者懒惰的教师和一群不得不学会勤奋的学生，什么才是更好的？

培养学生的责任感，自己成长，自己负责！

导读：面对班干部的主动辞职，需要多方面思考：是班干部个人的原因，还是我们管理中做得不够好？疏导心理，改善管理氛围，完成锻炼班干部的过程。当然，能上能下也是班干部的常态，是班级活力的体现。

地 气

　　成长，带走的不只是时光，还带走了当初那些不害怕失去的勇气。

——读书笔记

班干部主动辞职，还是要挽留一下的

　　"老师，我不想做班干部了，因为会影响我的成绩。"

　　"你确定吗？"

　　"不就是个班干部加分么，操行分高然而并没有什么用。"

　　甚至，在某些时候也会有家长来给老师"请求"，不让孩子担任班干部。这个问题其实很好解决，那就不做呗。反正班级里有那么多的学生，班级任务说到底也就只有那么多，找几个人来做还是比较容易的。

　　然而，从学生成长的角度来看，这样的要求如果作为班主任立即就同意了，其实孩子内心还是会感到失望的——没有想到自己这么容易被替换，原来自己真的不重要。有时候，说出"辞职"的学生，内心也是挣扎的，他们更多的是想得到老师的安慰和指点，帮助其走出现在的困境。

　　本质上来讲，班干部的替换是件非常简单的事情，但从帮助学生战胜成长中的问题来讲，却又是件非常不容易的事情。不允许"辞职"，有时候也许是因为班主任一时间找不到替代的人，有时候也许是班主任懒得去找新的替代者而图省事，或许由于对学生的关心，不想放弃一个"苗子"。

看透心理，找准让其继续履职的理由

对我们班来讲，由于我一直着力于培养学生班级管理的能力，一学年来，不少学生都得到了锻炼，因此在班干部替换方面，实在是可以转换自如的，根本不存在人才奇缺的现象。在班级管理中，班委也会自行组织班干部队伍，对于班级管理目标和方法，也在班干部培养中得到了较为深入的贯彻，因此，不存在班主任懒得去找人这一问题，因为班委已经自己去完成这件事情了。

那么，如果不准许"辞职"，就是希望学生不要为自己的成绩下滑找一个简单的替罪羊——把做班干部作为自己学习上不够尽心尽力的挡箭牌。作为班干部，更应该努力提升自己的成绩，培养自己合理安排时间、善于调整学习和工作状态的能力。当然，有时候班级管理、班级活动肯定会占用一些时间，然而通过多年来的实践观察，学习成绩下滑的最大敌人是自己进取心的下降，而不是班级工作的增加。作为班主任，在管理中合理地给学生安排工作，尽量让班级中的更多学生得到锻炼，自然不会出现某个学生超负荷参与班级管理的情况。

丰富的学校生活更能够锻炼学生的能力，更能够激发学生开发自己的智慧。如果学生时代只是读书，那么其得到开发的智力资源是非常有限的。从短时间看，仿佛集中了精力，但是越往后，其发展的高度就会受到已有能力的限制。实际工作能力的很多东西，不是因为你书本上学过，就可以成为高手。必须在复杂的、多变的实际生活中去实践，才能够从书本知识转化为自己的人生智慧。

反思管理过程，能上能下

不喜欢参与班级活动，有时候是个性使然，更多时候是家长的引导、班主任的管理方式等造成的。如果在班级中营造出乐于为班级服务的氛围，班主任在班级管理中善于发现人才、培养人才，让学生有尝试的机会，有接受指点的机会，同时主动给予更多的鼓励和支持，那么班上能干的学生就会越来越多。这份高涨的热情，也会慢慢地延伸到学习上，也会在班级中营造一种积极向上、不断提升个人才干的良好环境氛围。

能上能下也是我们要给予班干部的理念，不要以为自己做了班干部就不能够回归平民了。在班干部的岗位上首先是服务第一的，其次在实际中也锻炼了自己能力，提升了自己综合素质。合作意识也非常重要，在不同的班长来组阁的时候，即使你曾经做过轮值班长，这次邀请你做个小小的办事员，你也应该尽心尽力，承担起自己那一份责任。如果你居功自傲，不积极配合，那么下一次组阁你可能就被剔除候选了。同时，轮到你来组阁时，可能别人也会因为你曾经的不配合而看透了你，不愿意协助你了。所以在这样的氛围中，我们始终都要保持一颗谦虚谨慎的心，愉快地参与班级的不同工作。最终，我们在班级中就能够得到一种团结协作的进取氛围，而学生也会深刻地领悟到团结的重要性。

同样，当你作为平民的时候，你还能够得到别人的尊重么？那就是你必须有接地气的综合素质来判定了！

你不是一个人在战斗

争成绩与争人才

这次运动会，班级大获全胜，多个项目拿到奖牌，尤其是团体项目更是表现出色，最后总分年级第一。运动会期间的很多工作都是班干部在组织，是班干部在为他们自己加油鼓劲。

班主任培养班干部，一定要舍得花时间和精力，要有计划和实施途径。尤其是在起始年级，不要忙着"争第一"，而应该忙着"争人才"，就是忙着在自己班级大量地观察、培养、使用人才，就算是在培养的过程中，不是每个苗子都能够达到你的要求，甚至可能让班级的整体管理效率降低，也要能够"忍"，能够静待花开。

什么时候可以考虑培养班干部呢

首先是当你认为某个学生能力足够的时候，这时候准确来说是"使用人才"。不过在新的环境里，有新的标准和不一样的要求，特别是班主任自己有管理班级的风格，这些"成熟干部"就是要学会适应班主任的管理风格，圆满完成任务。这也是一种培养。

其次是当你想提升某个学生或者想给他加担子的时候。这个时候，学生面临的是不同的岗位，需要在原有的组织管理能力基础上进一步学习新的技能，培养高一层的全局观念，管理更重要的事务，应对不一样的压力。这是学生成长过程中不可或缺的机会。

然后是你想调整班级管理的方式，需要某些具有特别技能的学生来参与的时候，比如说"转岗"，这也是一种培养。虽然是平行的，但是面对的管理团队不同，也就需要学习新的东西，调整自己的管理方式，以便于胜任新的工作。

还有当你发现需要增强班干部的实践经验的时候，有些学生常常带着挑剔的眼光来看待别人的工作，并且评头论足。那么，最好的方式不是去挖苦和打击学生，而是及时让他来担任这个职位，让他自己来体验，自己来反思，既增加了学生实践自己理念的机会，更有可能从中发现新的人才。

培养学生没有天花板，只有更上一层楼

当你希望学生有更大的作为的时候，也就是你培养学生的机会。比如"山人"班级的学生，在班级中已经很优秀，积极主动，工作思路也很清晰，那么，继续下去，对他的组织管理能力的提升并没有多大的帮助，于是"山人"调整思维，一方面，要求其在班级中要支持同学的工作，无论是哪位做班长，都要积极支持，同时也要在学习上提升自己。

另外，对于年级自主管理，"山人"就要求他作为组织者来工作，相当于年级班干部。这时候，需要联系各班管理人员，需要和更多优秀的管理者配合来完成工作，那么就开阔了视野，拥有了更广阔的天地。而在评优的时候，他没有评，"山人"只说了一句：你最大的收获就是自己能力的提升。评优的机会有的是，这就是你更有作为的平台。

最后，就是你期待某个学生为班级、为年级甚至学校做出

更大的贡献的时候。这里和前面有所区别的，是也许这个学生已经拥有了这些能力，但是使用的范围比较小，你更希望他能够把自己的光和热散发得更远，能够照亮更多的人，温暖更多的心。不仅仅是培养学生的能力，给予其更大的舞台，更期待的是学生能够具有奉献精神，具有开阔胸襟，具有高瞻远瞩的思维和助人为乐的情怀。这种培养，更侧重于心灵的培养了。

班干部培养是一个渐进的过程，也是一件比较辛苦的事情，但是对于今后班级的发展却有着重大的作用。"山人"以为，现在的辛苦，就是为了让学生自主管理班级成为常态，班主任主要做航向上的点拨和指引。

有些班主任不太愿意"辛苦"，结果自己处处都在亲力亲为，班级也没有管理好，学生得不到锻炼，反而怨声载道。这就是欠缺"育人"的思维，还只是"教书"所造成的。记住：

班主任应该不是一个人在战斗！

导读： 让班级群星灿烂，掌握班级管理的主动权，壮大班级核心力量，班主任也就有了轻松"驾驭"班级的条件。

满天星

天呐，我的衣服居然变"瘦"了！

——"山人"慨然

人最软弱的地方，是舍不得。舍不得一段不再精彩的感情，舍不得一份虚荣，舍不得一片掌声。我们永远以为最好的日子是会很长很长的，不必那么快离开。就在我们心软和缺乏勇气的时候，最好的日子毫不留情地逝去了。

无论回忆、留恋还是追寻，我们都显得马不停蹄，来来去去如风卷。我们常常希望自己冲锋在前，希望自己成为聚光灯前最最亮丽的身影。是的，这是可以的，甚至有些时候是必须的。

主角有光环，配角也有快乐

但，有些时候，成为配角，也是一种快乐。

在看《中国合伙人》之前，其实我已经阅读了有关俞敏洪的几本书，如《俞敏洪传奇》《挺立在……废墟上》《在痛苦的世界中尽力而为》等，对于其中的故事情节，自然知道哪些和传说中的故事吻合。都说文艺作品会有更多的渲染，更多的段子，也许电影中展示的细节，并没有现实中的那么激烈，而且也许有些更重要的东西，是无法在这短短不足2小时的片子中展现出来。

比如在改制上市前的一段时间，其实老俞是被排斥在管理之外的，老大的位置被其他的董事们轮流来做的，几乎有点如水泊梁山前期的纷争。没有想到，大家苦苦争取的位置，真的轮到自己来坐了，发现就犹如那正在烧水的水壶一样，小PP是受不了的，要烧开水，就得忍受那被灼烧的痛苦。老俞在这阶段，就只能每天夹着课本，去上大课，继续自己的教师生涯。等朋友们都当老大，当腻了的时候，大家觉得还是只有老俞才hold得住，于是老俞又被推上了火坑。

被边缘化的老俞，既有快乐，也有痛苦。看着伙伴们之间的斗争，就如在婚礼一场中的打斗和痛哭一样的火爆。我觉得那个情节倒是非常能够表现剧情的激烈冲突。老俞在那个时候，其实也就单纯了，无须考虑太多太多，做好自己的事情就可以了。有些时候，能不能当老大，已经不是个人专业技术的问题了，更多的也许是一个人的性格，一个人的耐心、宽容等等品格了。当不当老大，后来成为其他长老们常说的一句话：那个位置真不是人坐的。

一旦成了老大，那担子就重了。

"大厨理论"，不怕别人撂挑子

俞敏洪的"大厨理论"，更让我们感受到管理哲学的重要。"没有平庸的人，只有平庸的管理"，这是他坚持的信念。而"大厨理论"，更是来自前进过程中的教训。就是，首先，自己一定要成为某方面的"大厨"，能够独当一面，那么在有人撂挑子，谈条件的时候，你有足够的勇气和能力去面对突如其来的变故。其次，还不能只有一个大厨，至少要给每个大厨配备能力接近的3～4个接班人，这样就不会出现被员工炒鱿鱼的现象。

在我们的工作中，管理也是如此。记得总有班主任说，他们的班干部动不动就发脾气，就不履行职责，班上又找不到更好的人来胜任工作，就只好由着某些班干部的性子。这属于是被部下要挟的表现，原因就是没有尽早地完善这方面的干部储备，一旦出现有人耍脾气，一时之间就找不到人来替代。被人捏住了七寸，那自然就由不得自己了。

班干部定期轮换，培养班级核心力量

因此，在我们的班干部培养中，我们尽可能地多轮换，尽可能地多培养一些班干部，让更多同学有过做重要班干部的经历，尤其是一些重要部门，多一些预备干部是必须的。虽然培养一个合格班干部很耗费心血，但是，培养的干部多了，其实对班级来说，也是在积聚正能量，在培养班级的核心力量。当每个人都感觉到自己有进步的希望，有培养的必要时，个人的期望值和努力程度也会提高。

而当知道自己不是天下第一时，学生也就会更谦虚一些，那么那种耍脾气的现象，也一定会减少。当一个班主任对学生说，我们的班级中，最不缺乏的就是人才的时候，那就意味着这个班级里一定有着众多积极向上、拥有奉献精神的学生，也就意味着，这是一个藏龙卧虎的班级。

"不怕神一样的对手，就怕猪一样的队友。"培养更多能干的，又善于合作的队友，是我们作为教师对学生最好的帮助。从一个管理者的角度来说，成功的管理者不仅需要非凡的能力，还要有宽广的胸怀来容人、助人、培养人、扶植人，甘愿做人梯。

有了更多的人才，那不是相当于拥有了满天繁星么？

肯德基早餐

多读书，多思考，玩个游戏，再睡觉！

——"山人"生活

清晰地表达自己，可以消除误会

（暑假期间）每天到肯德基吃早餐，有几件事情让我记忆深刻。

大概是7月份的一天吧，那天早上，我点餐完毕，收钱的时候，那个帅哥哥嘟哝了一句什么，我没有听清，于是就默不作声。找零的时候，我发现多收了一块，于是就问："今天怎么涨价了？"帅哥哥微笑着说："你捐赠了一元钱。"我很惊讶："我没有说要捐啊！"帅哥哥："我问了你，你没有回答，就是默认了。"我更诧异了："首先我没有听到你给我说捐赠的事情，其次，我也没有答应，怎么就擅自扣我的钱？"结果，当然是退还了一元钱。

这件事，其实不是我不愿意捐，但是这种不明不白的"被捐"，我就很反感。消费得明明白白，捐赠得心甘情愿，那才是一种幸福。我可不愿把钱捐给某个人去买爱马仕包包，而自己连个媚眼都没有看到！

其实这倒不是我感到出离愤怒的，我觉得不爽，是因为他没有清楚地表达意思，也没有诚恳地征求我的意见，就这样对我的钱包擅自做主了。

岗位轮换，增进团队合作效率

另一件事，是那天早餐的时候，我发现以前在前台负责点餐的那个美眉，突然出现在后台的厨房里。而另外一个曾经是负责餐厅清洁的美眉，却在负责点餐。于是，我猜测，是不是肯德基的员工都要轮流从事这三项工作？再一想，这其中可有着很大的学问啊！

首先，工作互换才知道什么是轻松的工作，也增加了工作的兴趣。幸福是个比较级，要有东西垫底才能感受到。长期从事某一种工作，往往会产生倦怠感，总认为别人的工作最轻松，于是不免有怨言，工作热情就会降低，服务质量也降低。轮流互换工作，原来太累的，现在偶尔可以轻松一下；原来太轻松的，偶尔紧张忙碌一下，也利于身心健康。

其次，互换工作，体会到不同工作的特点和辛苦的程度，也就能够设身处地替别人着想，减少了同事间配合上的矛盾。比如，在前台负责点餐的员工，常常受到顾客的抱怨，最讨厌"还要等那么久啊！""怎么搞的，我想吃的都在等！"如果不知道后台厨房员工的辛苦和忙碌的特点，那么点餐员很可能将顾客的怒气转为"厨房没有做出来，我有什么办法！"于是就责怪厨房员工动作太慢，偷懒等。而到厨房去工作了，才知道，被人责备是多么的难受，于是以后也许就能够心平气和地对待顾客，也心平气和地对待自己的同事，不再抱怨责备了。这种工作之间的互换，让同事关系在互相体谅之中，变得更加和谐融洽了。

最后，工作互换，也是工作平等的表现。清洁保洁的脏和累，前台服务的忍气吞声，厨房工作的热和累，大家都有机会体会。这些工作之间，原本还是有些差别的，但是由于大家都会去做，所以每个员工其实都是平等的，没有谁更高贵，可以对谁瞧不起。

一线锻炼，让敢于承担重任的人才成为班级栋梁

联想到我们班级之中，很可能学生，甚至包括家长，都会认为做班长是最值得、最荣耀的，而做小组长，做清洁委员等，既累又不讨好，"等级观念"天然而成。我们也确实看到，有些做了班长级别的同学，总有高人一等的感觉，对其他班干部有一种颐指气使的习惯。这当然不利于学生的成长，更不利于工作的开展。想想，如果班级问题出现之后，班干部之间互相推诿，互相指责，各有理由，那么工作就容易陷入无谓的争论之中，问题始终得不到解决。其中最重要的，就是班干部在指定或者推选的过程中，缺少不同职位的历练，不能够互相体谅对方的难处和实际情况，更不能设身处地理解对方的立场和观点。

我采取的方法，就是在最辛苦的清洁和体育部门一定要让做班长的去锻炼一下。或者说，更多地从清洁和体育部门来提拔班长。而在其他部门，每学期也都会把学生推举的班干部职务进行轮换，让他们尽量地经历不同的职位，理解不同职位的特点。在不同的职位上，都能够做好的，那么可以竞选班长，或者升迁为班长。而作为班长，也可能在某次轮岗中，"委自枉屈"，去承担小小的一个职务，去体验"民生"。这样下来，我们的班级中就有很多同学，既有能力做好班长的职责，也有能力去做好任何一个部门的工作。我们缺少的是锻炼机会，不缺拥有才干的人才，这也是我们班干部培养的一大亮

点。比如，现在有能力胜任班长的，就有10多个人，而且都是有实际经验的，其他的部门就更不用说了。

更新观念，让班级舆论提供正能量

除了轮岗之外，学生观念的更新也很重要。我们的观念之一，让你担任不同的职位，目的是培养你多方面的能力，让你成为更完美的人。于是，如果有机会在不同岗位完善自己，又何乐而不为呢？什么是人才？就是交给你一件事，你做好了；再交给你一件事，你又做好了。有不断地做好事情的能力，那就是人才。

我们的观念之二，班干部为班集体服务，为别人服务，有能力为别人服务，那是我们内心高贵的荣耀。一个人没有能力为别人服务，才是令人沮丧的。为别人服务，哪怕只是小小的一点，都同样值得尊敬。这一点是很难做到，但我们可以无限接近嘛！

导读： 班主任不是用单口相声影响学生，更重要的是发动学生中的积极分子，形成班级的核心力量，这就是对班干部的培养。开始阶段，班级常规管理需要班主任亲力亲为，是建立一套做事做人的标准，之后应该培养出合适的班干部，协助班主任进行管理。"管人"，其实也是培养人的一种方式，班主任就变成了提供平台的协助者。

班主任：从管事到管人

"你多久和学生谈一次话？"

"你多久召开一次班干部会？"

"你多久读完一本书？"

这应该是班主任三问。

混沌之初，管事

一个班级建立之初，往往有很多事情需要做，班主任总是在不停地监督做事情，甚至亲力亲为地示范，让学生知道在新的环境中，应该如何去做事。

比如，新班主任往往被学生穿校服、学生购买校服等事情所困扰，因此常常是每一项都必须亲自过问，都必须时刻盯着，为此，耗费了不少的精力。班级的清洁卫生、课堂纪律、课间操活动等也不能松懈，因此婆婆妈妈地说得很多，声嘶力竭的批评指正也不少。如果方法得当，学生服"管"，那么也还是可以见到效果的。

但要是学生不服管，甚至处处作对呢？那就令人崩溃了。

幸而这样的事情也还是有法可依，有方可治。班级组建初期，班主任重在做事情，管理事情，这也是正常的，必要的。毕竟学生不理解和适应你的管理方法，双方之间又是在碰撞和磨合的时期，做哪些事情？做到什么程度？什么时候完成？都是班主任需要告知学生，并督促学生达到要求的。

现在有些家长舍不得孩子"辛苦"，以为"只要做一下，能够做好就做，做不好就算了"，因此，有些孩子在做事情的时候，始终是抱着敷衍了事的态度，是不会尽心竭力的。实际上这就是家庭教育的失误。"山人"以为，如果不想做好，就不要提这件事情，干脆地省下精力和时间，去做一些必要的而且能够做好的事情。一旦决定要做事情，就一定要提出标准，设定时间，找到检验的方法，最后及时地落实下去，直到完成。这样，才能够从做事情当中，培养能力，培养毅力，培养结果意识，培养责任感。

作为班主任，要纠正学生的应付态度，就不得不关注于事情，就是"管事情"。班级管理之中，也应该"简单有效"，培养学生做事情的正确态度。班级管理要求不要太复杂，事情太多——特别是那些意义不大的事情，能够砍掉就直接果断地砍掉。专注于能够做精通，做出高水准的事情。

天地始分，管人

随着班级的发展，学校的事务也会更多，如果班主任自己的教学任务还比较重，那么沉浸于管事，就会发现时间精力都不够，每天忙忙碌碌，却又感觉一事无成。严重的情况下，什么事情都亲力亲为了，可班级还是会出现像按下葫芦浮起瓢，灭火队长累得半死的情况。

这个时候，就应该及时地根据现实，调整思路，转变方法。前一阶段的管事已经给学生树立了一个标准，就是做事情的标准。现在应该是，选择合适的人来协助监督，使之能够形成一种参与制度，让学生去实现自己的价值。

班主任要明白，班级管理不只是自己一个人的事情，科任老师当然在列，此文暂时不提这一茬。更多的是说，如何让班干部成为你的得力助手。

《孙子兵法》曰："视卒如婴儿，故可与之赴深溪；视卒如爱子，故可与之俱死。厚而不能使，爱而不能令，乱而不能治，譬若骄子，不可用也。"

也就是说，将帅对待士兵能够像对待婴儿一样，士兵就可以跟随将帅赴汤蹈火；将帅对待士兵能像对待自己的爱子一样，士兵就可以与将帅同生共死。但是，只知道厚待士兵却指使不动他们，只知道溺爱却指挥不动他们，士兵违法乱纪却不能惩罚他们，这样的士兵就像宠坏的孩子一样，是不能用来作战的。

好助手需要班主任自己培养

爱心教育，离不开严格的教育。要能够使用人才，善于使用人才，严格督促人才不断成长。"譬若骄子，不可用也"，如果你的班干部你不能合理、有效率地使用，那么你将不得不陷入冗杂的事务性活动中。

管人，首先要交给他们管理的方法、标准，建立一套适合的执行计划，也就是可以照章执行的，接地气的法则。班干部能够在自己的学习之余，在自己的职责范围内，随时可以去做，能够主动地执行是最好的结果。

善于"指挥"学生，是班主任解放自己的必经之路。班干部不仅仅是班主任的好助手，更是借助这一平台自我成长、自我完善的潜力股。班主任在班级中要善于搭建平台——发现可以交给班干部做的事务，教给方法与标准，帮助班干部去完成。

设立标准，反复打磨，共同成长

如果班干部做得不好，没有达到要求，能够重新返工的，就一定要再次告知方法和标准，一起分析前次过程中的得失，然后重新进行。返工，是让班干部精益求精，让班干部迈向更高的标准。如果怕麻烦，心肠软，"饶了学生"，就会让班干部到一个信息：随随便便就可以应付老师的要求。这是很不利于一个优秀班级的养成的，更不利于班干部强化自身的能力。

"管人"，就是要敢于管理，要敢于取舍，抓住培养班干部核心能力的关键，坚定不移地执行我们的培养计划。班主任通过自己对班干部的培养，慢慢就能够放手让班干部做一些事情，班主任就能够腾出精力，思考班级的长远发展。班主任可以多阅读，多借鉴，提升自己的教育教学理论水平。

班主任成长之路漫漫，但怕什么路途遥远？走一步有一步的风景，进一步有一步的欢喜。只要我们相信人生的价值首先在于自己的成长，就能在班主任的自我修炼之路上越走越远。今后，我们还可以成为学生的偶像，走上"励人"之路，和一群朝气蓬勃的年轻人一起前进，不是幸福生活的一部分吗？！

团 队

> 宁投一流的团队和二流的产品，绝不投二流的团队和一流的产品。
>
> ——创投界流行语

运气与现实

做教师，教学生，有很多东西是不由自己做主的。每届新生到来的时候，对于新来的学生群体，我们没有资格去选择；对于搭档的老师，我们也没有权力去左右。只能抱着"既来之则安之"的态度，顺应而已。

有时候，感觉其实就是一种运气，一种冒险，听天由命。

给你一流的学生，你有机会交出一流的答卷吗？给你二流的学生，你有机会做得更好吗？我常常在想这个问题。

有学生曾经对我说，你看，你只能教平行班！是的，我感到很庆幸，只能教平行班，真的很幸运。因为，我不用努力去拔高自己，努力去显示自己技高一筹，不必强迫自己去达到别人创设的目标。在平行班，不就是被认为是"二流"的产品吗？如果，我能够让这些产品中，冒出那么些许一流的产品，那也就是一种伟大，一种成功了！我快乐而为，何其逍遥！

探索我们快乐人生的道路

这"二流"的群体里，何尝没有一双双充满对知识的渴望、对美好未来憧憬的眼睛！何尝没有一颗颗真诚而善良的心灵！

这一届已经在我们手里一年了，经过这么多日子的相处，其中有针锋相对、重重矛盾，也有欢声笑语、累累硕果。当看到他们在领奖台上或欣喜或紧张或自豪的神情时，我心中是很快乐的。

我们普通，我们平凡，我们低调；但是我们快乐，我们奋进，我们不断创造奇迹。

爱迪生说："快乐人生有三大要素，即必须有所作为，必须有所爱，还必须要有所期待。"

我们的每一次进步，其实都是在秉承这样的理念，都是在探索我们快乐人生的道路。

教师，不应该等待一流的团队，等待一流的学生群体。而应该努力去打造一流的团队。这个一流的团队，既包括一流的教师团队，也包括一流的班干部团队、一流的学生整体团队。

教师团队，我们无法选择，却可以团结

学校出于教育资源均衡的原则，一般情况下，是不会给平行班组建教师梦之队的。作为班主任，与其私下抱怨，不如坦然受之。何况，这些都是多年相处的同事，在很多的教育理念上，其实有着很好的沟通和了解。劲往一处使，比较容易做到。只不过，这其中的协调与互助，每个人的方式方法和效果有所不同。

能力有高下，但是我们教育孩子、帮助孩子的热情都是满

满的。这就有了合作的良好基础，把教师合作的力量发挥到最高水平，也是我们最终的目标。

每一届，接手的班级都有刚毕业的新教师。但是，我很庆幸，每一届里，我们的新教师都有着非常棒的表现，不仅仅深受学生的喜欢，在成绩上也名列前茅。因为太给力，所以我们每一届都会有不俗的表现。这就是合作的力量！

因为深知班主任的力量强大，对学生的影响十分深刻，所以我一直在做着"去班主任化"的努力。就是要教育学生，无论班主任是在，还是不在，都应该用同样严格的要求来约束自己；无论是班主任还是科任老师，甚至是隔壁班级没有教我们的老师，都有权力教导我们，我们都应该接受他们的教育和管理。

班主任单打独斗最终失败难免

这个理念，其实来自自己初为人师时候的经历。曾经认识的一位班主任，个性突出，能力突出，然而和其搭档的老师却多为新教师。因为某种教育观念的束缚，这个班学生只听班主任的，科任老师基本上无法hold住学生。语文老师在上课的时候就曾经气得摔门而去，只是这样的方式其实是解决不了问题的。科任老师们无计可施，只有在班主任面前，学生才服服帖帖，规规矩矩。对于这一点，该班主任是引以为豪的，而科任老师，只能被认为是"能力水平不够"。作为新教师，科任老师自然深深自责。不过，事情的发展并非这样顺利，到了后来，学生有思想了，有独立的见解了，班主任就感受到管理的吃力了。据说，那一届那个班的学生，在初三的时候，敢于和那个曾经备受尊敬的班主任顶嘴，"逆天"了，而其他的老师自然是无法管得了的。

我不否认，那个班主任是有着教育学生的饱满热情的，也有着很不错的个人能力。然而，在教育管理班级的时候，没有让学生形成一种合力，应该是其教育管理的最大失败。从其身上，我没有学到有益的正面的教育管理知识，但是这一深刻的教训却始终在我的脑海中回旋，警醒着我。想想，假如我教两个班，同样的我、同样的教法和管理法，为什么其中一个班学生很喜欢我，而另一个班级却充满了敌对情绪？为什么必须要在班主任的干涉下，才能勉强完成教学任务？

科任老师也要有"主人翁"意识，独立解决自己的教学教育问题

做了班主任，我渐渐明白了，班主任的管理理念对学生的影响是很大的，尤其是在起始年级。班主任，其个人权威的树立当然是必要的，但是根本没有必要到"登峰造极"的地步。相反，应该隐身于科任老师的背后，成为科任老师管理的助推剂。事情，不仅仅是班主任一个人说了算，应该是任何一个教育工作者，都可以按照正确的教育方式说了算。而对于班主任而言最最重要的，是时刻和科任老师保持教育理念教育方式的一致。

每一个老师都是权威，每一个老师都在关爱学生，都在严格教育学生。我提倡科任老师"吹冷自己的稀饭"，不是拒绝科任老师告状，而是希望科任老师主动去建立自己的权威。我能够做的，就是帮科任老师出点子，给科任老师提供我所知道的学生的有关信息。

由此，班主任就不是一个人在战斗，而是和一个团队一起拼搏。融洽的教师团队，带给学生的是一种和善的氛围、一种融洽的人际关系、一种团结向上的精神。管理理念一致，或者

说近乎一致（求同存异），学生才会在一个相对稳定的教育小环境中学习，不会玩投机取巧、阳奉阴违的把戏。

班干部团队，需要亲自打造

如果说，教师团队是一种协调的结果，那么班干部就是班主任必须自己打造的团队了。班干部的能干与否，其实和分班的运气好坏关系不大。任何一个团队里都会有比较善于组织管理的人，也有着相当多有这样潜力的人，就看班主任是否善于发现，善于调动，善于培养，善于任用。

让一个班级里能干的学生越来越多，是我教育的初衷。因此，如何给予学生更多的发展机会，更多尝试的机会，也是我经常思考的问题。在班级管理上高瞻远瞩，谋定而后动，是很有必要的；同时，"大目标，小步子"，逐步地、有计划地培养班干部，培养自己期待的班干部，也是很值得的。

不要奢求有已经很成熟的班干部等着你任用。时间在流逝，班级在不断地发展变化，新情况出现，就得有新的管理方法、解决问题的方式来应对。一个班干部的能力如果保持不变，时间一长，总会出现力所不及的情况。所以，教育、提升班干部的管理能力，是一个长期的过程，是一个必须注意的问题。

"兵熊熊一个，将熊熊一窝。"培养出顶尖级的能干班干部，自然是我们所希求的。这个其实很容易达到，每个班级都会有那么几个学生，让班主任感到任用起来特别顺手。然而，有没有一种理念，去培养更多这样的班干部，班主任之间的差距就显现出来了。优秀的班干部越多，一个班级也会显得更加的优秀。我就是在不断的实践中，不断培养班干部的过程中，深刻感受到这一点的。

所以，班干部的培养，有计划，有梯队，有组织，有目标。努力把"二流"的班干部，其实应该叫作有潜力的学生，培养成为一流的班干部，那是一个班主任应该做的。人的潜力有多大，有时候我们自己是不敢奢望的，然而学生很是期待我们去关注他们，去鼓励他们创造新的奇迹。

不奢求完美，但希望多一些验证的机会

我们要有所期待。"对完美起疑，对不完美深信不疑。"一位朋友的签名让我感慨。因此，不奢求事事完美，但希望敢于尝试，不完美正是激发我们继续前进的动力。"我们可以做得更好！"这是我们的口头禅。

学生的个性各异，这是事实，但是其潜力都值得挖掘，这也是事实。比如，在初一阶段，我们就已经发现有学生确实有着一流的水平。在初二阶段，我们提倡"一花独放不是春，百花齐放春满园"，即使以前是班长，现在也可以做做小组长，承担一个平凡的班干部岗位。职位的高低不是关键，努力完善自己，为班集体服务，培养一种良好的心态和善于组织的能力，才是我们成长的目标。

然后，我们开始努力培养新的一流人才。我们班级最不缺的是什么？人才！我相信，很多同学都可以胜任某一职位，而且，他们真的有机会去体验，去实现自己的愿望。当然，这种去掉功利心的培养，是需要班主任的耐心，需要班主任的执着坚持。因为，真的很可能某些时候，达不到你所期望的完美境界。

幸好，我知道自己就是个不完美的人，所以，没有苛求，只有共同努力。这样，一个一流的团队就会在我们的共同努力下逐渐地壮大起来。

一流的班级团队，需要多方合作

班集体要建成一流的，这是最难的。说实在的，目前的我，没招！

我只能说，如果，我们有越来越多的同学，加入优秀的班干部的行列，那么，这样的辐射效应，可以让一个班级的小环境越来越好。

导读： 自主管理型的班级在问题出现之后，要尽量引导班干部去了解实情，分析思考并解决问题。班级之间的竞争应该是良性的，要引导学生具有"亦敌亦友"的态度，大家好才是真的好。对于班干部的培养训练，既要有高瞻远瞩意识培养，更要有严肃认真全面训练。

红 旗

> 你学到的东西，谁也夺不走。
>
> ——读书笔记

心中把对手变成伙伴

"我们的对手不是隔壁班级。""山人"娓娓道来，"我们是一同前进的人。有一句话这样说'想要走得快，就一个人走；想要走得远，就一群人走'。"

人生，就是一场远行，我们需要和一群志同道合的人一起走。

无论路多远，多么艰难，我们一起走。

营造竞争环境，有利于持续进步

始终觉得这是个永恒的话题，也是教育学生的一个契机。教育，是需要把握住机会的。

开学以来，"山人"很快就忘了这是一支"地方部队"，而完全把它当成了从前一样的"晏家军"，因此严加管教，在标准上始终不曾降低——即使可能面临诸多的困难。即使有人曾说，这里不是蜀汉帝都，这些娃娃不可能达到那样的标准。

"山人"依然坚持。只因为"山人"坚信一点：也许在成绩上暂时甚至永远达不到，但是在管理上却应该坚持高标准严要求！犹记得当年老师的谆谆教诲：严师出高徒。

九月的第一面优胜红旗，花落我家。

"山人"觉得"一花独放不是春，百花齐放春满园"，主动给德育处建议多设置一面红旗，让其他班级有一个竞争的念想。

是的，到目前为止，我们班级几乎一直都保持"最佳班级"的称号——每周一评。我们的班干部已经换了四拨，但依然保持着这样的记录。

让自己的标准更苛刻，输得起才赢得来

如果故事就是这样，其实也没有什么值得嚷嚷的。

大概十月的时候，我班突然有两个星期没有拿到优胜红旗。

"如果他的班级都拿不到优胜红旗，那就不是成外来的老师了。"

"愧不敢当"能不能缓解心中的忧虑？"山人"没有暴跳如雷，更没有气急败坏到处申冤解释。

一切如常。班长去德育处了解得失分的情况，各位班干部反思自己工作的问题，寻找提升自己工作的方法。

"山人"一直以来的要求就是：让自己做得比要求的更好。

因为有更高的标准，我们一直在鞭策自己，所以我们不怕评比。

"那没有评上是不是意味着失败呢？"

想赢，是成功者的特质；而输不起，则是失败者的通病。

于是，在扎实的工作之下，我们发现了自己的不足。年级自主管理的表格反映了我们潜在的不足，老师们的点评反映了我们课堂的不足。

"凡是来督促检查的老师和同学提出的意见，我们绝对不能马上反驳、找借口，我们应该立即整改，达到标准甚至超过标准。"

"如果真的苛求我们了呢？"

"那就按照这苛刻的标准来要求自己。"

把督促检查，把批评指正看作对自己的信任和祝福，把严格要求看作对自己的深切关怀，这样我们才能够心平气和地面对问题，从而思考如何去解决问题，去完善自我。

"如果连最苛刻的要求我们都能做到，那我们的优秀就不言而喻了！"

挫折就是教育契机

失去红旗的日子，正是对班干部的锻炼，对班级学生思维观念的矫正。这就是教育的契机。

正因为我们坚持了这样的标准，所以，大约两周之后我们重新拿到了红旗，并且让红旗常驻我们教室门口。

"有则改之，无则加勉。"这就是我们对待评比的正确方式。

外一篇

班级整顿的突破口——班干部训练

"山人"接手的另一个平行班，经过近两个月的整顿，这次连续两周获得优胜红旗。"山人"在班上对学生讲：获得红旗不是我们的目的，但是，红旗却是能够证明我们进步的一个方面，是别人对我们的认可和褒扬。

班级管理的重点首先是班干部的培养，善于用人自然很重要，如果更善于发现人才，那才是高手。给你的学生已经如此，你能够做的不是抱怨，而是积极地训练。班干部训练是非常有挑战性的工作，需要丰富的实战经验、长远的眼光，以及足够的耐心。分组管理，每月一换，目的是让更多的学生得到锻炼，从而提高班级整体的自我管理能力。

其次，要有明确的培养目标，要把自己选择班干部的原则以及程序，都明确地告知学生。更要把班级管理的标准告知学生，指导学生如何做才能达到这个目标——分解目标，一步步地去实现。告知学生班级未来的形象，就是引导学生向善，学生知晓如何做才能赢得正面的认可，自然精力都用在做正确的事情上。

最后，班级管理要注重整体效果，管理重过程，更重视效果。根据班级发展的趋势变化，调整自己的策略方法。班主任有自信，有底气，带给学生的影响力是不可小觑的。而这也能够转化成管理的效果——学生愿意接受这样的指引。班主任要善于观察，分析和理解班级的现状，敢于直面问题。管理初期肯定问题多多，班主任要沉得住气，一项一项地解决问题，而且要心平气和。每当学生有进步，有改变，都要及时地告知，让学生看到自己的成长轨迹，从而坚定信心。

这次平行班连续获得优胜红旗，对学生来讲也就是一种更正式的认可。由此，我们还可以进行总结和反思，对自己提出更高的要求。

想当初，"山人"接受任务，第一想法就是调整班干部，把班干部的培养作为了突破口，这就抓住了班级管理的关键。

在常规管理步入高效、有序的轨道之后，下一步就是学习氛围的培养，让学生养成主动学习的习惯。

至于出成绩，那应该在未来才知晓了。

第三部分

班级活动组织

班级活动累且烦，却正是显示英雄本色的时候，是学生调节学校生活的时候，运用得好，可以让班级富有朝气，蒸蒸日上。

导读： 初一阶段一次由学生自行组织的班会活动，既可以说是"原生态"的失败的班会，也可以说是发现学生、班级真实情况的"成功"的班会。挫败感，警醒的不只是班主任，更是我们每一位同学，从而让他们在这次活动的反思中，收获多多，为今后活动开展避开各种"坑"，增强了"抗体"，具有了警觉性。

从原生态到自然派

> 你不能教给一个人什么东西，只能协助他自己发现这些东西。
>
> ——伽利略

这次的主题班会，可以说是原生态的典型，好多东西都是同学们自己做出来的。也许，确实有很多地方不够完美，也没有达到理想中令人称赞的地步，但却是发现同学们心理特点、责任态度、个人能力的机会。活动，总是让人情不自禁地表现自己本真一面。

缺 点

1. 整个活动时间安排上，不够紧凑，前后衔接不够流畅。各种节目的穿插，个别表演与集体活动之间的互动都显得不够完整。因此，节目演不下去时，没有及时地调整，节目之间存在较大的空白期，在最后也出现了时间的空当。

2. 节目内容不够精彩，种类不够丰富。由于有些节目冗长乏味，节目之间又拖延了时间，导致中间多次出现冷场。一些节目本该做好了充分的准备，但是仍然由于种种原因，无法演出。而另一些节目，只好用来凑数而已。

3. 部分参与演出的人员的责任心不够强，没有深刻领会这次活动的重要意义，更没有把握好自己表现的机会，没有领会锻炼自己、展现自我的真正含义。比如，舞蹈节目，没有认真准备，也没有积极演出；英语小品，有部分人员没有参与演出，结果导致上场的同学无法演出，只好匆匆下台。

4. 部分节目档次不高，没有多少教育意义，也没有展现出真正的个人才艺。相反，几乎只是成为一种笑料而已，这样的表现起到了负面的作用，在今后的主题班会活动中应该摒除。

优　点

1. 发现了部分同学的主持、表演才能。这次活动中，几位主持人尤其值得表扬，无论是台词的组织，场中的及时救场，灵活地改变策略，都可以看出他们是值得培养的对象。比如在出现节目已经完成但是时间还有余的时候，主持人及时地采用了班级整体的英语游戏，让班级人员动起来，这样活动丰富了，也活跃了气氛。又比如，在活动中，时不时地有小小的奖品，来及时鼓励参与活动的同学。

2. 发现了部分同学强烈的责任心。表演的节目中，先杨同学的演奏是很不错的，显示了该同学在班级活动中的积极心态。四位同学的诗歌朗诵，也可以看出是精心准备了的。这些同学对活动是重视的，并且是做了充分的准备，付出了时间和精力的。

笑　侃

1. 我发现了惊天的秘密，那就是在参加这次活动的所有人中，基本上都是那些平常就比较活跃的同学，而且海拔都不太高。那些"高人们"，都隐居起来了？为什么在这样属于自己展示的天空里，缺席了？这次的活动，班主任的强权介入、观念的附加值是比较少的。那么，我们完全有机会把这样的主题班会，变成我们自己"嗨"的机会。

2. 在班级节目的组织过程中，组织者一定要考虑全面，比如节目的多少、节目之间的衔接、不同类型的节目的穿插、台上活动与台下观众的互动、如果某些节目出现意外应如何处理等。那么在这次的活动中，可能我们的组织者对此考虑还不够周全，作为班主任的指点也不够到位。

3. 在对节目的审查方面，组织者应该更多地考虑好作为主题班会的教育意义。班主任应该把主题班会要达到的目的明确地传达给组织者，对重要的节目还要亲自审查确定，对某些环节可能出现的状况要有所预计，并及时地提醒主持人做好应对的准备。

4. 要有明确的是非观念，对于学生的表演，并不是一味地表扬，对不好的现象也要进行批评，并做好以后的活动中的基本规则的制定。对于表现好的，或者说是我们在今后的活动中应该发扬的，要审慎地提出表扬和鼓励。

5. 对于在活动中发现的具有某些方面发展潜力的同学，在今后的各种活动中，可以给予更多的机会，并在活动前进行相关的指导，让其在后面的活动中有更精彩的表现。比如担任主持人的几位同学对场面组织把控能力还是比较强的，"整个场面还是掌控住了的"。那么，今后的班级活动中，完全可以让学生再继续锻炼，并得到恰当的指点，以此磨练临场应变能力。

6. 班干部在这次活动中的支持力度还远远不够，只有宣传委员和文娱委员在积极行动，班长等其他班干部在活动中的参与度比较少，应该严肃批评教育。而对于在活动中有不错表现的同学，应该给予相应的操行分加分，以示鼓励。而对于有些同学，临阵脱逃的，应该提出批评。特别是舞蹈小组，平时对她们的活动都给予了很多优惠政策，但是在班级最需要的时候，却袖手旁观。今后将一视同仁，以示惩戒。

7. 在活动中，很多同学处于观望状态，反映出组织者宣传鼓动能力还不够。同时，节目与同学们的生活联系不紧密，没有引起同学们的兴趣，互动节目在今后的活动中可以更多一些。作为班级活动，让更多人参与其中，让更多人感受到班级生活中的多姿多彩，这是主题班会的目的。

展 望

1. 这是一次原生态的活动，缺点多多，但可以让初一的学生，充分地体会到初中活动中的"自主性"，让学生成为活动的主人，这是要给学生的一种观念。在小学的时候，可能很多活动都是在老师组织下完成的，班主任色彩很强烈，学生的"自由"是一种"不由自主的自由"。而现在这种由同学们来完全组织，完全成为活动的主人，成为主题班会自我教育的主人，是一种很大的转变，需要时间来适应。

2. 班主任的指点在活动的整个过程中是很重要的，而我这次活动中的参与度很不够。在今后的活动中，凡是自己有能力参与的项目，都可以一展才干，成为班级活动中的一员。而对于班级活动组织中常常可能出现的问题，班主任应该首先想到，并及时地提醒活动的直接组织者，做好相关的准备工作。

3. 每个学生的能力，都有一个发现和培养的过程，在活动中及时地发现了问题，那么及时地组织学生来讨论、来研究和解决，也是锻炼学生的一个契机。让学生发现自己，让学生发现问题、分析问题、解决问题，我们老师只是一个协助者，不是一个宣教者。而这种讨论和研究，要及时，有目的、有方法，让所有参与者都深思。

4. 自我发现、自我反思、自我教育，然后就有自我进步。从一种活动的原生态，走向任何活动都可以精彩表现的"自然派"，没有做作、没有刻意流露的功利性教育，只有在自我成长中的点滴体会和纯真表现。

每次活动都是我们发现自我的机会，也是我们走向进步的机会。

亲，你做好准备了吗？

我们在一起

原来背后有那么多故事

班会课的时候，孩子们one by one[1]地说自己在班上的偶像："我要学习某某同学，因为他……"

也许有人觉得很矫情，因为，在班级里面未必有自己的偶像。我们的偶像貌似应该是那些闪耀光芒的影星、歌星等。

这次班会，其实只不过是想实践孔夫子的一句话："三人行，必有我师焉，择其善者而从之，其不善者而改之。"

谁说在班级中就找不到同学的优点？谁说我们缺少现实生活中的偶像？

同学们找到了，而且说起来时充满了敬佩之情。我在后面默默地听着，心中感慨万千。有些同学的优点也许我们都了解，他们多半在班级的公众活动中已经积极地表现出来了，也许成了班干部，我们都熟悉了。而有些同学的光辉事迹，优秀品质，我们做老师的根本就不知道。

在这次活动中，我就感受到，自己对学生的了解还远远不够。但是，这次活动让我知道了，让我有所体会，有所感悟。

---

1 指一个接一个。

表扬与自我表扬带来温暖

在生活中，学会欣赏别人，学会看到别人的优点，是很重要的。首先体现了我们对自己的深刻认识，认识到了自己的不足，认识到了"尺有所短，寸有所长"的道理。认识自己，是走向成功的第一步。其次，在这样的活动中，我们发现了别人的优点，也学着去接受别人的优点。学会尊重别人，也一定会赢得别人的尊重。最后，在这样的"表扬与自我表扬"中，我们感受到了集体里的温暖，感受到了别人对自己的肯定与赞赏，感受到了集体中的和谐与快乐。

特别让我希望达到的目的，是让同学们认可周围的同学，认可我们的班集体。在一个互相之间有着欣赏，有着理解，有着学习，有着宽容，有着积极评价的班级里，我们会感到归属感，感到自由，感到温馨。诚如有的同学说的那样，有些同学好学不倦、认真刻苦的精神让人感叹；有同学与人为善、游刃有余的待人处事方法让我们由敬佩到仿效，这些又何尝不是对班级的一种促进？

营造班级内互相欣赏的氛围

我们身边有着许多值得我们学习的人，也有许多的人在某一方面超越我们。学生在一个班级中朝夕相处，每个人都有机会看到同学身上的优点，这种互相的熏陶、互相的影响，远远超过老师刻板的教育。所谓"近朱者赤，近墨者黑"，看到同学的优点，又有着互相学习的精神，那么良好的氛围就容易营造了。

我们也看到，有的同学成了很多人学习的对象，有着好些粉丝，那是一件多么值得骄傲的事情！如果我们继续努力，不断地让自己身上的优点得到放大，得到强化，不正是发挥了同学们监督、促进的作用吗？每个人的内心，都有着渴望得到别人肯定、认可的愿望的。老师的表扬，有时候显得言不由衷，但同学的评价，却显得如此的真诚，让人有一种满足感哦！

这些同学身上优点的辐射性，一定会产生不可估量的影响。当然，说不定也有人就由此飘飘然了，"满招损，谦受益"，值得深思啊！

有的同学，可能默默无闻，没有被提到，这也是正常的。那就在我们成为明星之前，做个好的追随者吧！

学生提的建议更实在，也更容易被同学们认可

最后，是向同学们征询对班级的建议。石大哥提出了要把班级美化一下，养点花花草草的，让班级充满生机与活力；蒋大姐提出班级同学在纪律上应该严格要求，特别是做清洁等，要有负责的精神，要打扫干净，不要让劳动委员成为班级打扫卫生的专家；"翰林学士"提出，在课堂上应该遵守纪律，要笑得花枝乱颤但更要及时刹车，不要笑无止境，让老师无法继续讲课，特别是对老师，要多些理解，多些宽容，支持老师的工作。

这些同学的建议，是多么的具有意义啊！只有观察仔细，对班级有着深厚感情的同学——又善于思考，又善解人意，才能够如此关心班级的发展，关心老师的心情！

班级，假若单单是有老师在努力，那算不了出奇。闭上眼睛想，一个班级，在老师的引导下，在班干部的协助下，在同学们的共同努力下，健康积极地向前发展着，向着美好的人生之路前进着，那是多么的温馨与惬意！

班主任，也不是一个人在孤军奋战，而是我们在一起！

娱乐精神

长恨此身非我有，何时忘却营营。

——苏轼《临江仙》

有一句话说，快乐是一种心态，不是一种状态。

跳绳，很欢乐。

"Y老，其他班都走完了！"有人抱怨道。

"我们继续！"一个声音坚定而执着，不容置疑。

于是，我们继续。

有人步伐轻捷，快速地跳过，回眸嫣然一笑。

有人，慌张冲进去，却绊着绳子，一脸懊恼，场外一片欢笑。

"山人"不停地吆喝着，然后时不时地偷袭，进入飞舞的阵地。然后就看到绳子突然之间加快了速度，"山人"在慌乱中也失败了！

"山人"曰："有一种失败叫作出了点意外！"

好些新名词出现了：何贵人！（给跪了！）

欢笑中，大家继续。

"山人"鼓励所有的人都参加，在一半命令，一半推搡中，孩子们欢乐起来。

总有些孩子站在场外观看，怕被绳子打着，怕出丑，怕被别人嘲笑。

不过，挡不住"山人"的威逼利诱，他们终于冲进去了，于是，有的人学会了，有的人欢乐了。

最后，我们发现，其实出丑也没有什么啊，大家图的就是个欢乐。在这个寒冷的冬天，有这么一段时间，我们聚集在一起，尽情地跳着，尽情地笑着，不再去想那烦人的作业。

这是一种纯粹的欢乐。

真正的快乐都是免费的。这就是我们的欢乐。

其实，跳绳本来是有个比赛的，原本就是为了比赛而进行的练习。

然而，我们仿佛忘记了比赛，只记得，这就是我们欢乐的时刻。有老师，有同学，有欢笑。

我们只是为了这欢乐而继续，为了这欢乐，而在别人都离场的时候，我们继续。

有所得是低级快乐，无所求是高级快乐。

"山人"热衷于此项活动，并亲身参与，也许只是寒冬中一丝温暖的理想。我们常常抱怨生活中缺少欢乐，缺少宽容，其实，是我们缺少发现欢乐的眼光，缺少体验欢乐的心态。

更准确地说，是缺少一种娱乐精神。

跳绳，就是一种娱乐。失败了，没有指责，没有抱怨，大家开心一笑，然后继续；下次成功了，大家又笑起来。每个人都感受到了一种温暖、一种快乐。于是，一个班级，气氛开始融洽起来。

如果，我们因为比赛而对失败的同学有所苛求，有所责难，那我们的欢乐就会被埋葬。

而有了这娱乐精神，我们的心灵也就在忽然之间向身边的人敞开了。

笑，也是一种生命力。

看到有学生畏缩不前，不敢去尝试，我们总是想方设法，推他进去。不为别的，只为娱乐。

而逐渐地，那些放不开的同学也感觉到了这种欢乐，也变得开朗起来。大家常常笑作一团。

这时，什么团结，什么宽容，已经不需要你去教导了，我们都在用心去感受。

一个学生如果在这个时候不去参与，就意味着把自己放到了人际关系的边缘，是一种消极的自我放逐。

融入集体，有时不需要特别的积极，只要你不拒绝别人的邀请就可以了。

娱乐精神，就是一种快乐人生的精神，一种对未来充满梦想的精神，一种娱乐了自己，开心了别人，最终开心了自己的精神。

我们需要娱乐精神。

导读： 把每一次活动，尤其是不太顺利的活动，都变成对学生进行训练和提升的机会，这正是我们班主任的责任。发试卷无缺漏，集体项目培养团队精神，都是需要思维的引领，组织技巧的指导的。

小鲜肉

发卷子也有学问

突然之间，感觉阵阵凉意。

每一次发卷子，都是各种忙乱，各种呼啸，不是找不到卷子，就是卷子缺了多少，甚至到最后考试时间过了一半，还有人才发现自己少了卷子！

然后课代表一脸茫然！

有一种自尊心深深受到伤害的感觉！

这样子还能够一起愉快地玩耍吗？

其实对于发卷子的要领，第一次培训科代表的时候就讲得很清楚：如果是一两张这样的少数卷子，可以采取发到第一排，然后往后传的方式；如果是超过3张以上的卷子，最好的方式就是发到每个人的桌子上，这样不会弄错，也不会让卷子无缘无故不够了！

科代表在发卷子的时候，每个科代表发哪一张要互相配合好，及时地沟通，不要出现重复，也不要漏发。对于老师写在便利贴上的要求，及时地写在黑板上，或者及时地通知大家，如果有更正，不仅要念一遍，还要写在黑板上——供那些马大哈们看。

黑板上的字要写得工工整整，便于大家认；不能太豪放太嚣张，更不能细如蚊蝇让大家瞪大了双眼还看不清楚！

如此等等！

发卷子时候的混乱，还是一次又一次地伤害着我幼小的心灵！你们这样真的好吗？

感觉以前从来没有出现这么麻烦的问题呢？

这是一波小鲜肉，果然各种呆萌啊！

组织跳长绳的训练技巧

小王子说："Y老，你不能放弃啊！你还年轻！"

想起星期五的篮球比赛，其实输赢我倒是不太在意，重点在于看出篮球队在组织上的诸多问题，技术方面我不好评价，团队的协作精神、士气是否高涨、有没有良好的组织、有没有顽强拼搏的精神，这些才是我关注的。然而，看得出来，他们仅仅只有打球的热情，还没有团队的意识，根本不能说是篮球队，只能说是乌合之众啊！首先就没有一起买队服，没有团队的概念！

首先，建立一个团队，不容易。对于篮球队，我无法指导。于是对于他们跳绳这件小事，倒是想试一试如何组织。于是乎，我们首先挑选了男女生各10人来组队，并安排了专门负责甩绳子的3人，安排了2人作为队长指导。给定的任务是3分钟之内跳250人次以上。第一次训练的时候，简直是一片混乱，心情无法言喻。

然后经过了调整，重新做了部署，并对技术上的要求做了指点。没计时的时候，大家都觉得自己蛮不错的，一旦进入计时，才发现自己离要求差得远！所以，确定目标并量化考核，在团队管理中非常的重要，可以让我们知道自己的差距，并重新调整我们的训练状态！

然后出现的问题是，队伍中总是有些同学有自己的想法，不服从教练的安排。我们提出了规定：有什么好的建议和意见，请不要在训练中争吵，而要在训练前或者训练后进行归纳总结，那时候再提出来分析解决。如果在训练中争吵，那么就会耽误训练的时间，一个团队陷入无休止的争吵当中，那么正常的训练都无法进行！

其次，不要互相埋怨，尤其是不要埋怨甩绳子的同学甩得太快了。要达到我们的目标，需要两方面的协作：一方面是跳绳的同学尽量不出状况，能够快捷迅速地跳过；另一方面就是必须提高甩绳子的频率，这样才能够真正地达到约定的个数。

从核心小组逐渐扩大，能够带动整体氛围

这就是要求团队协作中，不要埋怨而要积极地想出解决问题的方法，要有着共同的目标，为共同目标而放弃个人的恩怨，尽量让团队力量实现1＋1＞2的效果。我们要努力培养一种积极向上的健康的团队文化，这种文化是在团队成员相互合作的过程中，为实现各自的人生价值，并为完成团队共同目标而形成的一种潜意识文化。通过这样的训练，在矛盾冲突中，在不断解决问题的过程中，让成员们感受到集体的力量和团队的成功，也能够体现我们自己的价值。

在班级活动中，要保持一种平和的心态。让学生明白，在一些活动中，我们可能是组织者，有着管理的责任，有发号施令的权力，但是在另一些活动中，我们可能就是普通一兵，我们也应该心甘情愿地接受别人的领导。不想当将军的士兵不是好士兵，反过来讲，当不好士兵的人也很难做好真正的将军！所谓"宰相必起于州部，猛将必发于卒伍"正是这个意思。班级活动不能够成为少数人永远领导多数人的活动，而应该成为给予较多人的锻炼机会。

经过这些教导，与组织者们认真组织训练，今天我们成功地跳249个。当然，当参与人数增多的时候，在跳绳过程中出现状况的概率会增大，但是如果有了前面这小部分精英的示范作用，那么后来的同学也更容易掌握跳绳的要领，并且在已经有的团队文化熏陶之下，也更容易接受这样的组织管理方式。这就比一开始就是40人的训练要容易得多。

要么服从要求参与进来，要么就是靠边站

这就是一个正能量的扩散过程。首先抓住正能量，然后让他们的积极行动树立榜样，通过已经取得的成功来感召更多的人参与进来，这样就起到了良性循环。如果一开始就乱糟糟地，那么带给人的感觉就是成功的可能性太小，大家都不愿意尽力而为。但是人毕竟是渴望获得尊重的，渴望通过成功来彰显自己的能力，获得自己的地位的。那么现在参与到成功者的阵营中来，也就是获得以上这些渴望实现的途径——只要我们愿意在这个团队中努力奉献。

在这样的过程中，我们避免了那些喜欢捣蛋的同学来搅局，减少了在训练过程中批评的负能量氛围。我们让认真的、积极的同学来参与，让那些自恃"有能力"而恃才放旷的人受到冷落，而当他们有机会参与到团队来的时候，我们已经形成了良好的团队氛围和团队规则，他要么服从要求参与进来，要么就是靠边站。

惩罚，也是教育的一种方式。如果我们一开始的注意力就在那几个搅局者身上，那么我们建立团队的努力就会事倍功半。抓住重点，打造优秀的团队。通过不断地吸引优秀人才的加盟，让我们的团队在维持良好氛围的情况下，越来越强大。这就是我们的组织管理思路。

培养班干部的组织能力，正当时

我们的时间哪里去了？你的时间在哪里，你的成就就在哪里。但是，有些时候，我们花费了时间，在错误的道路上奔跑得越快，离我们的目标就越遥远。会不会抓重点，实际上是我们能否获得成功的关键。

在这个过程中，我们对组织者提出了一些要求，也指导他们如何提升自己的管理能力。比如，要求他们学会认真听取并接受别人所讲的话，要用心去听别人的言语和想法，不要轻易下结论或者准备反驳；当意见蜂拥而至的时候，你需要向队员们明确我们团队的目标是什么，这样才能够实现"求同存异"的目的；每次组织活动之前，事先做好协调工作，把大家的意见做一个分析，有自己的主见，把矛盾冲突产生的条件和环境破坏掉，也就大大降低了矛盾爆发的可能性。组织者就是在这样的活动中，逐渐地把这样的理念植根于自己的思维之中的，反映在自己的管理方式上的活动，就是培养人才的机会，更是发现人才的机会。人才需要发现，更需要我们自己来培养。我们班级的最大特点就是，各种活动的组织者可能都不一样，有更多的同学都有机会来锻炼一下。你支持别人的领导，那么今后你获得别人支持的机会就更多。我们团队就需要这种相互合作的信任感。

教育，是用来增强后进同学对自己的信心的！

哎，小鲜肉们！你们要通过自己的奋斗，变得棒棒哒！

"二百五"

教师的任务在于传授某种观察事实的方法、思维习惯，阐述联系实际问题的技术。

——读书笔记

第二名也有自己的精彩

这次跳绳比赛，我先咨询了体育老师，以往的跳绳比赛跳得最好的能够达到多少个，体育老师说前三名200多个，于是我就随意给学生定了250个的标准。在训练的过程中，最好的成绩也不过240多个，于是J同学真诚地对我说，这个目标太高了，实现不了！我不动声色地说："肯定能够！"

事实证明，当我们在比赛的时候以272个的成绩出现的时候，那些先前给自己的潜力设限的做法，都被证明是不对的。实际上，我们比第一名还是有那么10个以上的距离，说明我们如果训练的时候，更认真一点，目标更高一点，也许还可以做得更好。

不过，没有如果，这个结果其实已经很不错了。我原本的想法就是，这样的训练在熟练的情况下，至少在各种意外出现的不利条件下，也可以达到200个以上的结果，那就是胜利。人生最怕的就是自我设限，画地为牢。我们自身对于自己的目标，往往带有一个看不见但是一定存在的"恒温器"，当我们的努力自我感觉要达到目标的时候，我们往往就开始放松自己了；如果我们自己感觉差距拉大了，于是我们又继续往前努力一点。总之实际上成绩就是在目标上下徘徊的。而倘若我们的目标更高一点，我们也就更愿意多付出一点，实际上达到的标准也就要更高一些。

三周训练，团队建设新认识

专职的甩绳手，专职的计量员，专门的管理者——以往这些活动都是体育委员兼职管理，以及人数由少到多、不断加入的做法，确实起到了一种良好的带头作用。尤其是对于最初的人数控制问题，是有一定想法的——树立标准，起到示范效应，形成团队合作的样板，形成团队合作的积极氛围，包括我们队成员的核心要求——不能抱怨，只能互相帮助。

后来加入的团队成员，基本上就是在已经形成的团队规则中去适应的，他们通过积极模仿学习而达到老成员的标准。这样就避免了团队一开始就人数众多，队伍过于庞大而无法教育达成统一标准的缺陷。以优秀来带动别人，以统一规范的标准来约束个体行为，从而让整体战斗力得以提高。

我们在这项活动中，避免了因为部分人的"不听话"，把精力放在内耗上那种过时的团队组建方式。首先就是团结的团队，其次是不断增加新人的团队，然后由于这种积极向上的氛围，也给新队员带来了一定会获得成功的心理预期，从而能够自觉主动地适应团队要求。

结果不重要，最重要的是这三周的训练让我们对班级团结又有了新的理解。

通过实践去深刻地感受

经济学家弗兰克·威廉·陶西格有一次评价自己的课堂，说："我对于我今天的做法感到不满意，我自己说得太多了。"实际上，陶西格是一位鼓舞人的讲课者。

有时候我也在想，我是不是在学生成长的道路上越俎代庖得太多了？是我做得多了，从而导致学生成为学习的旁观者，在用眼睛看看我们怎么做的，然后就以为自己学会了，或者掌握了某种技巧？缺乏实践来检验的学习效果，是不是真的就有了效果？成长，本质上是个人的事情，尤其需要他们自己在实际学习生活中，去掌握观察事实的方法、思维习惯，从而在独立面对社会问题的时候，能够通过已经掌握的联系实际问题的技术来解决问题。

在以往的教育中，我们总是过多地把精力用在了说教上，而不太喜欢让学生通过实践去深刻地感受。在这一学年的教育中，我们着力参加了两次比赛：歌咏比赛和此次的跳绳比赛。并且这两次我们都获得了相应的收获，这充分说明，世界上的事情，最怕认真二字。我们想让学生懂得某个道理，通过这种方式也起到了一种沟通的作用，比枯燥说教的效果好多了。教育效果想要体现出来，最好的方式就是别样的沟通：选择一种方式，选择一种场合，选择一种心境，选择一种时机。

树立标准而不是单纯接受标准

在训练的过程中，总是有杂音冒出的。我们可以提出意见，但有一个要求就是下来再说，在训练场上按照既定要求来。我们不能够把训练时间用来做无谓的争论。有些同学在训练的时候，认为出了错都是别人的责任，不停地为自己辩解，对此，我们会认真地告知：这个世界不会在乎你的自尊，这个世界期望你先做出成绩，再去强调自己的感受！你如果有很多的建议，请写在书面报告上，交给活动组织者慢慢研究，不要在训练中吵吵嚷嚷，破坏训练的氛围。

我们可以学习、借鉴，但是我们不能成为永远的模仿者，我们应该在自己的前进道路上逐渐地成为领跑者。

树立标准而不是接受标准，这应该成为我们心中的信念。回想这些年来的班主任工作生涯，也曾经历了模仿的阶段、自我反思的阶段，到如今的积极探索新方法、以人的成长规律为核心的教育阶段。首先承认学生是成长中的人，是处于不断变化发展中的人，是不断完善自我的人。其次才是对教育方法的研究，才是在教育中有预见、有耐心地陪伴成长。

就班级管理来讲，也应该树立自己的管理标准。学校自然有一套适合全体学生，适合各个班级的管理标准，但是班级根据自己的实际情况，也应该有着高于学校的基本标准要求。

低调的创新，带来比较宽松的氛围

我们的标准是在班级不断发展过程中，根据班级学生群体的特点、学生家长的配合程度，以及班科老师的搭配，班主任的管理个性特点来设计的。实际上，这样的改变总是会遇到很多的现实问题，最直接的就是可能我们的很多管理方式将要突破传统的管理方式，一些思维习惯可能会与学校的习惯性思维方式有所不同，但我们在具体行动中也会"殊途同归"，而你做好了殊途的艰辛准备了么？

改变，就意味着需要创新的思维，也是积极接受现实状况的思维。特别是当一个班级学生个体差异极大，不够均衡的时候，如果我们因循守旧，还是采用老办法，那么很可能连求安稳都不能够实现。这个时候，只有创新管理这一条路。低调的创新能够给自己带来一个比较平静的环境，带来比较宽松的氛围。

树立标准是不容易的，在前进的道路上，创新总是有"破坏性"的。就犹如摸着石头过河，如果我们有一个现成的标准，那倒是不用这么费神。然而，我们既然是想成为领跑者，那么就意味着到了一定的阶段，我们只能依靠自己对目标的坚定信念，持之以恒地努力，通过实践来确立一些基本的原则。

这需要我们拥有极大的勇气，如果想要在这方面获得成功，那么我们被迫需要这种勇气——不要太在意毁誉得失，而要在意于思考如何解决前进道路上遇到的实际问题。如果我们把大部分精力用在了得失上，那么就意味着我们在解决实际问题上的精力是缺乏的，也可能就暗示着我们将要取得的成就是有限的——甚至是不可能的。

做领跑者需要勇气和实力

记得多年以前，学校还是一只"领头羊"，我们就是标准；如今，我们还有勇气对自己说："我们就是标准？"实际上，我们的语气中，已经变成了"向……学习"。这不是说以前狂妄自大，也不是说现在不应该向别人学习，但是如果我们没有底气认为自己可以领跑，那么终究将沦落为跟跑者，甚至掉队而被遗弃。

当然，要成为领跑者，所需要的不仅仅是勇气，还有魄力，还有能力，更重要的还有机遇。创业难，守成更难。如果我们饱食终日无所用心，即使曾经优秀，也终将被历史潮流所抛弃。

"250"，也许傻傻地，但是终将如阿甘一样，成就自己的事业。

导读： 改变思维方式，树立规则，培养规则意识，可以简化生活，让事情更简单。

金鱼缸

> 与其讨好别人，讨好世界，还不如省下时间和精力来讨好自己，毕竟每个人拥有的能量是守恒的。
>
> ——读书笔记

托马斯·爱迪生曾经说，人生中很多失败，是因为人们没有意识到，他们在放弃的时候离成功只有一步之遥。坚持就一定能够成功？其实我开始怀疑——如果我们每天都按部就班地和别人一样做着同样的事情，却期待自己能够比别人收获得更多，甚至期望自己的人生来个咸鱼翻身，这可能吗？

人生犹如在金鱼缸中的鱼，往往习惯了自己的处境之后，就会以为这就是整个世界。我们被困在金鱼缸中，久了，习惯了一种自圆其说的逻辑，高级的还能够形成理论和实践上的自洽。从职业到情感，从人生规划到思维模式，无不如此。也如同卷心菜一样，自以为是在生长，但是发展的空间不过是越来越狭小而已。要想改变这一切，首先就要改变你自己——思维模式、行动方式等。

规则让事情更简单

打破旧的思维模式，确立一种新的观念，可以在实践中去体会并完成。这学期，我们选择了30×50米接力赛作为培养我们团队精神和强化规则意识的活动。交接棒和跑步速度是我最关心的问题。

"又掉棒了！""又掉棒了！！""又掉棒了！！！"

没有必要听各位的解释，我们的目标就是交接顺利不掉棒！现在确立一个交接棒的正确方式：交棒者手握接力棒的上半部分，接棒者接棒的下半部分，交接时双方尽量把手伸直，接棒者保持姿势不变，交棒者主动靠近接棒者。

"我习惯了握接力棒下半部分，他接棒上半部分不可以吗？""可不可以根据交棒者的状态调整方式……""那这样接到棒之后，还要在奔跑的过程中变换一下棒的位置？"

你们的问题也许是问题，也许根本不是问题。就是这个规则，每个人都要严格遵守。你得改变习惯来适应规则，变换手中接力棒的位置是另一个问题。只是，为什么不能"随机应变"，我要做一个说明：

首先，我们有30个同学参加接力赛，你要面对的有着"各种习惯"的同学就有15个，你能够熟悉每一个同学的习惯吗？就算习惯了，但是他要是在奔跑的过程中"基因突变"改变了方式呢？你会不会措手不及，导致掉棒？如果比赛的时候，和你交接棒的不是平时训练的那个同学，你会不会惊慌失措？

其次，在激烈的竞争比赛中，我们的注意力很容易受到环境的影响而无法集中，在慌乱之中，我们最能够做好的就是平时的习惯，你在紧急之中的本能反应。因此，你如果在训练之中，一会儿接力棒是拿上面，一会儿是下面，始终无法形成一种固定的习惯，始终处于混乱之中，那么在比赛的时候实际上是增加了一项注意力负担。

而制定了规则之后，大家就不用担心这个问题了：所有人都会把接力棒的下半部分留给你，你只需要保持这样的接棒方式就可以了。无论你和谁交接棒，不用思考都是这样！你的主要精力就在于下一个问题："跑得更快！"

排除行动中的一切障碍，简化我们的思维

规则之所以重要，就在于它简化了我们的思维方式、行动方式，只要每个人都遵守，你就可以猜到别人的行为是什么，你就不用担心出现各种变化而应对失常。也许其他老师有其他的交接棒的要求，至于是什么，我们不去讨论了，我们现在就是这个规则，我们就按照这样的规则来进行，每个人都必须遵守。这就是我们的标准动作！

接到棒之后怎么变换在手中的位置？要求，立即变换，可以用手拍一下，也可以在自己的大腿上轻轻撞击一下，总之，前半段奔跑就完成这一动作。

交棒的时候，请在10米位置开始把手臂伸直，准备交接的标准动作。但是不得在这时候就减速！

为了保证奔跑中不会遇到障碍，那么请候棒的同学排成直线，不得向右站在跑道上，以免造成和迎面跑来的同学相撞，或者为避免迎面来的同学撞上而减速。

"如果掉棒了咋办？"离得最近的同学捡起来之后立即起跑，不一定要按照顺序出场！

训练到"不用脑子"都知道怎么去做

在这一项训练中，特别强调的就是交接棒的规则，把各种随意性的想法和习惯都统统去掉，只能够按照统一的规则来进行。规则的重要，就在于减少随机性，简化了我们的思维方式，标准化了交接棒的行动方式，也就是减少了交接棒可能出现的失误。你会发现，在激烈的竞争性活动中，面对多个不同的模式，需要多种应对方式，实际上也就是增加了我们的各种

负担，让我们容易"百密一疏"，忙中出错；如果我们只有一种模式或少数几种模式，并且在训练中达到了熟练的程度，那么我们就可以"不用脑子"都知道怎么去做。

我们在竞赛中，不是想着"不要失败""万一失败了怎么办"，而应该想着"怎么做才成功"。有了这个规则，我们就知道，自己怎么去接棒，怎么把手臂伸直到合适的高度，怎么接住棒。思维模式，带领你走进自己的行动方式，也才带领你走向成功。

回忆一下，上学期我们在跳长绳比赛训练中的收获，就可以知道形成特定的规则是多么的重要。比如，有些同学跑跳的速度不够快，是让甩绳子的同学放慢节奏么？当然不是，有40个人参加的比赛，要照顾多少人合适的节奏？节奏慢下来了，那3分钟跳的个数是不是就减少了？实际上，甩绳子的节奏直接影响着3分钟内能够通过的人数。所以我们要求甩绳子的人节奏不能减慢，合适的时候应该训练加快，到达一定程度后就保持节奏。其余的人，只能努力去适应这样的规定！

规则意识可以逐渐养成

在教育管理中，我们要善于思考，善于把这些道理和学生交流，让学生知道这不是"强迫"，不是"泯灭个性"，而是遵守事物的客观规律，是让我们的事业走向成功的必经之路。确立适当的规则，严格遵守规则，简化了生活，提高了效率。据说德国的高速公路很多都是不限速的，甚至可以开到每小时200公里以上。但是德国人的交通违章和交通事故却比较少，重要的就是他们对规则的敬畏，尊重了别人，保护了自己，其实也方便了自己，有益了社会。

这种意识是可以养成的，而且必须养成的。我们常说中国人开车很少"车让人"，其实你应该看到，"车让人"的现象也越来越多的，只不过我们进入汽车社会才10多年，比起欧美来说晚了太多，他们逐渐形成的规则意识当然很强，假以时日，我们也可以达到。这就是规则意识的逐渐养成。

规则意识，让我们减少了很多的"勾心斗角"，减少了我们的"你猜我猜猜猜猜"，净空了烦恼，也就增强了幸福感。

导读： 把旁观者变成参与者，才能够在活动中营造出新的氛围，让每一个人都感受到自己与集体的密不可分。不一样的行动，才成就不一样的你！

操碎了心

> 举凡未经协调的一系列行动，都有可能相互影响，造成让全体行动者一致感到遗憾的结果。
>
> ——读书笔记

现场指点，问题当场解决

"把接力赛名单再公布一下！""没……带……""什么？好，全体都留下来，等我们随时选用人才！"

一片叫苦声……因为往常都是自由活动时间开始的。然而，这次不一样，因为我们在组织团体活动，无论你有多么的不愿意，现在都是必须待着，等待挑选！而作为班主任，这时候的命令不容置疑。

蓝队和红队开始了第一次比赛。

掉棒的，交接棒不按要求的，掉棒后没有随机应变捡起就跑的，各种状况层出不穷。我知道，这是必经之路。

"交接棒的规则！必须遵守！""换棒！换棒！"

果然，在奔跑中，我们往往只注意了一方面，比如努力奔跑，却忘记了如何换棒！有些道理，不是我们懂得了就一定能够运用恰当的，能够"从心所欲而不逾矩"，真的是需要岁月历练，也是需要我们耐心训练的。

严格而适量的训练，才能够让我们真正熟练地掌握规则，这一点常识不容置疑。

点到参加的同学，无一例外，不容推辞！

"记住，我们是在为团队荣誉而战，不是为老师而战！退却，就是抛弃团队！"

"记住，无论你跑得多么快，只要交接棒失败，你所有的努力都是白费，并且会拖累团队领先的时间！"

"提高警惕，交接棒的正确姿势！"

"换人，×××接替上去！"

"Y老，可以把×××换下来，让×××接替。"

"不行！现在训练就是这样！有什么要换的明天再说！加油，跑起来！"

是的，很累，有些同学两腿发酸，有点跑不动了。我们也在换人顶替。但是，训练必须进行，换人只是少数。

改善班级氛围，把"旁观者"变成参与者

是的，因为名单没有带来，所以我在随机点选中更关注那些平时不怎么参加活动的同学，尤其是那些成绩靠前却不太爱活动的同学。不是单单是想通过训练来获得什么名次，重要的是让这些同学能够有机会参与班集体的活动，打消他们的胆怯心理，逃避心理，从而得到锻炼，得到发展。即使，他们没有最终上场，但是在已经经过的这些训练当中，也应当有收获：内心深处可以感受到，参加活动也没有那么可怕，我们还是有潜力的！

正是出于集体活动对班级的重要影响，对学生个人的独特影响，我坚持有些同学即使跑得不够快，但是仍然必须参加训练。在接力赛中，交接棒是最重要的，跑得快慢与否实在是次要的问题；团体项目中共同合作是最重要的，名次真的没有那

么重要。想想自己当班主任这么多年来，还真的对体育比赛没有那么热心——这一次打破常规，主题不是为了比赛，而是这一届要在教育管理中有所突破——用活动来改善班级的氛围。如果开展阅读是文的熏陶，那么团体项目的训练就是培养武的精神。

蓝队和红队，一遍又一遍地开展比赛，场上开始有了呐喊声——我们感受到了自己的热情。

"你们准备训练多久？要不换一个场地？把别的班训练团体表演的都吸引过来啦！"体育老师有些无奈地说道！

"再来两轮就结束。"我一边给学生加油，一边回答。

在活动中让学生感受到关注

体育锻炼的第二节课，我本来就没有打算要占用。

袋鼠跳的同学，马上来训练一下。

"你！""你！""还有你！"几个女生闻声往后退。

这还了得！一顿臭骂不可避免！（等着，后面还有你好看的！）

后来，几个男生把袋子拿去练习跳去了。

活动，才能把学生管理方面的优缺点以及学生对班级事务热情与否，看得清清楚楚。那些写在纸上的、说在口中的热爱集体热爱学校，其实都是隐藏着多少不可告人的阳奉阴违。

而我，喜欢看行动。唯有不一样的行动，才创造了不一样的结果。唯有你不一样的行动，才成就不一样的你。

而我，操碎了心，只不过是协调你们的行动而已。

如果爱

> 你要相信，总有一天，你的努力，会为你证明自己的。
>
> ——读书笔记

"加油！加油……"同学们情不自禁地喊了起来。看着大家兴奋的表情，我的内心也感受到了一种隐隐的力量。

体育老师多次给我们讲，接力赛只要不掉棒就可以了，隐含的意思似乎是，用不着那么拼命地训练。是的，也许这有点小题大做。然而，我们依然不遗余力地训练，我们依然情不自禁地为自己呐喊。

如果爱，请深爱

从最开始的"找不到人手"，到现在有不少人还想加入，我们的队伍也在努力前行中越来越壮大。有同学多次跟我讲，人手不够，他们都不愿意参加。被我冷冰冰的一句话顶回去：不是他们不想，是你动员不够，不要总是把责任都推到别人身上，想想自己所采取的行动是不是还有改进的机会。

如果你没有竭尽全力，请不要总是埋怨别人。

在操行分的激励和班主任的压力之下，我们的活动正在热火朝天地进行着，我们的潜力似乎正在被一点点地挖掘出来。

在每一次增加人手的时候，我都尽量淡化比赛意识，而是强调大家在一起"玩一玩"的乐趣，尽力去尝试，不用太在意结果，而要在意自己有没有勇气去尝试，去发现自己。

如果说仅仅是为了比赛，其实是用不着这么给力的——多少年来我对这些活动都是不热心的。然而，这次的深情投入，一定有着不一样的原因。上一学期进行的跳长绳比赛，我们希望达到的目的是培养学生的团结意识，在参与活动中不能够有抱怨，而要对队员有宽容和鼓励。让一个团队自己产生一种内在的激励，产生一种内生的凝聚力，这是我们大课间自由活动时跳绳活动的"意外收获"。事实上，通过那些天的连续训练，我们在活动中逐渐地形成了这样的思维观念，最终获得了满意的成绩，也是一个水到渠成的结果。

这一次，我们在活动中很明显地发现，没有听到互相埋怨掉棒的事情，反而不断地有同学提出了很好的建议，每一次训练结束，都有班干部进行总结和思考，然后形成一些建议。我们也在一次次的训练中，逐渐地解决了新出现的问题，一步步地走向团结和进步。只有在具体的训练中，在每一次身临其境的训练中，才可能深刻地感受到我们哪些方面需要改变，需要提升。而这样来自实践的经验和教训，更值得我们高兴——成长就是这样的。

是不是"适可而止"，听从体育老师的意见呢？作为班主任，对这次训练，还有着不同于上次集体活动的期待——我们不是在"团结"上裹足不前，我们希望……

如果爱，用力爱

这次的30×50米接力赛和袋鼠跳的训练，自然有着动员更多的同学参与，有着让那些不怎么爱活动的人也参与的意思。

我更希望的是，让他们初中阶段最后一次"运动会"，能够有着更美好的回忆——我爱这个班级，因为我曾经为了它而拼搏过！这个班级的荣誉，有着我的付出；因为曾经付出，所以深爱；因为深爱，所以愿意承担责任。

训练，总是有些技术问题要解决的。比如前面曾经提到过的交接棒的"规则"问题，基本上我们已经解决。而现在我们要做的，有延长跑道距离、加快跑步速度、减少交接棒失误这三项。

两组竞赛的模式，让我们在练习的时候，因为竞争而可以不断地提速。那么在临近正式比赛之前，我们还有选拔最终人选的问题。

从今天开始，我对负责训练的同学提出了新的要求：①记录下每次交接棒失误的双方名字，在训练期间失误次数太多的，退出训练，另外选拔人员上来训练；②对于跑步不太认真的，经提醒还不改正的，也退出队伍。这两点，就是为了最后选出最认真、跑步交接棒技术最好的人选来参赛。从今天训练的结果来看，大家都认真了许多，交接棒失误的情况比较少。明天训练将坚决执行这样的要求，即头一天训练失误较多的人员第二天不得训练。

袋鼠跳，我们则进行了新的调整，训练重点有二：一是延长训练距离，采取往返跳，并记录时间的方式，记录时间是为了甄别出哪些同学能力更强；二是换袋子，重点在于快速地换袋子，那么需要专职负责换袋子的同学进行短距离实验，反复配合换袋子。

这些都是需要密切合作的训练，在积极鼓励同学参与的同时，对那些袖手旁观、不热心、没有主动精神的同学进行了批评。扬善和惩恶应该同时进行，才能够达到我们理想中的状态。提倡合作，提倡参与，提倡动脑。要有勇气，要有行动，要有不屈服的精神。每一项技术的掌握，都是需要一定量的训练以及一定时间的积累。如果把这些理念用到我们的学习上，那就是有些知识必须通过一定时间的记忆和练习，才能够牢固掌握，不可能大幅缩减时间。

这个班级，我们曾经为了它付出过什么？我们扪心自问。

因为爱，所以爱

我们在训练中感受到的是一种热情，一种想证明自己的努力。是的，我们在训练中，免不了有些挫折，有些胆怯，可是我们的集体会接纳我们、鼓励我们、帮助我们，我们会一起努力去争取更大的进步。

一个班级的同学，能不能每天心情愉悦地生活和学习，有一个前提就是，我们能够承受生活中那些不可避免的挫折和失望。我们常常说，成就使人自信，问题使人警醒。除了天天做题、背书、分数等问题之外，还有没有能够让我们感受到成长的烦恼呢？有，那就是活动。然而，这些小小的忧郁，也正是我们成长的乐趣所在，犹如生活需要酸甜苦辣咸来调味一样。

每个学生都渴望自己受到他人的关注，受到他人的肯定。我们应该创造一种环境，一种情景，让学生明白这样一个道理：能够获得别人对自己的尊重，不是依靠你自己的"梦想"或者"祈祷"，而是取决于你是否为班级出力，如果你懂得了这样的道理，那么你的内心就能够得到充实和快乐。

班级可以给你带来荣耀感，可以给你带来安全感，而你就是在这样的环境中不断成长的。在这里，你应该不断地追求自我实现，对自己真诚，有力出力，有智慧出智慧，不断地自我探索和自我接纳，并不断培养爱与被爱的能力，这就是一个学生在班级的成长过程。在合作完成班级事务的过程中，我们不断地加深着相互之间的信任和友谊，我们持续不断地合作，我们一起拥有值得期待的未来。

有一句话是这么说的：涉入某事件比从该事件脱身容易得多。于我们而言，如果学生曾经为这个班级的荣誉付出过，深知荣誉得来之不易，那么他就更可能在班级荣誉遭受损害时挺身而出，维护班级。对于一个班级来讲，那么管理起来就容易得多——因为人们容易在共同的荣誉感这一共同的心理基础上对事件达成共识。

班级活动也是学生之间互相协调的一个机会，在活动中大家相互影响，很快就达成了一致，有一种同呼吸、共命运的意识。看到有同学摔倒了，不会有人嘲笑，而是会跑上去把他扶起来，热心询问有没有受伤。

有些同学也许在成绩上相对落后，但对待班级活动是非常热心的。而班主任在这些活动中也加深了对这些同学的认识，看到了这些同学的宝贵品质，也能够有针对性地培养他们更好的思维习惯和应对事务的能力。参加长跑的几个同学坚持每天晚自习后跑步，没有老师的监督也能做得很好。活动可以让更多的同学去感受和挑战自己，去发现自己的勇气，发现自己的潜力。

我常说的一句话是：去试一下嘛，就当成是好耍……

当然，我深深地知道，一个人能否成功，取决于他是要，还是一定要。我只是不断地提醒他们，失败并不是一件坏事，实际上，还是荣誉的象征，因为失败意味着你有追求，敢于承担风险，勇于努力尝试。我们把失败当成学习经验的开始。在这样的活动中，我们逐渐拥有开阔的心胸，不因环境的不利而妄自菲薄，更不因能力的不足而自暴自弃。

即使我们最终没有被选上，或者最终我们没有获得名次，但是，我们曾经一起努力过，一起奔跑过！

如果爱，汗水与泪水都不存在！

导读： 日常生活中的助人也是一种智慧，一种收获。让每个学生对初中生活有不一样的体验，突破自我，更让班级在活动中获得 "一体感"，胜过让班级获得第一名。我们宽容的心态、欣赏的眼光，等一等成长中的每一位同学，是一种幸福的等待。

坎 儿

学会思考、选择，拥有信念、自由，这是教育的目的，也是获得幸福的能力。

——读书笔记

扫一扫，是助人，更是自助

"把这几列的也清理一下。"

"那是别班的位置。"

"也清理了，就几分钟。免得检查的同学认为是我们班的。"

"Y老原来还是为了自己。"

于是，在空荡荡的看台上，我们几位同学还是"遵旨"，把隔壁班靠近我们班级位置上的垃圾清理了。

是哒，与人方便，自己方便。回到教室，对于今天的事情进行总结的时候，我表明了自己的观点：

帮助别人清理的理由：

1. 如果不帮忙打扫，由于看台各班座位之间的区别并不明显，作为检查的同学有可能混淆，作为邻近区域的垃圾，是谁留下的往往很难区别，那么容易产生"误伤"，那么我们班级就有可能被扣分。

2. 如果我们因为没有打扫而担心被扣分，心理上的压力也是很大的；如果确实被扣分了，我们必须前去解释，那么也会耗费我们的时间和精力，表面上看我们没有打扫而减轻了劳动，节约了时间，但实际上带来的心理压力和辩解可能成本更高。

3. 如果因为被扣分而不得不辩解，那么就会牵涉到垃圾是属于哪个班级的这一"真相"，即使我们拍照为证，但是也不能排除"合理怀疑恶搞"，那么真相往往说不清楚，同时别的班级也会来和我们"对质"，这又破坏了班级之间的友好关系，得不偿失。

4. 如果我们略尽绵薄之力，一并打扫了，我们则没有了扣分的心理压力，也不会有班级对质的麻烦；同时，我们尽力维护了别班的荣誉，也是我们与人为善的实践，从我们的角度善待他人，也是一种幸福。

如果邻居们都能够互相帮助，那么有时候我们的小失误也能够得到他们的帮助，我们的生活不是更和谐了吗？扫一扫，何乐而不为呢？

是的，出发点是为了我们自己不被误伤，然而在客观上不也是为别人做了好事，为学校做了贡献么？

跑一跑，在运动中找到快乐

接力赛、袋鼠跳结束了。我们不是第一，虽然我们提前一个月就开始训练。

"失败"理由当然可以很多。然而我们并没有失败，我们实际上是成功的。

记得去午我们倒数第二的情形么？再想想我们这次有没有进步？运动，不是哪几个同学的专利，我们充分发扬了让更多同学在运动中找到了快乐。

我们常常说，要培养学生的集体荣誉感，要培养学生的团队合作精神。是的，这种集体活动可以培养，但是比赛只有几分钟，如果单单是几分钟就"培养"了这种合作精神，就强化了"集体荣誉感"，我还是感觉到"太容易"了点。

这一个月的训练，才是我们获得深刻体会的过程。自从有了上学期集体训练的经历，在这次的训练当中，同学们就懂得了：互相鼓励，积极寻找解决问题的方法，而不是互相抱怨。在训练的过程中，我们多了宽容的笑声，多了热情的指点，即使在最终比赛结束后，我们也没有埋怨掉棒的同学。我们知道，每个人在那一刻都是全心全意为班级拼搏，出现失误也不是我们故意的，相信当事者心中也是很愧疚的。这时候，宽容的微笑也许更适合。何况，在这么长时间的训练当中，我们都看到了每个人的努力，我们相信，我们的同伴不是一个无视班级荣誉的人。

曾经付出过汗水，才懂得荣誉的珍贵。我们一直在一起，不曾忘却这个班级。

还有不少同学，他们默默地训练，付出了汗水，甚至还造成了伤痛，但是在运动会上没有获得奖牌，然而幕后的一切努力别人都没有看到。我想对这些同学说：别太在意别人的评价，你要做一个对自己的目标无怨无悔的人！我努力了，尽力了，无怨无悔。

我们不是为了"证明"自己的价值而存在的，我们的存在就是我们的价值。

是的，我们派出的选手不见得是班级中最优秀的选手，但是我们每一个上场的同学，都会为了班级而不遗余力地努力。尤其是，那些平时不怎么参加班级活动的同学，这次赶鸭子上架，对于他们而言，跑得快与慢都不重要，重要的是这一个月以来都坚持参与了训练，在最后上场的时候拼尽了自己的力量。

跑一跑，我们一起向前。

等一等，能力的提升需要时间来累积

昨天，十月份的班长来问，十一月份的班委确定了么？我才想起，这两周忙得都忘了这件事情。一月一换班委，早已是我们班级管理的惯例。

进入初二以来，在班级的管理上，我们更加注重培养更多"班长"级别的同学。初一学年的拔尖人物同学们有目共睹，三好学生、优秀学生干部的评选也充分肯定了这一点，而且我们着力把这些同学推荐到了学校大队委、年级学生分会等平台，让他们有了更广阔的发展空间。同时，我们也在不断培养着新的"接班人"。

我始终相信，班级中是可以做到人才层出不穷的，这些年来的班级管理都证明了这一点。而初二开学不久，班科老师就统一了思想，着力培养更多的"中等"水平的同学，升上"优等"的行列。这一年，是关键；这一年，必须做！

学生需要鼓励，更需要指点，这是我们的共识。因此在班委的培养上，我们的指点是恰当和到位的：有批评，更有放手。"不约束，学生的创造力就出来了。"多听听学生的意见和建议，多了解班级的实际状况，敢于面对现实，就能够赢得改变的时间。

不见得所有的家长都理解和支持，只要我们对班级管理的宗旨在于培养学生，那么就应该坚持下去。就如团结协作精神在我们的训练中得到贯彻，学生从中得到最深刻的亲身体验一样，班干部能力的培养也是在实践中得到内化和升华的。

没有处在那个位置上，没有面对过复杂的管理环境，你就无法真正地了解自己的思维视野，你就无法知道自己的执行力如何。而一旦身处这样的位置，也会强迫你改变以往的思维模式，从新的角度来思考和处理自己遇到的问题。我们就是这样把自己的能力"逼出来"的。

然而，这样的班级管理方式，对于班主任来讲，意味着必须要拥有更宽容的心态，有着善于等待的耐心。能力培养没有速成的方式，只有让岁月流逝，通过实践来累积。摒除了功利心理，才让自己得以平和地看待学生的成长。

犹如我们不是去赢得比赛的第一，而是赢得班级的"一体感"；不是追求次次优胜，而是让那些成长中的同学学会承担责任，即使是失败，也会总结走向成功的经验和教训。

我们，等一等，共同奔向未来。

"酱紫"[1]给力啊

零的突破

如果，我说我们在纪念一二·九歌咏比赛中获得二等奖，你信么？反正我是信了！大家伙儿太给力了！"酱紫"下去，我们班级还得了！

亲，零的突破啊！这些年来，每次的歌咏比赛都是灰不溜秋的样子！

时间回到N年以前，那些日子里，我们何尝没有努力唱歌，却依然不堪回首！

这是历史的转折点啊！毛主席说，这是人民群众抒写的历史新篇章！

毛主席说，人民群众的智慧和力量是无穷的！

凝聚人心，扬我班威！

这次，我也有功劳哦！比如，狠狠地实行了民主集中制：果断确定歌曲，要求必须有"形式"，排队按照要求！

记得上一届有好多的经验与教训，所以，就在某些环节上不再给予"试一试"的机会了，一切都为汲取教训！

---

1 网络流行语，"这样"的意思。

最最高兴的是，这次活动有很多同学在积极地参与，从领唱、指挥到准备道具，好多同学都冥思苦想，献计献策。气球、向日葵、"明天会更好"牌牌等，开始施展我们的想象力了！

有了参与的热情，有了挑战困难的决心，然后Just do it！然后，我们成功了！

班主任用心了，学生才会给力

这里可以深刻体会到，任何一次活动要想取得成功，组织者必须要善于鼓舞同学们参与，要善于发现同学中的人才，并与之共同奋斗。作为班干部群体，更要在活动中起到表率作用，要多多地帮助我们的组织者，及时地提供相应的援助，而不能袖手旁观。

说实话，以前我对这样的活动是不太热心的，也不太愿意开动脑筋来思考。也许以前的学生同样具有创造性，但是我没有好好地激发他们的热情吧！有愧啊！

首先，同样是演唱，这次我们特别注意到伴奏的问题，如果是钢琴伴奏，则很容易显得冷清，因为同学们上台唱歌的时候往往很紧张，声音很小，就会造成"悄无声息"的场面。而伴奏带往往有重低音，而且比较响亮，整个氛围就感觉很好。

其次，就是同学们想到用一些道具来渲染氛围、增添亮色。我们也发现，在歌唱比赛中，如果形式上花哨一些，往往分数都要高一些，尤其是表演性质突出的那种。这对于大家来说也算是一种经验。

"有可能"，紧接着就行动起来

办法都是人想出来的，所以我们要有想办法的思维习惯。

做任何事情之前，不要先说"不可能"，而要说，"有可能"，并且努力找到可以实现的方法，或者说叫作努力创造条件去实现自己的目标。

本学期班级组织了很多活动，也有不少同学在活动中得到了锻炼，发现、发展了自己的能力，也让老师看到了同学们积极向上的精神面貌，看到了他们的潜力。这种积极参与的氛围，这种洋溢着生机与活力的状态，这种高昂的热情，让寒冷的冬天显得不再寒冷。

期末即将来临了，我们能够继续创造奇迹，创造属于我们自己的辉煌吗？我们可以把自己的热情传递给身边的每一个人吗？只要我们都行动起来，都想着美好的明天，都奉献出自己的力量，一定可以的！

每一天，都对我们身边的伙伴说：加油！加油！加油！

每一天，都微笑着对自己说：我一定可以做得更好！

每一天，都让我们感受自己的热情与活力，让我们一起努力吧！

welcome to my style

纸上得来终觉浅，绝知此事要躬行。

——陆游

温柔了岁月，惊艳了时光。

梦里寻她千百度，蓦然回首，那人却在灯火阑珊处。此情可待成追忆，只是当时已惘然；幕谢灯灭，终究要回到现实之中。

季羡林老先生说，不完美才是人生。

不完美，从遗憾中学会成长

有位家长对我说，昨天的表演非常精彩，还发来了手机拍摄的照片。果然，孩子们的服装和舞台背景的结合堪称完美；据那些自恋的孩子们说，那是唯一一个全年级都鼓掌的班级。不过，那位细心的家长发现，有位领唱的小帅哥在演唱的过程中有一只手始终插在裤兜里，显得很不自然。我仔细瞄了下，果然如此。没有把整个场面拍摄下来，我也感到非常的遗憾。

"舞台经验不足，所以台风上还需要锤炼。"这是我的解释。

是的，这一学期以来，学生自主组织的活动比较多，还真值得好好总结一下。平时多次强调的东西，在实际操作中，常常因为紧张、压力大，而遗忘，出现问题。比如，下来后两位帅哥就说，他们紧张得忘记了练习演唱中早已熟练的"深情对望"。从零碎的图片中，也确实看到两位女生领唱要自然大方得多。

"绝知此事要躬行"，陆游老先生说得太对了。

成功，就是每一次活动，都带出更多表现优秀的学生

通过这次的歌咏比赛，我欣喜地发现，有不少平时默默无闻，不怎么参加活动的同学，承担起了重任。比如领唱的两位男生，其实是被"逼"上去的，我还很遗憾，G同学扭捏着不去，是不是失去了一次锻炼自己，让自己成长的机会？T同学他们两个人通过积极刻苦的练习终于跟上了脚步，也成为这次比赛的大功臣。S妹两个的声音非常不错，唱得很好，再次显示了个人的实力。在表演手语的6个女生中，那些有才但是不太自信的孩子也得到了锻炼，这次的小小的成功，何尝不是对自己一次最切实际的鼓励？

我一直认为，一个人的价值，不是只有用成绩来表现。走上工作岗位的人有几个问过对方，你初中时语文考多少？数学考多少？根据你语文、数学、英语等等科目的成绩，来衡量你的能力，来估计你工作的干劲？有些同学也许在科目学习上有些许困难，但是他们在这些活动中能够积极地表现，能够通过自我努力来实现，我心中感受到一种感动，一种激励。在我们上场之前，我就看到望舒两个同学请假去体育馆的过道苦练手语，说实在的，这种自觉主动、追求完美的精神，不正是我们的教育所追求的吗？

李班长在运动会上承担了喊口号的任务。在此次活动中，他不仅担任领唱的任务，还在每次的练习中积极协助文娱委员

做好组织工作。文娱委员更是组织、协调好同学，分派任务，承担指挥，充分体现出了在文娱表演方面的智慧。这何尝不可以作为自己今后在人生发展道路上的一个强项，说不定可以成为自己的成功之道呢！

我觉得，这些同学都是值得我们好好鼓励，拭目以待的。

"损失"也是教育的一部分，信任带来班级和个人一同成长

运动会同样如此。要翻出花样，我是真的赶不上这些后辈们了。虽然在运动会的表演中，音乐方面出现了巨大的失误而遗憾，但是，也同样是一次很好的锻炼机会。我觉得，要把这些人都记录在我们的作文集中，永远记住这些我们曾经付出的努力，以及我们心中那隐隐的疼痛。特别让人欣慰的是，那次欣睿同学还作为唯一的男生参加了舞蹈。这也是他作为班长对自己严格要求，追求更好的一种精神诠释。

不是每个人都必须在文娱、体育等方面有所表现，才是一种有才能的体现。上次的蓝背心活动，新组建的第二组班干部也经历了一次严格的考验，他们经受住了考验，以满分的成绩做了完美的交代。

新一组班干部，好多的孩子都是"被邀组阁"，其实我心中也在打鼓，需不需要启用过去较为成熟的班干部来承担？要是新一组班干部完成不了，带来的"损失"该如何承受？但是，"损失"也是教育的一部分，对班级来说也许有缺憾，但是对个人成长又何尝不是一种幸运？

最终，我依然选择了由新一组班干部全力承担。但是，在接受任务之前，班干部是经受了严厉批评教育的，同时对原来的班干部提出了积极协助的要求。有一天，在一个班级听课的时候，我被该班墙上张贴的"第N任班干部名单"所启发，才

知道，原来班干部还可以这样任命。针对班干部不同的性格特点、不同的职责范围单独进行了指点。最后，高度紧张的班干部们还是很好地完成了任务，我想，这是对新一组班干部能力的最好的肯定吧？

压力，激发学生去成为人才

永远不要低估几十个孩子加起来的能量，不要轻视孩子们的想法。有位教育专家说，不压制就是创新。想想，我也有太多的不足，个人眼界毕竟有限，思考能力也非常有限。而学生由于个人人生经历不同，成长背景不同，同一件事情，可以从不同的方面来思考，从而让对事情的分析更为客观和真实，解决办法也更为妥帖。比如在文娱方面，我这个白痴，就完全依赖于孩子们的努力了。

我一直觉得，一个班级，往往不是没有人才，而在于我们是否善于发现人才，是否善于激发学生去成为人才。发现人才，往往侧重于使用人才；激发学生去成为人才，则更看重培养人才。当一个班集体不是完全依靠几个"能人"来支撑，而是有着大量后备人才的时候，往往就会显得充满生机和活力，就是一个不断进步，不断创造奇迹的班级，也是一个拥有自己"style"的班级。

每每想起龚自珍的"万马齐暗究可哀"，就感到一种自责，作为班主任，是否也在处处压制，处处"唯我独尊"呢？尊重学生的意见当然不是完全听任学生的摆布，而是说，要懂得聚合人力，懂得顺势而为。

其实，好多活动中，都有组织者、参与者被我"责骂"的，提出高的要求，必须达到，必须去做。在关键时刻，班主任还是要运用自己的经验和智慧，把各抒己见变成一家之言，变成立即执行的标准。这点，孩子们恐怕感觉已经很深刻了。这次表演之前，何尝没有被我高压责难？何尝没有对我那痛苦的表情——被他们那"丑陋"的歌声所折磨的表情——感到无奈？

每个人都可以努力地创造属于自己的时代

每每看到有平常不怎么热情的学生，加入新的活动中，都感到非常的高兴。这其实就是一个新的教育契机。每个人都可以努力地创造属于自己的时代，属于自己的新高度。

努力，不一定成功；但是，不努力一定不会成功。我们在行进的道路上，总是在不断地寻找新的高度，不断地超越旧的自我。

welcome to my style！

做个拾柴人

常言道：众人拾柴火焰高。在某一年的纪念一二·九歌咏比赛中，我们班级获得了二等奖，这确实是一个意外的惊喜。因为在以前的歌咏比赛中，都是落后分子，我给自己的解释就是，组织文娱活动不是我的特长。而这次的成功，我觉得应该归功于同学们的集体努力，是众人的力量让我所领导的班级实现了零的突破，是创纪录的！

亲们太给力了，这是我这时候要说的话。

既要高度重视细节，又要学会放手的过程

这次活动之前，文娱委员就有着宏伟的目标，要每周都开展班级文娱活动，并且和宣传委员密切配合。之前的每周班会课上组织过"每周一歌"，让大家学唱经过精心挑选的歌曲。在本期的主题班会课之后，也积极地反思组织活动的经验与教训，因此在我说了全权由他们负责之后，感受到了责任的重大。我说："以往的歌咏比赛留下的都是灰暗的记录。这次能不能创造奇迹，就在于各位的创造性地发挥了！"于是，从选择歌曲，到组织演唱，基本上都是班干部在施展拳脚。

主题班会课有得有失。得之者，乃是发现了学生中的演唱

人才、组织人才，活动是发现学生优缺点和能力结构的最佳机会，也是发现学生是否具有责任感、有集体荣誉感的关键时候。失之者，充分体会到学会放手是体现老师民主的一方面，而恰当的放手才是作为班主任的高明之处。由于没有充分了解学生的能力与活动内容，故而出现了部分节目不适当、内容组织主题不突出、节目之间的衔接不流畅等问题，作为班会课不成功的典型，这次班会课太成功了！

同时，联想到以前的歌咏比赛组织中出现的经验和教训，我觉得放手的前提是创新的花样必须经过我的允许。我没有限定哪些是必须的，哪些是可以的，但是作为组织者，必须拿出至少3个方案来给我选择。很快，文娱委员拿来了一张小纸条，列出了5项需要老师协助的：钢琴伴奏、彩带（舞蹈）、气球、向日葵、领唱。我说，好的，我研究一下再回复你。

亲临现场，发现并解决问题

很快，我找来了班干部，首先表明我不太赞成钢琴伴奏，虽然这确实是学生展示才干的机会，但是那仅仅是一个人的舞台，而歌咏比赛是集体的舞台，钢琴伴奏的最大缺点是背景音乐会很单调，没有气势，影响歌唱的效果。向日葵刚好办公室有，气球可以考虑购买，而彩带敬请文娱委员去学校舞蹈队借。有领唱，可以，但是必须做好协调，男女生都要有。

接下来就是排练。我发现大家在排练的时候，如果都坐着，效果会很差，没有积极性；站起来的效果要好很多，因此就要求必须站起来；由于男女生是分开来唱，混乱编排的时候就不容易发现哪些人在滥竽充数，我又要求男女生分开来站，男左女右，两个部分分明，就可以发现演唱中的不足。做了这些小小的改变，演唱的效果好了很多。领唱中，又发现男生领唱的某人有点"左"，马上要求文娱委员撤换，最后在找不到替补的情况下，果断地减少了一个男生领唱部分，重新编排相关内容。因为我深知，领唱如果出现问题，会非常影响演唱效果。

演唱之前，舞蹈队的成员不愿意上场，也就没有编排舞蹈，我心里很不爽，但是也就罢了。于是我建议文娱委员，再想想其他的办法，能不能增加一点如"明天会更好"这样的标语，制成纸板在最后亮出来？很快，他们的构思就出来了，并且在比赛的前一天晚上完成了相关准备，字也描画得很有创意。还设计了举牌的时间、顺序，可以看出学生是很有创新意识的。

"杀伐果断"，在关键时刻要有魄力

在彩排的过程中，我始终强调一点，那就是大家一定要把热情唱出来，要尽量放开喉咙，把音量放高点。因为体育馆的空间很大，而话筒的效果不见得那么好，如果平常训练的时候就是小声哼哼，那上场之后基本上就没有声音了，因为在舞台上的紧张胆怯，会让人不自觉地降低音量。多次"吼吼"之后，大家较为自如一点了。在星期五下午入场之前，我们在教室里再次排练了一下，强调了相关的注意事项。

在组织的过程中，肯定有人是不积极，并且可能扰乱排练秩序的，对此，我给予了班干部最大的支持：从加分、扣分到现场批评，总之，不离口的就是"××班的荣誉"，作为班级成员，每个人都有责任和义务去维护它，而维护荣誉最好的方法就是为班级贡献自己的才干！

在选择歌曲的时候还出现了一点小的曲折。每次报上去的歌曲，都因为有人捷足先登而被迫放弃，而后选择的呢，音乐老师又说不好，要另选。我经不住折腾，很生气，说定了，不准改了！然后就开始排练，不改了。

经过总结，我发现了以下几点值得注意

1. 让学生主动积极地思考并解决问题。班主任就不要在一开始就限定方式方法，而应该让学生发散思维，创造性地设计出多个方案，以供班主任选择。特别是不要让学生学会察言观色迎合老师，成为班主任的个人才艺表演。

2. 班主任最重要的，是在学生把相关的方案拿出来后，要及时地指出可能会出现的问题，并再次寻求解决问题的方法。班主任根据自己的经验和教训，把不妥之处指出来，就可以避免错误一犯再犯。而班主任自己不提解决方案，其实也就是激发学生自己解决问题的积极性。在这个过程中，我始终没有批评、指责，而是"拜托"他们找个合适的方法，我坦承自己无法解决此类问题。

3. 每当学生有了比较好的创意的时候，即使还不够成熟和完美，都要给予表扬，并鼓励再接再厉去完善它。能够提供的指点和帮助，及时地奉送，作为学生的创意在班级中提出表扬，激发更多的人为班级出谋划策。

4. 恰当地运用班级操行分的惩罚、表扬作用，为班干部开展活动创造条件，为班级活动的顺利开展做好纪律的保障。操行分的奖惩权力赋予班干部、组织者。在我们班级，操行分是平时表现的记录，其决定权基本上都在班干部的手中，依法行使。

5. 良好的活动组织离不开学生的集体智慧，尤其是离不开组织者个人的魅力和组织能力。这次活动中，我发现组织者的人气都比较旺，能够团结一部分学生作为班级活动的铁杆支持

者，这些学生的核心作用让其他的人看到了班级的团结，看到了一种热情，也就很自然地激发了他们对班级的奉献精神。如果组织者身边没有相当数量的学生热心支持，则很容易独木不支，良好的关系利于调动同学们的热情，则有一呼百应之效。在活动的整个过程中，我都不断地提醒组织者，多找同学来商量，多找同学来帮忙。

班干部放下身段，成就更大的事业

其实，很多同学都愿意在活动中展现自己，因为每个人都有一种天然希望得到别人认可、得到赞扬，得到别人重视的渴望。只要组织者有着谦虚的精神，以诚心请求同学参与，并且在适当的场合多表扬参与的同学，那么一定会有人来协助的。这就是"一个篱笆三个桩，一个好汉三个帮"的道理。放下身段，让别人去表现重要性，其实作为班干部、作为组织者，并没有被"贬低"，反而是一种更高的境界。

在活动中，最怕的就是组织者为了个人的荣誉，抢功劳，穷己之力而不得民心。而我们的学生，在这次活动中更多地表现出一种宽容，一种乐于奉献的精神。在活动结束后，由于获得了二等奖，班级为每个同学加操行分4分，那些在各个阶段帮助活动完成的同学，累计加分，让所有参与的人都感到了一种愉快，一种成就感。

可以说，这次活动的成功，也是有着深厚群众基础的，在前面多次的活动中，我们班级都特别重视激发同学们的参与意识，让大家感受班级荣誉带给自己的光荣感、自豪感。让为班级服务，为班级出力成为一种美德，成为一个优秀学生的标杆。在本期，我班还主动地负责了午级办公室的打扫，每天都有学生到办公室打扫清洁，赢得了办公室老师的称赞。当然，作为班主任，更愿意把每次活动，即使是小小的奉献，都及时地通过家校通进行全班表扬，在班级表扬并加操行分后予以公示。

让每个学生都成为拾柴人，集全体之力，成就我班的辉煌！

看气质

最困难的不是别人的拒绝与不理解，而是你愿不愿意为你的梦想而做出改变。

——读书笔记

"下星期五学校教育教学研讨会，放假一天。"

"啊哈哈哈哈哈哈……"

学生们激动不已，开始交头接耳，每个人都感觉在北方的寒夜里温暖如春。

"激动什么，难道这就是你们的最高要求了吗？"

下面慢慢安静下来。

"你们真的太容易满足了！难道没有更好的表达方式吗？"

我稍停顿了一下。

"最重要的是，下星期二到星期五，我要出差开会……"

"耶……"欢呼声终于异口同声。

大家笑得花枝乱颤。有的人感觉到黑暗时代终于有机会过去了！

"一般情况下，我不在的时候违纪双倍扣分……"

有人低下了高傲的头颅。

"然而，星期三的下午第二节上物理课，第一节上数学课。"

"啊？阅读课没了……我要看书……"终于，有人感受到南方的艳阳里大雪纷飞。

看书，唯一值得期待的？哈哈哈……该我笑了！

最好的掌握方式，就是反复练习

始终相信，当你的能力还不足以撑起你野心的时候，一定要静下心来沉淀，静下心来等待。岁月流逝，人事变迁，越来越喜欢默默地去做一些小事，在日复一日的生活中，为自己做一些小小的改变。是的，少了雷厉风行，多了春风化雨。相信，所有的美好都是值得被等待的。

小班会练歌，说好的25分就"正式开始"，可是当我到达教室的时候，已经正式铃声了，却"正要开始"。Why？回答是人刚刚到齐。于是，针对这几次练歌的情况，提出了小小的建议：

1. 不要等人都到齐了再练习，那样会白白地浪费时间。差几个人，完全可以开始了，这样反而会给了迟到的人压力，让其不得不为自己的迟到感到羞愧！

2. 练歌的时候，先让大家唱熟悉。特别是相互之间要配合的地方，只有反复地唱，才能达到"无缝衔接"，到了那时候自然地接上去，而不是"理智"地"想起"该接。这个就要把时间多用在唱上面，而不是教训同学上。

3. 纠正唱"左"的地方，不要停顿下来把所有的错误都指点出来，而是每次只指点一个地方，当大家掌握了这个地方，唱好了，再纠正下一个地方。不然的话你在上面说得再多，他们也记不住，那有什么用？

最好的掌握方式就是反复的练习，除此之外没有什么诀窍！卖油翁是"但手熟尔"，我们是"但口熟尔"。

基调定位为：怎么做可以更好一些/更优秀一些

仅仅是思维方式的改变，就可以让我们获得不一样的收获。在生活中，这些小小的思维方式，也许对人生发展没有大道理那么让人敬畏，但对我们的具体工作却可以产生实际的效益。

有人说，班级的魅力就是班主任的魅力。我们将来能不能跑得更远，就在于我们对自己的未来有没有信心，我们有没有一直在跑，如此而已。我们不需要告诉他们，你还有多少公里的路，我们只需要告诉他们，现在怎么跑才是正确的，怎么想才是最轻松的，然后从不停下脚步就可以了。如果总是想着还有漫漫长途需要跋涉，我们内心一定是崩溃的。有些事情你拼命地想、担忧，根本没有用，把眼下能做好的做好了，结果不会太差。

和家长交流的时候，我们对学生的要求也不是期待一步到位。每一次交流重点在于某一个方面，只要家校配合，学生配合，把这一个点做好了，在这一段时间有了改进，我们就应该感到高兴。不要期待学生的缺点毛病，可以一次谈话"毕其功于一役"，如果效果真的这么惊人，那么——我就不会在这里做此等小事了！

学生也应该是一个完整的人，老师在看待的时候，不能"门缝里看人——把人看扁了"。如果轻易地否定了学生在学校的行为，因为某一点不好就一无是处，往往是把谈话的基础都否定了。我们的基调定位为：怎么做可以更好一些/更优秀一些。

当面临的永远是不完美的班级、不完美的学生时，我们是不是能够始终抱着超然的心态？也许是有情绪不佳甚至失控的时候，但那应该不是常态——我们的常态应该是，对未来始终怀有信心。人生最伟大的胜利，就是不管经历多少失败，多少失意，依然让希望长存于心底，当我们和一群对未来充满着期待的人在一起的时候，应该更多地思考如何去看待这个世界。

健康的思维方式是保障一个人幸福和成功的根本

行动，行动，行动！知道了就应该立即行动，而不是纠结自己的行动会不会有效果。哈维尔说："我们坚持做一件事情，并不是因为这样做了会有效果，而是因为坚信，这样做是对的！"胡适也告诉我们："怕什么真理无穷，进一寸有进一寸的欢喜。"

如果我们不慎跌倒，没有必要抱怨，只要回头仔细看看绊倒我们的是什么东西，下次一定记住就好了。就比如，十一月我们失去了优胜红旗，没有必要在班级里把大家统统骂一遍，只要我们一如既往地做好，更加努力地去弥补过去的不足。安全登记失误了许多？好，十二月份我们换人来做这件事情，试一试。总之，我们要做到永远在寻找方法的路上，而不是在失望和抱怨的路上。

人生何尝不是如此？人生路上有无数的驿站可以歇脚，有的包袱可以等到该背的时候再去背，用不着把所有的包袱都压在今天的自己身上。我们都只能活在此时此刻，所以不必害怕明天。要让那些屡败屡战的学生也懂得这个道理，在每一个摔倒的时刻，都要坚定地告诉自己："我可以爬起来做得更好！"

决定了孔子境界的不是知识的总量，而是另外一种东西。

健康的思维方式是保障一个人幸福和成功的根本，它是心胸、眼界、价值观等方面的综合。一路前行，丢掉那些会拖累我们的东西，留出更多的空间去容纳更有用的东西，留出更多的时间去做更有价值的事情。

在路上，有你，有我；看气质，有型，有神！

机会给有准备的人

"全部站起来，把歌单收下去！"

唱歌要用心，不能只有眼睛盯着歌单。盯着歌单属于"念唱"，是无法投入我们真感情的。小班会唱歌，有一段时间堕落了，各人站在自己位置上，有气无力。"山人"一看，批评又来了。

标准的方式是：全力以赴，排列成行，手中无物，心中有歌。要做就做好，要不然就不要用歌声来污染自己的耳朵！

"同学们，周四的英语语音语调模仿比赛，我们班将在晚会上演唱英文歌曲！"

是的，当初英语老师来教我们英文歌曲的时候，并没有想到有机会去展现，但是，机会总是给那些有准备的人。现在就是这样，认真做事，不求回报，但求让我们的心灵得到最平静的幸福。

我们一直坚持唱歌，并不是为了炫耀，只是为了丰富我们的学习生活，提升我们的综合素质，更简单一点，是为了让我们更快乐。我们没有更多的追求，我们力求简化我们的生活，因为人的精力是有限的，只有把精力投入到足够重视的事情上，我们才会获得幸福感。

我们一直在努力，一直在坚持，但是我们以少胜多。生活中，很多人之所以坚持不下去，很大程度上就是他们当付出一点的时候，就迫不及待地期待回报。并且，他们期待一次收获无数的东西。

晚会的时候，同学们在台上自信地展现了青春的风采。用歌声，不是去征服听众，而是升华了自己！

并且，语音语调比赛，我们依然有：

一等奖。

唱我们的歌，让别人去评论吧

就连歌咏比赛抽签抽到第一个，也可以面不改色地告诉学生说：与其去愤愤不平埋怨抽到第一，让它扰乱我们的心绪，削弱我们的信心，不如奋起努力，把专注力放在如何唱好歌上。让我们的歌声更优美，唱出我们的心声，唱出我们集体的力量，展现我们最佳的风貌。"唱我们的歌，让别人去评论吧！"

这就是我们的特色，我们班级的思维方式，当我们不断地完善自己，当我们的教育管理理念不断地得到实践的检验，家长们就从质疑慢慢变成全力以赴地支持了。

诚如斯

一个人倘若不为自己思考，那就从未思考过。

——读书笔记

"从下周开始，小班会不唱歌了！"

就这么坚决地决定了。大概是王尔德说的：真实生活通常就是我们无法掌控的生活。之所以决定不再进行这个项目，是因为唱得太难听了！既然大家都没有什么热情，何必苦苦坚持？即使当初是怀着美好的愿望，然而走到如此乏味的境地，也是无可奈何。

每天小班会一歌，是上一届学生创立的。如今回忆起来，是当年的组织者主动申请的，而且也在这方面特别有热情，特别有艺术的眼光与组织活动的才干。而今新的一届，唱歌这件事儿，却是在班主任的要求下进行的，于是乎越来越不认真，越来越没有品位。

也许，我们现在的组织者也会说"我很努力了"，然而一定要记住，"努力"这样的褒义词，最好留给别人去评价，而不是自己来标榜。"努力"，是越说越不值钱的东西，只有做出来才能变现。所以，与其因为这件事情天天去生气，不如及早抛弃这个无法带来愉悦感的活动。

作为组织者，不是一个单纯"放歌"的机器，而是有着期望通过精心挑选的歌曲，来激发同学们的生活热情、丰富同学们的业余生活、给予大家以美的享受这样的出发点的。首先自己要拥有较高的审美能力，较强的责任意识以及丰富的组织动员经验，能够通过自己的工作来传递一种生活和学习的态度。

诚如斯，则轻装前进，何必留恋！

笨小孩

做人，太聪明了会很累，傻一点点才会幸福。

——读书笔记

无他，但手熟尔

"山人"是个笨小孩，于是乎"山人"的学生们也成了笨小孩。

韵律操比赛训练阶段，看着"群魔乱舞"的场面，真有点不忍直视。于是乎，"山人"就上场了：

"'有所为有所不为'，是我们的原则。既然我们要参加，那么我们就一定要做好！做操最重要的就是整齐，就是精气神。借用《卖油翁》里面的一句话，'无他，但手熟尔'。"

体育课，骄阳下，别的班级已经在阴凉处逍遥，"山人"的学生还在班干部的带领下一招一式地训练。是的，现在我们在流汗，但是我们每一分准备，都是在积蓄力量，都是在朝着正确的方向前进。

"山人"以为，精神上的动员很重要，但是实实在在的操练更重要。在这个过程中，班干部主动承担起了训练的义务。事实上，大型比赛、活动中主动涌现的管理者，才是真正的学生领袖苗子。他们是用自己的专业能力，比如作为领操员标准规范的技艺，成为学生中的领头羊的。其专业能力，也得到学生的认可，这也是他们拥有自信的底气。"山人"在一旁，重点就在于激励、打气，指导他们如何训练才能够达到更高的标准。

把力气用在训练上，梦想离我们更近

执行力的关键，不是"应该"，而是"必须"。我们深信，任何一项技能，要内化为自己的本能，都离不开大量的练习。与其比赛后因为做得不好而"责难"学生，不如把这口气用在赛前的训练上，做好充分的准备，就是对自己最好的交代。

比赛那天，很荣幸：

一等奖。

"山人"以为，心中有标准，用严格的训练来达到要求，甚至达到更高的要求，是很重要的。我们不是盲目地期待结果，而是明确保障结果。

笨小孩，就是巧妙地运用我们的傻劲，去实现我们的梦想。

那些我们所认为的遥不可及的东西，其实离我们无比之近。

导读： 最平常的校园社会实践活动，只要你用心体会，善于总结，也可以让同学们感悟到很多。后面一系列的文章，就是对活动中各种状况的描述和分析。

"蓝背心"

正能量满满，庶民的胜利

蓝背心的一天很快就结束了，那些叽咕叽咕的抱怨终于消停了。幻想中愉快的一天在大家的努力下，就这样静静地过去了。因为是大家要求争取的，所以再苦再累，大家都无法发表自己对"山人"的怨言。哈哈，这又何尝不是我的胜利呢。

其实我是不需要什么胜利的，胜利对我而言"神马都是浮云"，我希望看到的是庶民的胜利，我也看到了庶民的胜利。

首先表扬的是阿东、阿龙、大坤、海尔大哥，是他们把教室打扫得干净彻底，使教室旧貌换新颜。这次临时抽调的人员如此任劳任怨，让我感受到了这些男子汉们的气度和真实的干劲，其实我们只要协同一心，肯定能够做好很多事情。那天下午，我们一起搬桌子，扫地、拖地，窗外阳光灿烂，室内大家默契地配合着，终于完成了这项伟大的工程。哈哈。

当然，在这次蓝背心行动中，有同学是受到了组织监督不力批评的，特别是上午工作结束的时候，进行了小结，有表扬也有批评。下午的时候，大家都更专心了，以更大的热情投入工作。（不排除少数人有可能好逸恶劳，溜边了，不过我没有看到）

收获满满，闪耀你们的亮点

在这次活动中，所有的人员安排都是班干部在组织。我是个旁观者和批评家，同时兼任摄影师，忠实地记录同学们的活动过程。我觉得这次活动有三个亮点：

一是通过这次艰苦的劳动，同学们懂得了珍惜劳动成果。捡烟头，保洁，腰也酸，腿也跑痛了，擦花坛，红红的手好像胡萝卜。大家开始反思，我们的随手乱扔的习惯似乎真的该改了。

二是班干部的组织协调能力得到了很好的锻炼和展示，学会观察、学会思考、学会调度人手、学会协调人际关系，呵呵，真的不简单啊，更重要的是学会表扬与批评的艺术！

三是让我们发现了更多同学身上的闪光点，无论是前面受到表扬的同学的可爱与真诚，还是劳动组同学的吃苦耐劳，以及督察组的认真负责与奉献精神，都让人感动。在这次活动中，我们发现了自己，懂得了自己，也更加珍惜这充满友爱的集体。

孟子说："生于忧患。"我们在辛劳的活动中，真正体会到了这句话的含义。无论是受到表扬的同学，还是遭批评的同学，都"动心忍性，曾益其所不能"了。我们"过而能改""困于心衡于虑而后作"，终于有所成就。也许，这次活动也是让有些同学的才干"征于色发于声"的机会，让我们"喻"其天才的机会。呵呵，同学们，才干来自艰苦的磨练，来自内心出发的奋斗精神，更需要在活动中得以展示，构筑更高的人生平台。

加油吧！

偷 懒

偷懒是人人都渴望的，但不见得是人人都擅长的。

——"山人"语录

生活的智慧其实不像试卷上的分数那么清晰明白，甚至也不在于读书与否。

蓝背心，我们看到了书本之外智慧的运用，更看到了一个人课堂之外的机智与练达。

装，形象与气质

"山人"说：也许在发试卷的时候，在教室里做作业的时候，我们发现自己是个"差生"，是个不善于做题、不善于背书、不善于写写算算的人。如此，我们仿佛有着一种深深的自卑。然而，当我们站在门口，器宇轩昂，玉树临风，亭亭玉立，面带微笑，口齿清楚，声音婉转悠扬，饱含热情，这个时候，路过的甲乙丙丁，会知道我们上次考试的成绩么？会知道我们还有几篇课文没有过关么？

这就是我们的气质，我们除开成绩之外的基本素质。看看，我们一个个常常自称校花校草的人们，千万不要到了门口，就乱成一窝狗尾巴草啊！（甚至，侮辱了狗尾巴草！）离开教室，我们可不可以做一个更有素质的人？一个有着高素质的学生？那些过往的人看到的，正是你的基本素质，你的优秀素质。如果，我们在这个时候站成个歪瓜裂枣，那么，肯定在别人的眼里，你也不会是个优秀的学生。

可惜，我们有同学忘却了这一点生活的智慧，也许是学习成绩还不错，但是站在门口的时候，却如此萎靡不振，显得蔫趴趴的，哪里看得出是一个优秀的学生呢？走上社会，那你有机会把你的考试成绩刻画在额头上用来炫耀么？

如果说，这个时候的优秀是装出来的，或者说是可以装出来的，那么为什么不好好地，认真地演一回戏呢？如果说，我们把这种"装优秀"的良好状态，用在我们每时每刻的生活中，我们努力去做到优秀，让优秀成为一种习惯，我们会不会真的就由此成为优秀的人呢？内外兼修，秀外慧中，成为真正的优秀的人！

休息，隐蔽

地理园的清扫，学生们打扫完之后就地休息，于是空旷的地理园中，大家在人来人往众目睽睽之下，悠闲地休息……休息……

然后，你会发现，这个地方正对着德育处的窗口，领导们只要一起身，一望窗外，就看到那些穿着制服的小朋友们，在休闲……于是，即使你们曾经很辛苦地清扫，在大冷天就着冷水擦洗花台，擦洗橱窗，但是，你们休闲的时候，也被看到了。

辛苦了，不见得被表扬，却更有可能被批评。这就是你们期望的结局么？当然不是，不过，这些同学生活智慧却是缺少的。试想，这原本不是偷懒，辛苦劳动之后，片刻的休息当然是可以理解的嘛！然而，选择的休息地方却是不对的。试想，你辛苦劳动的时候，他们一定都看到了吗？不见得，他们不见得了解实情，但是你不在状态的时候，却被看到了，人们都相信眼见为实、耳听为虚，你的解释总是显得苍白无力。

那么怎么解决呢？非常简单，就是大家做完事情，找个比较隐蔽的地方休息就可以了。自从我说了这个之后，我们的同学就不再在地理园成群结队地休息了，高兴了吧？是啊，他们真的不在这里显眼的地方休息了，昨天呢，就把劳动工具放在这最最显眼的地方，然后人不见了！

天！这智商，这行为！是不是有一种想哭的感觉？这不是欲盖弥彰嘛！我笑了，笑得如此的凄凉与无奈！当我貌似淡定地说出来时，大家也笑了，于是我们都笑了！

偷懒秘籍，人生良方

偷懒，是有秘籍的，你至少得找个隐蔽的地方来悄悄休息嘛！带上你的工具嘛，工具在，人不在，那你不更明摆着是在耍么？我勒个天，有点点生活智慧好不好？

记得曾经有个前辈告诫那个心高气傲的我：做事情，要做就不要说，要说就不要做。有时候，我们面对新分派的事情，满肚子的气，于是就毫无顾忌地发表出来，给人一种极不情愿的坏印象，然而，事情我们又不得不做。最后完成了，还是要被领导批评，说某某人对做事情没有集体观念，没有奉献精神等，吧啦吧啦一阵说教，我做了事情，并且做得不错，为什么还要受到批评？其实很简单，就是你开始时的牢骚让领导产生了不满。

既然都要做，就不必牢骚了，努力做好，还落得个积极肯干，尽职尽责的好印象。如果真的不想做呢？那就说，使劲说，并且坚决不做。反正都是挨骂，何必呢！

呵呵，可惜，"山人"性格软弱，多半还是只得埋头苦干，好好地做，认真地做。牢骚满腹防肠断，风物长宜放眼量。多做，其实也是对自己的一种历练，一种幸运，一种积累，一种提高。

应变，顺势而为

两个小朋友本来积极参加蓝背心，但是，她们被抓住了，因为她们穿着蓝背心，还穿着人字拖。穿着人字拖倒也还好，但居然休息的时候悠闲地坐在林荫道的长椅上！这实在是太张扬了嘛！

等了解了实情，我们才知道，她们的脚受伤了，还带病坚持劳动。但是，在这严肃而复杂的环境中，这样的打扮实在有损学校的形象。

也许，我也没有意识到，等到被揪住了，才想到自己忽略了这个细节。自然，此二人只能免除劳动了。

我更想知道，这二人在面对询问的时候，是否以良好的态度来对待？还是不停地解释、辩解？

门口的形象代言人也遇到了诸多家长们热情的询问，"山人"在一旁细心观察了很久。是的，家长的问题范围很广，有时候也很刁钻，真的不好回答，我们的小朋友们，只能被动接招。

还好，他们据实回答，不善于掩饰，不善于说谎，内心的真诚让人认可。其实，被动接招，常常会让人应接不暇，这时候，当刁钻的问题来临时，不如主动出击，说说我们的优势。这样，化被动为主动，或许更好一些。比如，关于食堂伙食好不好的问题，成外比实外的好吃么？这样的提问，我们没有吃过人家的，当然无法比较。

那就说说我们的优势吧。于是，你可以介绍我们自己的经历，学校的一些很好的举措。这样不就转移话题，解决了问题么？

导读： 先做事，再发言，撂挑子不是优秀人才所为！优秀班级也是在磕磕绊绊中前进的，优秀人才也是在不断挑战自我、战胜自我的过程中成长起来的。

"又双叒叕"

"又双叒叕"见蓝背心。

交接：当面付讫，离柜不认

"×××，交接的物品没有问题吧？"

"没问题。"

"那就好。"

放学了。"山人"路过。

"上一个班的同学说，蓝背心少了一件。怎么办？"班长脸上露出焦急的神色。

"不是数清楚了吗？怎么会这样？""山人"问。

"……"

"收蓝背心的时候，同学们都折叠好放在桌子上，不是喊你们一个一个收的吗？怎么会少？那我也没有办法了。""山人"回答，似乎有些冷酷。

"体育馆看台上还有一件。"杰帅在旁边说。

"什么时候？"

"下午我上来的时候。现在有没有就不知道了。"杰帅回答。

"为什么不顺便拿回来？"

"……"

班长大人匆匆去体育馆了。

责任心，在每一个环节都不可缺少

分析：

1. 蓝背心件数问题，应该谁负责？班长在安排的时候应该明确责任人，如果没有明确，那么自己就是责任人。集合的时候，要求到每个人的桌上收取蓝背心，就是避免出现有人没有交的问题，那么收取蓝背心的几位班长，你们能够回忆起收取的时候，遗漏了谁吗？杰帅看到体育馆有蓝背心在凳子上，为什么不拿回来？是不是缺少集体意识，缺少警惕性？也就是对班级缺少责任感？如果做好这几个环节，至少可以确认少一件的问题出现在哪里，也可以确认是谁的责任。

2. 交接的时候，我们清点认为是59件，那么为什么接收的班级认为是58件？至少我们存在两个失误：一是没有认真清点，确认件数；二是在交接的时候，没有等待对方清点完毕，确认以后再移交。现在，我们无法确认问题出在哪里，那么责无旁贷，就是我们的责任。我们马马虎虎，想赶紧交了了事，结果是事情更多，欲速则不达。这就是做事情的思维方式，交接财物，一定要当面点清，认可，才算是结束，不然后患无穷。

3. 同样，对于劳动工具，我们也要分配到人头，确认是谁领取的，那么就要及时交回。如果你有急事，委托别人转交，但是别人忘了，或者弄丢了，责任仍然在你身上，而不是帮忙的那个人。这也是一种做事的思维方式，避免无尽的扯皮闹架。

在这件事情上，班主任也有责任，那就是太过于相信学生，以为"又双叒叕"蓝背心，班干部已经熟悉工作流程，用不着再仔细叮嘱了，结果监督不到位，问题就来了。看来，必需的监督，断不可少。

换岗：先做事，再发言

"你们怎么不向同学们问好？"

"早上门口来的同学太多了，所以……"

"不行，必须问好。"

班主任给班长传话，要求大门口站岗的同学必须向同学问好，不行就换人站岗。中午总结的时候特别提到了这件事，于是，班长准备把门口站岗的人换一换。

下午。办公室来了四个人，他们看上去有点激动。

"我们觉得委屈，明明不是我们主动要换的，现在说我们抢了他们的风头……"吧啦吧啦地诉说完毕。

"你们在大门口站岗，今天下午表现如何？做了哪些事情？"

"我们声音响亮，而且今天高一的家长会，我们不停地为家长指引开会地址和缴费地址。'右边，左拐'！"他们七嘴八舌地抢着说。看上去挺自豪的。

"那小门那边有没有人？"

"下午我们来的时候没有，站完岗去看的时候也没有。中间来没来不晓得。"

安慰用心做事的人，让他们谨慎而又自豪

"嗯，明白了。至少你们把自己的事情做得很好，这就有了不怕别人议论的资本。换岗，你们是出于好意，有人不理解，班干部说话不妥当，也是有可能的，只要你们今天的任务做好了，其他的就不重要了。第一，你们以前也是做过班长

的，知道安排工作让每个人都满意是很困难的，所以不要轻易责备别人；第二，团结协作才能够把事情做好，你们接受了工作，有一些意见，但是能够保证先把工作做好，再来交流想法，这是非常值得表扬的，这是有责任感的表现，就这一点你们已经成为表现优秀的班级成员了；第三，既然大家都是班级里面的优秀学生，宽容别人，帮助别人更好地完成工作，其实也是对自己的支持——将来你做班干部管理班级的时候，也需要他人的理解和支持。换句话说，你们对背个小黑锅有点不爽，也是人之常情，但是背得值得，因为你们的行为反衬了那些闹情绪就撂挑子不干工作的人，他们是自私和不顾全大局的。他们值得同情，因为失去了一个培养锻炼自己思维和心胸的机会。"

"我觉得你们今天做得很好。无论在哪里，都要记住，做好自己分内的事情，才有资格去发表意见。就这一点，人与人的高下马上就分辨出来了。还有问题吗？"

"没有了。"

"那就去做好接下来的事情吧！"

撂挑子不是一个优秀人才的做法

分析：

1. 换岗，无论是谁提出来，最终的决定权在班长手里，所以责任人应该是班干部，班长应该承担起责任，并尽力调解换岗产生的纠纷。

2. 完成班级任务是每个人的责任，不能因为自己有意见，就置班级荣誉于不顾，以不履行职责来抗议。班级任务没有完成，班级荣誉受损，自己总是逃不掉责任。换句话说，因为闹情绪而撂挑子，就是缺乏责任感的表现。如果走上社会，多来几次恐怕是要被老板"炒鱿鱼"的哦！

3. 如果自己是因为前面没有做好而被换岗，那么最好的办法就是在接下来的岗位上做得更好，而不是"原地重来"——如果管理者不给你这样的机会的话，你争取也是没有用的。因为从全局出发，不见得有那么多的机会可以给你浪费。如果闹情绪，把新的职位也没做好，那么只能这样说：你是不能胜任工作的，或者叫做你做事是彻底失败的。

每一件积极向上的事情，都将影响你未来的选择与成就

其实，都已经两年了，类似的做事的方式、方法，老师已经引导得够多的了。而你如果还没有领会到，还没有改变自己的一些思维方式，那么也算是很失败的了。

"沧海横流，方显英雄本色。"蓝背心社会实践活动，增强的不仅仅是"爱劳动讲卫生"的观念，更是学生的组织管理能力——前提是，班主任有足够的耐心去指点学生，意识到每一件事情无论好坏，都可以对学生进行教育引导。重在将来，而不仅仅是现在。

当蓝背心"又双叒叕"到来，于是我想起了这些话，想对每一个小伙伴说："今天你做的每一件积极向上的事情，都将影响你未来的选择与成就，让自己成长起来，是一件义无反顾而值得荣耀的事情！"

任务之外

终于有一天，穿上了蓝背心，哎！

自从我班同学星期二担任蓝背心以来，收到了来自五湖四海的各种信息，现综合如下：

团队办公室老师辗转打来电话，表扬协助办公室老师统计分数的同学工作认真负责，尤其是一个帮助做"座次表"的同学，不仅按老师的要求统统做到了，而且还把表格设计得比老师要求的更好。（嗯，不错，做得比要求的更好，这不仅是一种素质，更是一种创新能力！赞！）

高一同学发来短信：嬢嬢，你们班的同学把我堵在小卖部，不让我出来……（这等哭诉，我们懂的！于是赶忙回复：大姐，当年的你们也是这样认真滴……）

镜头一：人都到哪里去了？

当我气喘吁吁赶到音乐广场的时候，这里还是一片漆黑，但食堂已经灯火辉煌。7:09分，原以为大家会齐声高呼："Y老来了！"然而，这里的早晨静悄悄！

压抑住内心的不快，又耐心地等待了几分钟！

还！是！没！有！人！

有一股无明业火腾腾地烧起来，刚好看到几个人在食堂门口执勤，于是免不了训斥几声。

看看时间，回到教室给另一个班上自习。顺便请传话：班长速到4班门口来见我！

班长到来的时候，自然要解释，然而这时不需要解释！集合时间，人都不见了，也没有打任何招呼，这是何等大事！

不需要解释，只需要记住：如果以后再遇到这等事情，"计划赶不上变化"，作为班长，一定要第一时间通知班主任！何况昨天还要求把手机号码记住，以便于及时联系！

"随时汇报相关变化"，这就是第一原则！

镜头二：人还在哪里？

我早就预料到，中午的集合恐怕又是松松散散！想想，早上第一次集合就不见人影，在没有严厉要求的情况下，肯定又要有很多人不以为然！

这就是第一次纪律的重要性。

果然，11:30到了，来的人还是稀稀拉拉。不过，总算比早上要好一点了，至少有人知道要来集合了。

这一次，知道与其发火把来了的人批评一顿，不如等下次全勤再说。

是的，你批评的是来了的，但那些本来应该挨批却没有来的人又没有听到，这样的批评有何意义？

只对已经来的班干部一个要求：把各组没有来的人的名字记下来，按照要求扣分。

镜头三：这次总算记住了

上午强调了，下午14:00集合，必须准时到场。

这次，虽然有那么几个人迟到了几分钟，但是全班都到齐了。

简单交代，提出要求，说明不足，解散，各自上岗。

下一次集合，17:00。

镜头四：集合

下午确定要照全家福。我们把地点选在了音乐广场。

这一次，大家到齐了。

（抢镜的人太多，呵斥不住！）

班干部积极反馈信息，征询意见可以让工作更高效

不管做任何事情，第一次的要求特别重要，它决定着今后做事情的标高。因为第一次集合不"认真"，所以后面要重新建立起这种纪律观念，就非常不容易。

当然，作为到成外来的第一次"蓝背心"值日活动，我们的同学有认真做事的热情，同时也缺少一点灵活机动的历练。比如，食堂大叔喊早点去执勤，所以来不及等到集合完毕。这个临时的变化当然可以理解，但是作为班干部应该及时汇报情况，他们却没有这样的意识。再如，各种人员的调度、全班纪律的重申等，都需要班主任在集合中再次予以确认，以便于支持班干部开展活动，如果没有这样的集合过程，没有对出现的情况进行全班通报和要求，有些同学就难免会产生怨言，而有些同学的偷懒行为也得不到及时的纠正和处理。那么班干部没有组织好集合，也就是没有为自己的工作开展找到有力的支持，这也是一种意识问题。班干部应该主动要求老师，帮助自己更好地开展工作。

再如，老师肯定在有些问题的灵活处理上有着更为丰富的经验，那么在开展活动的过程中随时进行汇报，征询意见，也是班干部应该做的。这样可以避免出现一些由于太积极主动，

由于自由裁量权过大，可能引起的不谨慎、不妥当的行为。（走上社会何尝不是这样？你能够因为自己太能干而把领导当成摆设么？汇报，即使没有得到明确的指示，即使得到的是"自行处理"的指示，都显示出你对领导的尊重）

引导班干部意识到自己得到的锻炼和成长

对于这次活动的班干部而言，正是一次很好的锻炼机会。组织管理能力，不是书本上就可以学来的——纸上得来终觉浅，绝知此事要躬行。任何任务都有轻重缓急之分，都有主次之分。那些重要的、紧急的，需要得力人手去完成的，就应该选派责任心强、能力突出的同学去做——比如到团队办公室帮忙的同学；那些有点偷懒情结的同学，就应该放在组长周围执行任务，以便于组长随时监督检查。这就是用人的方法，然而准确地辨识不同的"人才"，就又是一门在实践中不断观察、总结的能力了。这些都可以得到培养。对于组织者来说，这就是锻炼自己的机会，这是一个需要脑力与体力与眼力配合的事情。有这样的经历，即使做得不够理想，但也给自己积累了有益的经验和教训，这就是另一种提高自身素质的活动。

能够在这些活动中最后得到其他老师的认同、赞赏，那更是一种愉快的经历，一种对自己信心的大大的鼓励！科学研究表明，成长早期的成功经验对人生产生积极影响。在我们的成长中，需要这样的成功。

人生处处有压力，让班干部学会自行化解

在这次活动中，当班干部面对老师的"不解释"，严厉批评的时候，是一种什么心态？肯定有委屈，有不满。作为老师，需要去安慰么？不需要。也许你确实没有想到这一点，来

不及汇报，不知道要汇报，实属情有可原。人生中有很多时候，并非都需要领导来指点你，你应该自己多思考，多总结，多从不同角度来考虑问题，把领导没有想到的，尽量也考虑周全。

事实上，在社会上，有些时候没有做好事情的代价是非常大的，如果事事都期望上司"理解"你，那你也就给了自己一个不主动努力的借口——你完全可以说"因为我不知道"。而如果你有着"我一定要把事情的各方面都做好"的信念，那么就不需要领导来指点了。人才，实际上并不是那些把上司交代的事情做好的人，而是那些把上司交代的事情做得比上司预想的更好的人。

不解释，让这种怨气在你自己内心里，通过对自己的更高标准的要求来化解，让自己通过反思来消除。心理承受能力是非常重要的，作为班干部，作为某件事情的负责人，那么你就一定要做好承受种种压力的准备。这也是要教给学生的东西。

在严格中才能取得更大的进步

还记得那句话么：没有批评就是最好的表扬。

当然，我们的另一个理念就是：如果能够得到外人的认同、赞赏，那么你就是做得很好的了，不需要内部人来赞扬了！

在一个班级里，被班主任、科任老师批评是正常的，因为他们对你们的潜力更了解，对你们有着更高的标准，他们在不断地督促着你们取得更出色的成就。同学们之间互相批评是可以的，但是不能够互相埋怨。相反，在接受了老师的批评之后，更应该互相帮助，不分彼此，努力把班级事务做得更好。只有团结的团队，才能够取得一系列的成功。

　　而当我们做到了这些，努力提升了自己，得到了他人的赞赏，那才获得了真正的成功。（事实上，有些家长喜欢夸奖自己的孩子聪明伶俐、懂事等，结果事实是孩子在学校表现很差；而有些家长对孩子要求很高，甚至有些过分，但是老师对孩子却赞赏有加，其中的优劣大家自己去想）

　　这，是任务之外的收获。

导读： 能不能把失败也说得清新脱俗？汇报工作的艺术，在这篇文章中说得非常清楚：成功了，是我们一起的功劳；失败了，我们也勇于承担责任，并从失败中获得了新知，获得了教训，总之，我们一直积极在行动！

防　呆

> 以拥抱差错的态度来处理差错，探寻并理解引起差错的原因，确保它们不再发生。我们应当提供帮助而不仅仅是惩罚或责备。
>
> ——读书笔记

只会做不会说的熊孩子

"蓝背心我们班同学还是很努力、很刻苦……不过我们还是有一些不足，一、二、三……"

同学们面对镜头，汇报着一天的蓝背心工作情况。他们说得声情并茂、真诚恳切，我在旁边听得心惊胆战——同学们，你们看到大家汗流浃背地工作了吗？看到他们在充满"纯正"臭味的工具室打扫了吗？看到他们跑上跑下手脚酥软气喘吁吁了吗？你们听到别的老师对我们工作的称赞与表扬了么？哎，怎么说起优点只有简单几句官方表扬，而说起那些不足却如数家珍？

度过了疲惫的一天，大家回到教室上晚自习。"山人"忍无可忍，决定好好教导一下这帮只会做不会说的熊孩子——连旁边的老师都说你们太谦虚了！

于是故事就从曾国藩的"屡战屡败"与"屡败屡战"开

始，为什么字的顺序的变化，就引起了这么大的意思变化？同样的事实，仅仅是表述方式不同，就从一个失败者变成了一个充满恒心与毅力的勇敢战斗者？从罪臣变成了忠君爱国的忠臣？这就是语言的魅力！

教你怎么诚实而又巧妙汇报工作

为什么我们做了很多事情，汇报出来却是我们出了很多的问题？这就是汇报工作的诀窍。对于我们所做的成绩，在汇报的时候就不能使用太笼统的词语，比如大家很努力、很认真、很积极等等，而应该具体到我们今天完成了这样几件事情，然后一二三列出来，这样才能够让人知道我们不是客套话，而是实实在在有成果的。

再比如，有些事情从不同的角度来审视，来表述，其效果就完全不一样。比如，有同学在劳动的时候，喜欢打堆堆聊天耍，或者坐在校园长凳上休息，遇到这种情况，我们把工作重新分配了一下，我要求班长给各个小组长讲清楚，必须把工作分配得更仔细，负责区域更明确，检查督促做到位。

汇报方式一：虽然小组长把工作都仔细分配到位了，但还是有不少同学在校园里聊天或者坐在椅子上休息。

汇报方式二：在同学们劳动的过程中，曾经出现了部分同学没事了就围在一起聊天，或者坐在椅子上休息的情况，我们采取了重新分配工作和明确职责范围与督查责任的方式，减少了这种情况发生。

深入了解问题的真相，最终才会找到解决问题的方法

事实上，学生围在一起，可能是个别同学的偷懒行为，也有很大可能是我们工作布置的问题。对此，要仔细思考：职责

分配合理么？任务分配到人了吗？休息工作时间明确了吗？组长和班级管理者的督察检查有没有跟上？

我们不能一出现问题，就指责同学为什么没做好，指责同学们"都"偷懒不劳动，从而忽略了更多的积极认真辛苦劳动的同学，而夸大了少部分人的不良行为最终就是否定了甚至是全盘否定了自己的工作。先从自己的管理入手来分析问题，最终才会找到解决问题的方法。

如果我们没有深入了解问题的真相，仅仅看到表面就开始思考解决方案，往往只会引起大众的不满，从而凉了好人的心！对错误的问题提出精彩的解决方案，还不如根本不采取措施：我们要解决正确的问题！如果是工作分配问题，就重新分配调整人员；如果是应该休息又没有找到合适的地方，就指定休息的时间和地点；如果是监督不够，那么就强化责任人的巡视监督。总之，你要了解事实，及时调整。

又比如，因为值岗的同学常常被老师拉去做临时的任务，容易造成岗位没人而又不知去向。汇报方式一多半是说我们常常出现岗位没人，同学们不晓得及时通知组长。正确的汇报方式应该是什么？首先，班长应该把新的规定和要求传达给组长，让组长传达给组员，就是凡是有临时任务的同学，要把去向告知组长，以方便人员调配，完成任务后也要告知组长任务完成效果，并记载作为业绩的一部分；其次，班长汇报中应该描述为，我们同学不仅仅完成了任务内的岗位工作，还在适当的时间协助老师完成了额外的工作，具体为某某某事情。这样，我们才是"加倍"完成工作的人，而不是不务正业的人。

所以说，汇报工作也是一门艺术，说话的艺术。每个人的工作中都会遇到一些计划外的事情，影响工作的正常进程，那么在保证完成既定计划的过程中，也可能需要完成计划外的业务，这些算不算自己的功劳？好吧，如果做好了，那就是你的功劳，也应该记上一笔！有时，我们工作中会遇到一些困难，但是我们克服了，我们最终完成了，怎么来恰当表达我们随机应变的能力？直接说结果？不，那样听者会以为这件事太过简单了，不一定会认可你的成果和能力。

我们实事求是，可以这样表述："在完成这件事的过程中，我们遇到了一些小意外，但是在我们的通力合作之下，我们采取了如下措施，于是终于在期限之内完成了任务。"这样，既达到了既定目标，又表明成果的来之不易，也展示了我们面对问题、解决问题的能力。

我们的学生往往缺乏对问题的全面把控能力，也缺乏这种汇报的技巧。听报告的人是不喜欢我们汇报问题的，他们喜欢你汇报最终结果，以及遇到问题时你采取了什么措施。比如在汇报我们出现的失误或不足的时候，我们可以先提出困难或者问题，然后说出我们的解决方案以及最终效果。如果我们自始至终都没有来得及采取措施，以至于没有达到目的，那么我们可以总结一下经验，并对未来提出一些建设性的意见。总之，成功了，是我们一起的功劳；失败了，我们也勇于承担责任，并从失败中获得了新知，获得了教训，这何尝不是一种别样的收获呢？如此，听者也会感到一定的认同。

这就是汇报的艺术，防止那些呆萌的小朋友把辛勤的汗水与辉煌的成功说得一无是处。

画面太美

如果事情有变坏的可能，不管这种可能性有多小，它总会发生。

——Edward A. Murphy

我读书少，你们可不能骗我啊！

49.5分的喜忧

下面宣布上周社会实践得分：5班50分，（5班传来欢呼声）6班49.5分（6班面无表情悄无声息）8班48.5分（6班突然爆发出欢呼声……）

雷翻了。这就是"比上不足，比下有余"的心理？那一瞬间我整个人都不好了。我早就预料到这次蓝背心不会太顺畅，所以即使中途出现了那么多的状况，我也都能够接受，但是对于这样一种堕落的心态，却着实不能容忍了！

下令彻查。几天后，传来了两个版本的消息：一个是穿蓝背心的同学在德育处旁边高声唱歌，不务正业；一个是8班同学在操场捡到了我们班级丢失的几把扫把。

无论怎样，必须把这次活动的几个小组长和负责的班干部找来教育了。我首先要求他们把当天的各种记录带上，然后开始各自汇报情况。其实大家首先说的不外乎就是自己工作"没有大的失误"。比如：劳动工具都是清点了的，组长是登记了的，最后是交还了的，就算是上午丢失的拖布，都用自己班上的拖布先还上了，然后再买来还给班级；另外有个同学把撮箕搞丢了，后来在别的组找到了"多的撮箕"。一切看上去都那么美！

然而，"山人"读书少，你们不要骗我。

"墨菲定律"（英文：Murphy's theorem）

"墨菲定律"的根本内容是"凡是可能出错的事有很大概率会出错"，指的是任何一个事件，只要具有大于零的概率，就不能够假设它不会发生。

根据"墨菲定理"，我们可以知道：

1. 任何事都没有表面看起来那么简单；
2. 所有的事都会比你预计的时间长；
3. 会出错的事总会出错；
4. 如果你担心某种情况发生，那么它就更有可能发生。

我相信，这个里面一定是会发生的。从早上集合没有准时开始，一切都在无序中进行的。只要有这个概率，那么就一定会发生。既然现在结果已经出现了，那么可以说，任何事情都没有表面看起来那么简单。这里面一定忽略了什么。

针对劳动工具，我们再一次深入调查。首先，交接工具都登记签字了吗？回答是没有完全这样。其次，是中午和下午收工的时候，组长是否亲自把工具完整地交到保管室了吗？那么为什么我看到的移交的时候，有些组长人都没有出现呢？这说明我们组长责任心是不够的，老师在活动之前的提示和指点，是没有引起重视的。这些可能出现的问题，头一天晚上就严肃地交代了的。

然后，问保管钥匙的同学是谁？为什么我亲自交代保管钥匙的同学，却把钥匙交给别人去管理了？如果别人出错，是不是你就不承担责任了？不，老师交给你的时候，就亲自叮嘱了的，工具保管由你来负责！你就是唯一的责任人！

有同学反映，下午看到有一些同学在工具保管室里打闹，玩耍。好了，再次确认，确有此事。那么，请问，保管钥匙的同学，你是否认真了？是不是如先前所说的，钥匙一直都在你那里？这当中一定隐瞒了一些。

我们不是苛求每个人都要做到最完美，而是说，每个人要诚实地回答，把事情解决好。虚假的情况会误导我们的判断，我们必须在真相的基础上来思考，来矫正我们的错误，来促进我们的进步。除此之外我没有再说什么了，然后再一次重申了一些作为班干部必须遵守的原则。

批评不是简单的追责，而是为未来避免重蹈覆辙

团队，既需要互相帮助，更需要互相督促，需要一个批评与自我批评的良好环境。我们是一个整体，一个人没有做好，影响的就是我们整个班级。责任心，就是在这些地方锻炼出来的，而且，班主任最不喜欢的就是隐瞒事实、耽误班级事务完成的人。一个人能力有大小，这是客观存在的，我们可以通过大家齐心合力来协助完成，但是一个人责任心不强，甚至故意隐瞒，则是绝对不能容忍的。

后来，有同学单独留下来，承认了自己管理的疏失之处——钥匙并没有全程由自己保管。而工具丢失却不自知的根源则在于责任心不到位。

再回到全班讲，我理解大家那种心情，但是，我们的目标不是分数，而是要反省在这件事情中，我们对自己的要求不够

严格，对自己"应该做得更好"的不坚持。我们不是为了分数而努力，而是为了我们自身素质的提升，让我们更加优秀，培养良好习惯而努力。

这不是"49.5"，而是不合格！

墨菲定律，只要是可能发生的，就一定会发生！虽然是小概率事件，但是在一个显性事件的背后，一定已经多次出现了不好的苗头，可是都被我们忽略了。而我们得出的启示是，一定不要忽略那些微小的现象，要高度重视这些小问题，避免"千里之堤，毁于蚁穴"的悲剧。反过来说，所有的大胜利，都是"集小胜为大胜"的过程，把细节注意了，自然而然就累积了成功的资本。那也就是说，如果你希望某种情况发生，那么它就更有可能发生。

参考，让你发现差距

"我觉得你们可以去参考一下4班同学的黑板报，特别是在打格子让书写排版更整齐方面。"

"可是我们的黑板报在年级评比中排前三名啊。"

对，但这就是我们对自己的要求吗？这次黑板报，我在最后关头，实在看不下去了，就要求现场推倒重新书写了三次。从字体大小到书写格式，还特别强调了字符之间的距离、行距等等。没有温言款语，只有冷冰冰的要求。然后，同学们就一切按照老师的要求来做了。

汲取了十一月份办黑板报的教训——老师全面放手，结果成为倒数，就会明白为什么老师要这样要求，而"不给予同学们创新的机会"？很简单，来评分的老师都是成年人，他们都是用老师的眼光来评判，所以班主任的要求和德育处的检查要求是一样的。做不到这一点，就不可能得到高分。

这就是规则意识。你要熟悉评分规则，利用好这个规则来为自己服务。当然，这都不是重点，重点是——虽然这次得分较高，但是老师让你们去参考学习，就可以不去了吗？难道我们因为自己已经是"前三名"，就可以止步不前了吗？这就是我们的眼光？我们的标高？

不，这不是我们止步不前的理由。我们要始终秉承一种信念——做得更好！怎么才能够做得更好？那就是不断地学习别人的新东西，不断地调整自己的思维方式，提升自己的眼界，提高自己的标准。

主动学习借鉴，才能扩大视野、提升格局

"山人"所不满意的，就是你们欠缺学习精神。对于排版，不是每次都要等老师来审核，让你反复地重写，而应该学会自己思考，借鉴别人的优点，以后就自动地注意这些方面的要求。那才是一种自觉主动的精神，一种自我提升的意识。在成长的过程中，要变被动为主动，要在遵从规则的基础上努力做得更好来建立新的规则。

以前黑板报图画得挺美，但是字体间距太大，行距太宽，虽然书写漂亮，但是整体显得松散、敷衍，所以得分不高。现在我们就要改进，如果不是老师指出来，这次肯定还会重蹈覆辙。老师曾经多次建议去各个班级看看，学习一下别人的优点，但是我们很多同学就是没有这样的意识，就是没有这份主动学习的心思。

坐井观天，自然眼界狭小，自然妄自尊大，自然难以拥有更高的格局。参考别人，即使别人整体上没有我们优秀，但是在某一方面很可能还是有优势的，还是有我们值得学习的地方；我们整体也许还可以，但是也有某些方面是不足的，是我

们的短板，是我们应该及时弥补的，否则根据"木桶效应"，影响我们成就的不是我们的优势，而是我们的短处！

如今，你还可以理直气壮地说"我们已经是……"了吗？学无止境，提升的空间也是无止境的，我们可以做得更好！

用心做事，本真做人

对小事件的要求，往往也体现了班主任在对学生的教育当中，所具有的视野和观念。应对不同阶段的学生，我们要从认真做事开始，培养良好的做事习惯，先把事情做好，做对。逐渐地，我们将把要求学生从做事开始，延伸到做人。其实做事就是做人，只不过，一开始就把目标提升得太高，往往欲速则不达。不如一步步地来，让学生逐渐地掌握技巧，然后用心做事，本真做人。

反思，才有进步。

导读： "共读一本书"活动，是我们多年来一直坚持的公益活动，既督促了自己坚持阅读，更引领了阅读的潮流。与远方的同龄人一起，真切地交流、分享同一本书，鼓励的不仅仅是对方，也是对自己的自我督促。

我想跟你谈谈

> 个人发展得越好，组织也会取得更多成就，反之亦然。
>
> ——德鲁克《未来的里程碑》

"精致的利己主义者"

"×××不想参加读书活动。"

"什么原因？"

"他没有说。"

我们的"共读一本书"活动，这次对方参与的人数非常多，而我们这边的"志愿者"明显不够，于是有十几份共读意愿书，被压在了"山人"这里。

这天，团支书来确定新团员人选，"山人"灵光一现，于是给团支书做出了"指示"，既然是要求入团，那就要思想境界更高，更乐于为公共事务服务，具有奉献精神，也具有积极向上之心。那么这剩下的十几份共读名额，就由团支部来完成吧！新团员每个人都必须参与，老团员也要参加。这就作为团支部的活动，参加这个活动是团员的义务，也是检验各位思想境界的关键。

然而，这位同学（新团员）还是不愿意参加。其实也在

"山人"的意料之中，这两年多来，对于班级事务，其参与积极性是不够的，相反，对班级意见倒是挺多的。这种现象，不仅在普通班存在，在实验班也有。个别学生成绩优秀，但是"情商"不够，没有互助之心，没有团队意识，眼中只有自己的"升学"，只有自己的前途。如果别人有可能耽误自己的学习，那么别人就是应该被"抛弃"，被"远离"的对象，换一句话说，我们培养的就是"精致的利己主义者"。

其实"山人"很想跟你谈谈，包括你的父母。然而，"山人"还是努力地控制住了这种冲动，毕竟我们都不是两三岁的小孩子了。也许是因为"山人"这个做法太"low"，毕竟人家是要做大事业的，这些小事情怎么能够入其法眼呢?

书信交流，憧憬未来，重温梦想

每一届，我们都会遇到很多对班级很热爱，做事情很有热情的学生。为了班级事务，他们常常不计劳苦，以做事情为乐趣——就这么傻傻地奉献自己的能力，傻傻地和同学们一块儿成长。这些傻孩子，也常常成为老师的小助手，成为班级活动的带头人。有的成绩越来越优秀，有的成绩缓慢但坚定地提升，有的也许成绩一直徘徊不定，但他们每天都享受着丰富多彩的校园生活，尝遍了校园生活的酸甜苦辣，却依然热爱这一份某些人眼中的"廉价"校园生活。

我们有位老师一直在追踪研究，看学生的校园成长经历对他未来进入社会有什么影响，或者说试图找出之间的某种联系。"山人"也在静静地看着，思索着。"共读一本书"作为团支部的一项活动，通过和联谊学校同学一对一互帮互助，彼此赠书，通信鼓励，分享读书心得。"山人"倒觉得赠送书籍并不是重点，因为平时我们也做过不少的"捐赠"活动，大家在捐款箱前拍影留念，见证我们的爱心，然后这一切都再也与我无关了。因为捐款去向、结果都不是我们想去了解，也无法了解的了。但是我们的共读活动却不一样，这一来一去的书信往来让你真切地知道，是哪一个同龄人在阅读你的书，他又是如何理解这本书中内容的。你也会在书信中分享自己的成长经历和阅读感悟，你会在运用文字叙述不断地鼓励对方，一起憧憬未来的美好。

从心理学的角度来讲，这种对别人的鼓励久而久之，其实也会对自己产生积极的暗示作用。也许重点就在这里：鼓励对方积极向上，就是在暗示自己要健康成长；分享成长经历，也就是勉励自己奋发图强；分享心得，也就是要求自己坚持阅读。每个人都想做一个美好的自己，当你向别人叙说自己的未来时，等于又一次重温梦想。这一遍遍重复的过程，就是在强化自己的信仰。对方是不是真的穷困到买不起课外书，已经不重要，重要的是，我们在同一片天空下，感受着这一份复杂社会中纯粹的温暖。

"孤举者难起，众行者易趋。"我们一直在呼吁"读书"，然而总是呼声大于行动。现在，我们不只是呼吁别人，还邀请对方和自己一起读书。我们"共读一本书"，于是前行的道路上，我们不再孤单。

我们做大活动的"蛋糕"，是为更多的人有机会分享更多更好

一个社会的优质资源总是有限的，教育资源也是如此，具体到一个班级中更是如此。班级中，能够让你得到锻炼的机会有限，毕竟不是每个人都能够得到。在过去，我们努力去"平均"，似乎这样大家就都有蛋糕吃了。当然，这是一种方式，绝对的平均，至少让读过"不患寡而患不均"这句古话的人心满意足。然而，吃大锅饭的苦头，应该还有很多人记忆犹新吧？

进入新的时代，我们不仅仅是需要"平均"，更需要把这块蛋糕做得更大，让更多的人够吃，管饱，甚至管好。做大做好蛋糕，让更多的人吃得更饱更好，比为了一小块蛋糕拼个你死我活好得多吧？

团支部组织这样的活动，其实也是为同学提供更多的锻炼机会，希望促进我们同学更健康向上地成长。然而，你拒绝了。你的梦想在遥远的未来。

你一贯坚持做的事，将塑造你的生活

"山人"想跟你谈谈，但是"山人"忍住了。

"山人"只是想为你们创造更多的成长机会，当然最终的选择权还是在你手中，至于"山人"的观点是否正确，三观不同，则不相为谋。

就犹如我们现在的教育一样，应该是想方设法创设更多的优质教育资源，而不是总盯着那几个有限的"重点中学"，想着去把那几块小蛋糕怎么瓜分。实际上，就算是平均下来，我们平民百姓也分不了多少，或者说只有机会看看而已，连味道都只能是传说。如果我们总是限制优质资源的新生成，不仅是误民，更是误国。

安东尼·罗宾说："塑造你生活的不是你偶尔做的一两件事，而是你一贯坚持做的。"让阅读陪伴我们这一生吧！我们要做的事情，就是让更多人感受到阅读的乐趣，把阅读作为我们学习的阶梯，成长的好伙伴！

"在学习中享受，在享受中学习。"马云爸爸这碗鸡汤绝对不是淘宝款！

导读：习惯，就是反复训练从而自动自发。"飞轮效应"了解一下！只有动起来，并且有了自己的行动节奏，你才会感受到自己人生"拔节"的快乐！

动起来

再美好的梦想都需要勇敢地迈出第一步！

——"山人"语录

有梦想才会有行动

看着书架上那一本本书，常常有一种满足感，然而随着时间的流逝，却越来越感到空虚。因为这些书，有些被束之高阁多年，自己已经不再去翻阅了，就这样沉睡着，就这样默默等待时光静悄悄地滑过，也许在某一天，就成为废品收购者眼中的破书而已。

很多年以前，我曾经费尽周折，去拜见乐山师范学院的杨教授，走进他书房的那一刻，我惊讶于那高高大大的书架，那整整齐齐的书籍，让我油然而生出一种敬意。那时，我尚未大学毕业，也不曾想过自己会有如此的乐境。

喜欢那句话：大丈夫坐拥书城，何暇南面为王。拥有自己的大大的书房，这是我一直以来的梦想。而把自己曾经阅读的书籍分享给更多的人，那是我新近的梦想。

阅读习惯，是一天一天与书不离不弃养成的

阅读习惯，在最初的培养是很不容易的。也许我们都明白阅读对于一个人成长的重要性，也曾经计划过阅读一些经典名

著，还为自己设计了阅读的具体操作方案，但是，生活中总是有很多干扰，于是在满怀热情地坚持了几天之后，"天天"看书就成了"看两天书"。为什么我们很轻易地就放弃了阅读？因为我们发现自己不阅读也没有多大的坏处，而阅读呢，费尽心力貌似也没有立竿见影的效果。于是乎，读与不读，其实都在于一时的心血来潮。

我常常想起那些句子："书非借不能读也""书到用时方恨少"。其实，我读书也只在于"但当涉猎，见往事耳"，实在没有想过功名利禄，因为那年那月的考试，让我充分体会到了应考复习的惨烈。然而，这些岁月积淀下来的读书经验，却使我受益匪浅。"孤常读书，自以为大有所益。"

据说，人要培养一种习惯，只需要短短的21天就可以了，也就是3周的样子吧！只要能够坚持下来，我们就可以拥有一项良好的阅读习惯。而在阅读之初，良好的阅读氛围、共同探讨的阅读习惯以及一起分享的阅读快乐，就显得非常的重要。能够从阅读中感受到快乐，就达到了孔夫子说的"好之者不如乐之者"的境界了。

飞轮效应，帮助你把好习惯养成

人们在事情的起始阶段总会碰到这样或者那样的困难，但是，如果我们能够克服困难并坚持下来，以后做事情就会容易很多。这在心理学上叫做"飞轮效应"，就是说飞轮从静止状态到转动起来的起始阶段往往需要花费很大的力气，但到了一个临界点以后，只要用很小的力气便能使其持续保持转动状态。其实，对于人来说，那就是一种习惯的力量。用习惯的力量来维持我们的前进，其实是不需要花费多大的力气的。

又如我们开车，加速阶段总是会用力狠狠地踩油门，但是到了一定的速度，我们的脚只要维持一定的力度，保持状态就可以了。汽车从静止到加速的过程中总是显得慢一些，费力一些，但是在70码加速到100码的时候，总是感觉轻巧一些。所以，不管做任何事情，最重要的都是先努力动起来，而不是始终停留在梦想阶段，停留在抽屉里的方案里。

我觉得，要维持自己现阶段看书的状态，其实是不需要多大意志力的，这就是飞轮效应的体现吧！

班级管理，用心把握启动阶段节奏

班级管理同样如此，在建立班级适合的管理制度阶段，总是会面临很多的困难，有很多的地方需要适应学生，也需要学生来适应，这个冲突就不可避免。但是，当班级的管理风格逐步形成，班级风气有了一定的模式之后，运行的外在力量就减小了很多，只需要常规力量就足以使其正常运转了。很多人对于一项本该有效的方法，往往在简单的肤浅的尝试之后就断然否定其效果，这种浅尝辄止的态度，最终使班级很难形成个性，很难有能够保证其健康向上发展的"惯性"。

缺少坚持往往会让健康的肌体不断地受到损害，最终导致"病急乱投医"，最后不治身亡。

话说，一个人的口头禅往往就是这个人个性的一个侧写。以前教书，我喜欢说"你给我……"反正，学生就犹如使唤丫头，不断地为你学习，为你做事情，还要为你的不高兴而承受责骂。而现在，我喜欢说："我能帮你做点什么呢？"当然，不是把自己弄成使唤丫头状，而是努力地想，我可以为你们的成长做点什么呢？当然，前提是你希望自己能够得到很好的发展，并且已经行动起来了，在行动的过程中，由于自己的能力所限，需要老师的指点和帮助。

如果，我们的学生也能够以这样的方式来对待自己的学习和成长，换成另一句话："我怎么做可以做得更好一点呢？"，并且努力去做得更好，去发掘自身的潜力，那么这个社会就太和谐了！这个班级就有很多事情，可以自动运行起来了。

我们很多同学已经开始行动起来了，从做事情当中找到成就感，找到属于自己的成长快乐。我觉得，这样的学生生涯，就会充满阳光，充满青春朝气，就会是人生中最最美好的时光。

动起来，就犹如飞轮一样，让自己健康快乐地动起来！

所谓不忘初心，都是为穿越荆棘而来

让事情在合情合理的范畴内，能让团队的价值得到更好的增加

这次韵律操比赛，你们重回巅峰，获得了第一名。回想起来，已经过去的这一年半，我们在全班集体参加的活动中，几乎每次都取得了令我们自豪的成绩。是的，这就是我们对班级的要求：作为一个团队，我们一定全力以赴，成为最好的团队！我们拥有神一般的队友！

记得当年我们刚刚走到一起的时候，"好学不倦，与人为善"就成了我们共同的座右铭。我们把团队集体前进作为我们前行的保障，把共同优秀作为我们的目标，我们渴望优秀的成绩，但我们更期待健康的成长。"山人"一直以为，拥有一颗积极向上的心，愿意为团队付出的人，终究将在成就团队的基础上，实现自己更高层次的卓越。这一年半，你们一直在践行这一点。歌咏比赛、韵律操比赛、运动会一个都不能少，展现了我们携手共进的风采。

这是我们的骄傲，也使我们最深感荣幸，因为，我们是一个团队。请原谅我从一开始就如此严格地要求你们，当年告诉你们，"山人"不是一个"明君"的时候，是不是也瑟瑟发抖？"山人"说这里"不理解、不解释、不原谅"的时候，是不是感受到今后的人生将"凉凉"？而如今，你们是否感受到

了这里的"有多自律，就有多自由"的氛围？

其实"山人"最著名的原则，当然是简单的三个字："看心情。"而你以为的看心情，和"山人"的看心情似乎并不是在一个频道上。"山人"以为，"看心情"是让事情在合情合理的范畴内，能让团队的价值得到增加，让平台彰显出你自身的价值。

初期强势管理，后期权力下放

记得刚刚接手的时候，"山人"就已经确立了方向，要让学生的自主管理能力得到最佳的发展，从而在自律中实现自由。也许，家长们当初也觉得"山人"的管理过于强势了，会不会约束了孩子的天性？一年多过去了，这样的感觉还存在吗？我们常说，班级风格到后来就是班主任的风格，也许你们都慢慢地适应了"山人"这样的管理方法吧，以至于你们现在也适应了这样来进行自我管理。

这次的韵律操比赛，在班干部和领操员的严格训练下，你们自我监督，自我纠正，很好地阐释了什么叫作自我管理的班级。"山人"曾经说，带班干部，带班，不是要成为学生唯一的神，而是要让学生能够适应不同的管理风格，却又有自己的特点，通俗地说那就是无论班主任在与不在，都能够保持一种一如既往的风格。

有的班级中可能会出现一些负面小团队，而且人数见长，造成了班级的分裂。"山人"常常问这样一句，以警醒班主任：既然某些负能量的小团体都能够自发地在班级存活，那为什么那些正能量的团体却无处容身？难道班主任打压了正能量的团体？显而易见，是班主任没有很好地鼓励正能量的团队，没有很好地促进班级核心的形成。

"山人"何尝不知道，只有以统一思想和行动为前提，才能保证一个团队快速地建立起来，并让团队成员找到那种归属感，找到成就感。所以开始时期的强制手段，只不过是以此寻求最短时间里形成团队意识，在班主任最能够确认的方面获得成就，从而鼓舞人心，建立互信。随着时间的推移，很多事情就不再是班主任一个人说了算，而是慢慢地将权力下放，将决策重心下移，让更多的团队成员感受到自身存在的价值，感受到自身的快速成长。

专注于做事，让每个人与有荣焉

要成绩，更要成长，这样的理念，要坚持下来是很不容易的。因为很多人都会不自觉地追求急功近利，总想在最短的时间内看到效果。而"山人"这种不慌不忙的方式，会让那些想走捷径思想的人抓狂。

做事情要专注，这是"山人"一直坚定推行的理念。实际上，我们班级并不是在每个方面都要成为佼佼者，我们也没有这样的奢望。我们期待的是在自己最擅长的领域，把我们团队的力量发挥到极致。而我们首先选择的就是这些需要全班学生参与的活动，每一次登顶高峰，我们每一个人都在！每一个人都与有荣焉！有些活动，我们真的是"重在参与"，而不是力争第一。我们也不期待自己班级成为年级里唯一的胜利者，我们甚至非常期待能够有挑战者，因为这样更能激发我们的好胜心，激发我们的想象力，激发我们的干劲！

然而，我们眼中的挑战者永远是我们自己。因为我们对自己的认识不断深入，我们在不断地挖掘自身的潜力，走出自我设限的陷阱，打破别人有意无意评论中的大花板。想想，人生道路的极限在哪里？谁也无法说明白，其实都只能靠我们不断摸索前进，不断开阔我们自己的视野。

这一切，你们都坚持下来了。穿越了那些狐疑的目光，坚定了自己前进的信念。穿越了那无际的荆棘，你们走出了属于自己的路。

永远不要因为走得太远而忘了当初为什么出发。未来，你们可以更好！

导读： 关心学生个体成长，就要淡化一些功利心，学会等待，学会让学生体会到成长中的酸甜苦辣不同滋味，通过不定期的鼓励谈话，让班级成为所有学生成长的最好平台，是他们展示自我的精彩舞台。

你 们

> 我们在保持自己独立的人格尊严和人格空间的前提下，尽可能对他人释放善意。
>
> ——读书笔记

"加油！加油！"

"YZY，男神！"

一群无知少女在球场边狂呼……和五班的篮球比赛，正在热烈的氛围中进行着。

淡化功利心，让学生体会成长的酸甜苦辣

这学期，我们开展了有限的几次活动，方式不同，培养的具体目的不同，然而核心却仍然是——一个积极向上的班集体，让每一个人在活动中去发现自己，培养自己，提升自己。

开学不久就进行的运动会准备活动，从30×50米接力赛开始。接力赛，当然依靠的是大部队的团结一致，除了自身就积极主动参与的同学外，我们还努力让一些平时不怎么参加体育运动的同学参与。到了最后比赛的时候，实际上还有好几个实力很强的爱运动的同学（主要是班干部），把参赛的机会让给了那些平时少活动的同学。虽然没有得到名次，有遗憾，但是

更让人欣喜的是让一部分同学体验到了参与的紧张与快乐，敢于参与，敢于挑战自己，就是进步。参与了，我们才知道原来体育竞赛并不是那么神秘莫测，我们每个人只要鼓足勇气积极训练，同样可以取得一定的收获。

怕失败，不敢接受最残酷的现实，才是我们最大的敌人。有勇气平静地接受最糟糕的结局，才有资格淡定享受最好的荣誉。我们训练了一个月，每天都生活在互相鼓励当中，生活在具体的付出中，我们忙碌于耕耘，不再纠结收获。奔跑的时候，两耳只听到呼呼的风声，心里只有向前冲的号角，那是多么的单纯和执着啊！每个人都越来越坦然，越来越有信心。比起上一届运动会，我们的进步是显著的！这就对了！

谈话，让鼓励更入耳、入心

然后是主题班会，这次挑选了几位这一年多来有很大进步的同学，让他们来组织和主持。因为我们的主题是"了解自己，快乐成长"。在我们班上，没有特殊的同学，没有什么是专属于哪个同学的锻炼机会，只有把不断锻炼的机会给不同的人。成功也好，失败也好，我们都在活动之前、活动中进行指导，在活动后进行总结。老师推荐、同学推荐、学生自荐相结合，慢慢地培养更多的人才。如果做得不够好，那么我们就积极改进，了解自己，才有机会去培养自己！

歌咏比赛和这次篮球赛，其实老师是没有尽多大力的。然而，在这样的活动中，我们也在观察，看看哪些同学在组织管理中特别的用心，在班级事务中能够尽力，也看到了不少同学的热心和努力。每一次活动之后，我不是泛泛地进行班级表扬，而是抽空把相关的同学叫到办公室，针对他们的表现分别进行点评，并听取他们的反思，给予相应的鼓励和建议。至于每个人能够最终获得什么，那就是个人的悟性了。

班级是所有同学都可以、都必须参与的大舞台

一个班级，如果仅仅是某几个人的表演舞台，比如家长会就只是几个成绩优秀学生的表扬会，平时活动就只是几个能力最强的同学的展示舞台，当然可以"搞定"常规的管理，然而对于一个班整体风气的培养，又有多大的意义呢？教育是需要氛围的，如果有一个大的良好氛围，有一种积极向上的精神，那么班主任就不会再唱独角戏，更不会最终被几个成绩好、能力强的同学所"挟持"——如果他们罢工，你怎么办？

我们班级不怕，因为我们每个人都珍惜锻炼的机会，都知道自己生活在一个充满锻炼机会，但是机会又是相对有限的班级中。每一次的活动，我们都要尽力做到更好，才能够为自己的下一次锻炼奠定基础。那么，尽最大限度激发自己的潜能，就是我们的目标。

我们相信，有些学生是因为个性原因，不善于表现自己，如果遇到"伯乐"，他们就可能会脱颖而出。如果在培养的过程中得到足够的指导，他们也可能极快地提高自身能力。当然，面对没有达到预期目标的学生，我们也不要苛责，毕竟学生潜质有所不同，我们也可能看走眼。并且，在班级活动中，我们要多角度观察，多方面了解学生的状况，然后在合适的时候去培养和锻炼，不要希望一蹴而就，而是要循序渐进。

导读：班级氛围的营造，不只是在学习方面，更在于班级活动之中，在于这些小事情上。班主任的赞赏目光所及，语言激励所到之处，都是在塑造这班级中学生的性格，也是这个班级自身的性格。

表现自己其实很简单

善于抓住机会的人，往往也把握住了小事情

拿破仑并不是生下来就做了将军的，只不过是在一步步地努力中，在一次次抓住展现自己的机会中，做了法兰西帝国的皇帝的。12年前，阅读了厚厚的2大本与拿破仑有关的著作，那个暑假，我感悟良多。至今回忆起来，仍然觉得是一个充实的暑假，一个磨炼自己心性的暑假。

年轻人总是有着远大的理想，有着为梦想的实现奋不顾身的志向。他们所憧憬的，是那些惊天地泣鬼神的壮举时刻，而平时那些小事情，往往都不足挂齿，也不屑于动手做好。总是在百般无奈中，等待着机会，等待自己一举成名天下知的时刻。可惜，人生中这种时刻并不如想象中那么多，更多的时刻，是需要我们默默无闻，需要奉献自己而不求回报。

记得有一则故事中，有这样的一句话："一屋不扫，何以扫天下。"居里夫人是在日复一日熬炼沥青的过程中，逐渐提炼出令人心动的镭，见证镭的光彩来自那长久单调而默默无闻的劳作。没有十年寒窗的决心和实践，一举成名的可能性很小。

细节，看出班干部的责任心

　　运动会中，我见证了很多乐于奉献的同学，看到了他们那种甘于奉献的精神。不是夸夸其谈，不是洋洋自得，而是默默付出。也许，在我身边聒噪的人不止一个两个，但是我发现，越是会说的人，其实越懒得动手，越懒得付出。可惜，我不是那种可以用语言来取悦的人，我看到的是同学真诚的努力，看到的是在每一个需要你的时刻，你在场，你在行动。

　　特别令人感动的是清洁组的孩子们，星期四的那天下午，雨骤然大了起来，在淋漓的秋雨中，很多同学都湿透了，或者撑伞离开了看台。但是，我看到我们清洁组的同学，却依然留下来，打扫着同学们留下的垃圾，那些被雨水打湿黏在座椅上的脏兮兮的废纸，扫不掉，就用手去捡起来，一点也没有因为"脏"而忽略。这是一种精神，一种很难见到的精神。我看到，有些班级座位上留下了很多的垃圾，但是人早就走光了。而我们的同学，在秋风秋雨中，在履行着自己为班级服务的誓言。雨水，打湿了他们的衣服，有的同学甚至因此而感冒了。

　　这些身影留在我的脑海中，我也用相机记录了这一切。是你们，让我们的环境更加美好，而你们的心灵，也同样地升华了。

各司其职，处处都可以展示自己

　　人生处处是展示自己的地方。宣传组的同学，当别人在潇洒地看课外书，或者正在积极地赶周末作业时，他们在冥思苦想写着稿件，思考着怎么为班级的运动员加油，为班级的宣传做出实际的努力。每当广播里播出一篇我们的稿件，我们心情是多么的畅快！14班！我们为你自豪，我们为你骄傲！

后勤组的同学辛苦地买来了水，每天搬运多次，却无怨无悔。纪律组的同学把运动会加分规则制定得合情合理，详细周到，可操作性极强。这些，都是我们的平凡时刻，却又是我们创造不平凡的时刻。所以，有人说，能够把平凡的事情做好就是不平凡。也有人说，人才，就是交给你一件事情，你做好了，再交给你一件事情，你也做好了。

有些同学，总是期待着自己能够在同学面前绽放光彩，却极其容易忽视这些小事情，不明白这正是积累你能量的时候。有些同学，平时默默无闻，即使在运动会获奖了，也依旧淡定，让人感慨。长跑的同学更是让人感动，即使好几次摔跤，也要跑到终点；即使气喘吁吁口吐白沫，也依然在坚持，这就是一种精神。跳远的，短跑的，都在努力着，都在寻找着自己的人生定位，锤炼着自己的精神意志。

而有些同学，却在叹息自己最拿手的项目没有机会展示，自己又是如何的英雄无用武之地。可是，我看到更多的却是，面对班级正在需要做的事情无动于衷。

人生的每一步，都在评定着后面的故事

怕苦怕累，不想付出，轻视小事情，都是一种盲目自大的表现。一个人的优秀品质，其实从小事情上就可以表现出来。展示自己其实很简单，那就是，从身边的小事情做起。即使是在值日生忘记了，而又即将上课之前，主动擦一下黑板，或者是当地上有垃圾的时候，主动打扫一下，这都是你素质的体现。

机会，不是我们错过了，而是我们放弃了。错过了前一个小机会，往往意味着后一个大机会你可能也无法把握。人生的每一步，其实都是在评定着后面的故事，在演绎着不同的结果。

少去抱怨，少去愤激，平心静气，做好身边的小事情。群众的眼睛是雪亮的，好坏对错，我们都看到了。毛主席说："一个人做一件好事不难，难的是一辈子做好事。"

表现自己，其实so easy！

第四部分

家校交流原则

有了家长的默契配合，教育效果事半功倍。有特色的班级建设，离不开对家长教育理念的更新，别怕好为人师，就怕枉为人师。

导读：家长也是我们急需教育引导的群体，如果忽略了这个群体，你会发现自己班级的教育效果事倍功半！越是有特色的班级，越需要家长的配合！让家长知其然，并知其所以然。家长不仅仅要知道如何配合学校，更应该知道为什么要这样配合。不明就里的"配合"，貌合神离，坚持不了太久。

"干　货"

> 如果你不知道从哪里来，那么你就不知道到哪里去；如果你不知道该到哪里去，那么你就不能够持久地走在一条正确的道路上。

——网络格言

阻碍我们进步的，是我们自己的思维方式

记得初一开家长会的时候，班主任正在侃侃而谈教育理念，下面一个不和谐的声音说：老师，你不用讲那么多了，直接说点"干货"。

"干货"，就是最关键的，更确切地说，言外之意就是，老师你说我们要做哪几点，我们做就可以了。

是的，老师说这么多，其目的当然是要家长做好几点配合工作，但是，你确信你能够把老师的要求都落到实处么？会不会在行动的过程中，因为繁琐，因为无聊，因为自己要付出太多，从而荒于嬉、毁于随？

很多时候，我们的开始都是轰轰烈烈、信誓旦旦的，但是在漫长的前进道路上，不是每个人都有着执着追求的。比如就家长而言，连一个小小的"作业签字"，最终都会沦为形

式，更何况那些更高端的配合要求？如果家长不知道老师为什么要这样安排，仅仅就凭自己的推测，然后所谓的"听老师的话"，估计也不会行之久远的。

阻碍我们进步的，往往不是困难本身，而是我们自己的思维方式。一切行动听指挥，有时候好用，但对于教育而言，却不见得是好事情。因为教育本身就不是以培养木偶人为目的的，教育是培养有思想、有创新能力的人的。

不明就里的配合，往往貌合神离

德国教育学家斯普朗格说："教育的最终目的不是传授已有的东西，而是要把人的创造力量诱导出来，将生命感、价值感唤醒。唤醒，是一种教育手段。"如果我们急功近利，那么采取的措施往往单纯而直接，比如提高成绩就是多做练习，那个家长的话里，也许就是要求老师推荐几本"最有用"的教辅资料而已。

如果教辅资料能够代替一切，那我们老师有何作用？你又为什么花费这不菲的代价送孩子来这个学校？显然，在学校里有教辅资料所不能替代的东西。要不然的话，你到文轩连锁买齐各种资料，让你孩子在家学习就可以了，你也可以自己看啊，自己辅导啊！

班主任的教育理念对学生的影响是非常大的，因为这些教育理念会在今后的班级管理中一一落实，而学生在这样的理念指导下，也会得到相应的锻炼和发展。

如果家长不知道班主任的治班理念，不知道班主任为什么会做这样的安排与布置，那么你所谓的配合，往往是貌合神离的，而且说不定在关键时刻，还会唱对台戏，反其道而行之呢！事实上，这样的事情并不是没有发生过。

讲"干货"，就是想走点捷径，而成功的捷径，永远在施工中，请戴好安全帽，谨防飞来种种挑战！

过于重视"干活"，容易陷入投机取巧

家长这种急功近利的思想，往往也会影响到孩子的认识。有些学生就认为，学习无非就是多做题，使劲做题，只要埋头苦干，一切都OK！

如果人生的学习阶段，所做的仅仅是埋头苦干，不抬头看路，那么看来你今生就是拉磨毛驴的命运了。还记得那句断章取义的话吗？"天才等于99%汗水加1%的灵感"，我们因此觉得，只要努力了99%就很好了，你做了那么多啊！是的，没有这99%的努力，你是无法成功的。但是还有被隐去的后半句：有时这1%的灵感远远超过99%的汗水的重要性。

家长以为，多做教辅资料，介绍"干货"就可以了，只要付出了汗水，害怕什么呢？汗水付之东流，也不是没有可能！"唤醒，是一种教育方式。父母和教师不要总是叮咛、检查、监督、审查他们。孩子们一旦得到更多的信任和期待，内在动力就会被激发，会更聪明、能干、有悟性。"斯普朗格如是说。家长以为，只要强迫孩子学习，强迫孩子做作业，那就完成教育了吗？你不懂得如何激发孩子学习热情，如何与老师的行动形成合力，那么，教育的效能是肯定会大打折扣的，甚至说，完全与教育的初衷相违背。

孩子在这样的思想影响下，容易学会了投机取巧。厌倦老师的课外引申，讨厌老师"占用课堂时间进行思想教育"。学习的动力来自何处？外在的压力？当然有，这也是相当部分人目前的状态，因为不知道自己学习了做什么，所以也就只能在外在压力下学习，没有外在的压力了，就不知所措了。

家长们最讨厌的是孩子做完作业不知道做什么，常常抱怨孩子不知道主动学习，不知道主动复习，不知道……种种不知道，还不是因为不知道自己从哪里来，到哪里去吗？

人生中那些"看不见"的时间，需要激发学生自己去把握

学习是孤独的旅程，途中少不了困难挫折与疲倦困顿，如果没有来自内心的强大动力支撑，很多人是坚持不下来的。那么，教师在课堂上偶尔的所谓闲谈，其作用就很大了。谈人生，谈理想，谈方法，谈技巧，谈困惑，都是一种引导，一种激发，一种交流与互相鼓励。虽然当时少重复了2道题，但是却激发了一些人去做许多题的激情与梦想，更激励着很多人课下也会努力去寻觅自己的人生道路。那何尝不是一种非常成功的教育呢？

只看到了"看得见"的时间，却忽略了人生中那些"看不见"的时间，这就是一种短视。

说起应试教育，我们都义愤填膺，我们都有万千苦水要倒出来，这是多少年来都控诉不完的。然而，我们在实际中呢？却又急切地需要应试教育，来满足我们目前的渴望。家长如此，学生也是如此。课堂，就只有讲练，只有题海，没有引导，没有激励，没有信任，没有交流，那还是教育么？不就是流水作业线吗？

学生如果也有这样的思想，只期望老师讲题，少来"闲话"，恐怕最终的解决方案也不会完美。总有一天你会发现，作业是做不完的，而人生乐趣是无穷的。那时候，你还会专注于奋斗，专注于学习吗？做题，仅仅是学校教育的一小部分而已，绝对不是学生生涯的全部。

有些潜移默化的东西，你感觉不到，却深深地影响着你

当我们在学习中渐渐地发现了自己人生目标，找到了自己奋斗的方法，感受到了自己的重要，那么，我们在追求自己人生梦想的时候，就有了更多的自觉主动性。也许，在某一天，你突然回忆起你的老师，不是因为自己做过了某道题，而是因为，老师曾经提到过的那个故事，让你"心有戚戚焉"，并且从中得到了启示，顺利地实现了自己的人生转折。

"干货"当然也是重要的，但是，我们这些"水货"——口水族，也是很重要的。这些潜移默化的东西，你感觉不到，却深深地影响着你。因为如此，名校、班主任、科任老师的教育理念，正是家长们所追捧的，所期望得到的。复习资料、辅导材料，其实都不是你追求的！

既然如此，你还浮躁地高呼，需要"干货"么？你所需要的"干货"，就是你所深恶痛疾的"应试教育"；而你现在所拒绝的，正是你千呼万唤的"素质教育"！

亲，好好深思吧！

爽歪歪

you can you up, no can no BB。（你行你上啊，不行就别乱喷）

——网络语言

被喷与回怼

常言道：no zuo no die。某种情况下事实也是如此，如果你认真，你就输了！当"山人"再次被喷的时候，倒也淡然了许多。

"我觉得你的教育还是有些问题。"

"是的，人不是十全十美，请问为什么两年前你不提出来？"

"你不能老是找家长的不对。"

"我只是提建议，这三年的班级管理成效有目共睹无须多说。"

"难道你的目标就是平平安安？"

"是的。难道你还希望你的孩子毕业前的两个月过得惊天地泣鬼神吗？"

…………

感谢能够来与你交流的家长

教育显然不是一朝一夕、一蹴而就的事业，家长能够来，至少神龙见首又见尾了，虽然来不是为了接受表扬。曾经说过，能够与你分享时间，与你探讨的人，你应该感谢，好的，我非常感谢！

不过，我们来不是为了探讨高深的教育理论，"山人"只是小小的班主任，所以只能和你探讨你孩子的问题，以及提一些作为班主任应该提出的建议。所以，请不要与我分析探讨学校应该怎么发展，应该遵循什么样的教育流程。如果你有那么好的教育理念，也有着那么过硬的背景，请与我们的校长谈吧，那样更有实效。

you can you up！这倒不是玩笑，而是一种真诚的建议。跟一个无足轻重的人谈梦想，实在太浪费时间了。在交流中，在解决问题中，找对人，谈对话，是非常重要的，也是首先需要明确的。如果没有找对人，不仅虚耗光阴，并且很有可能提前暴露了你的意图，让你梦想之事因为条件的突然转变而失利。

事实是，往往你说实话的时候，也是激起别人愤怒情绪的时候，因为我们都有一种逃避现实的趋向。从心理学上来说，否定、逃避、承认、面对，直至寻思怎么解决，这往往是一个过程。有人省略了前面，于是勇敢地第一时间接受，于是也得到了更有利的时机来解决问题，往往会转危为安。而重度拖延症患者"被迫"寻求解决问题的时候，往往给解决问题带来了难以想象的难度，当然事情最终总有一个解决——无论好坏，都会有一个结果。

"山人"也很愤怒，不过瞬间转化了。大家都是人，哪个没有一点点脾气呢？难道老师就应该是老好人，面对什么针对自己的语言都能够淡定？也许有，但那不是我。尊重是一种相互的，"山人"不知道，在这个时候来给"山人"说"班级教育有问题"，有什么特别的好处？难道就可以减轻自己孩子的错误？就可以抹去家长教育的责任？"冰冻三尺，非一日之寒。"有些毛病小，但是根子深，那么从家庭教育来讲，可能需要配合的地方就很多。

站稳自己的立场，同时懂得换位思考

记得有一次家长会，"山人"说要换角度来思考问题，有人在下面冒一句："你还不是站在老师的角度来的。"是的，非常正确，作为教师，不首先站在教师的角度来思考，岂不是站错了队？连自己的立场都搞不懂，还去做教师？

三年过去了，我们回过头来，再看看走过的路，是不是更多的时候，也站在学生、家长的角度来思考问题了呢？其实"山人"很清楚，不可能让每个人都满意，不同的事情，不同的阶段，可能对每个人来说，"满意"的方面都不一样。只有相对的公平，没有绝对的公平，也许这样说更好，那就是合理的不公平。

其实，对于孩子出现问题的家长，"山人"内心是抱着深深的同情的。即使有些时候不被理解，甚至把对教育体制的不满撒到"山人"身上，"山人"也忍了。"山人"很清楚地知道，在和你的竞争对手相处时，你更有理由去展现良好的品行；在和最轻视的对手交往时，也应该保持敬意。因为世界变化很快，你根本不可能预测到你的利益和哪些难以想象的玩家重合。何况，教师与家长，学校与家庭对教育孩子来说，根本就不是竞争对手的关系，而是一种彻底的合作关系。

抓好一件事情，就等于抓好了一批事情

班级的兴衰，依靠的是班级内部的人才，提高班级学生的整体素质，更是班主任的责任。三年来，我们年年荣获校级先

进班集体的光荣称号，这虽然不能证明每个孩子都优秀，但是至少说学生在这个班集体里总体上是得到了发展的。面对外人，我们也有资格为班集体感到自豪。

如果说到成绩，我们也许没有那么大的底气，还记得杰克·韦尔奇说：数字和目标不能帮助你实现追求，而员工能够。我们这里，学生能够！以人为本，正是如此。回忆起来，我们其实一直过得平平淡淡的，这正是我们所期望的快乐幸福。我们没有成为全能冠军，因为"山人"没有那个超级本事，我们只是抓好了一些事情，一直如此。

事实上，我们也在教育学生，每天只抓好一件事情，就等于抓好了一批事情。这个法宝是海尔集团的，他们认为：每件事情都不是孤立的，抓好了一件事，会连带着把周围的一批事都带动起来。我们做了哪些事？说起来还真的是屈指可数：唱歌、办杂志、体锻课疯耍。

唱歌的节奏已经停不下来了，杨总都成为领唱了！可惜这届的杂志办得不够理想，似乎缺少了写作的灵魂人物。感觉蚂蚁那一届，写作的人才真的多！体锻课，要求汗流浃背才可以回来，如今三年过去了，相信大家还是锻炼得巴适了吧？体考成绩也爽歪歪了吧？

唤醒学生的生命内力

L同学对"山人"的教学评价比较实在，所以这两年来也在反思，然则进步不大。教育管理的根本目的是激发学生成长的动力，这点"山人"倒是想得比较多。"山人"一直觉得，低调才是王道，成功的定义是不一样的。"山人"很赞同这种说法：成功，指的是心内不弱小，有幸福感，有满足感，有成就感，有自由，有尊严。这种成功的人可能默默无闻，在名利上不张扬，但是他们却可以问心无愧地对自己说，一生幸福无憾。如果转化为这三年的学习，是否可以在毕业时问心无愧地对自己说："这三年值得！"

只有唤醒了学生内心这种向上好学的力量，我们的教育活动才是成功的。而唤醒这种心理力量的方法，正是我们做教师的最应该研究的。知识性的东西固然重要，但是挑战性其实并不高。任何老师都可以做到这一点。就如俞敏洪说新东方的内核是"老师会说段子"，其实就是新东方教师都有着自己奋斗的经历，这是激励鼓舞学生最直观的榜样。这里有着众多的学长，也成为激励我们学习的榜样。

教师应该告知学生：每个人身体里都有两股力量，一个是我们表面上看得到的肢体力量，叫作生命外力；一个是我们表面上看不到的心理力量，叫作生命内力。如果学生是为了家长而学习，为了老师而学习，那么他的学习动力还是在于"生命外力"，这也是我们常常看到的家庭教育、学校教育方式所导致的。责骂也好，体罚也好，其实都是依靠外力去强迫学生学习。能不能起到一点作用？当然能！然而这种外力一旦消失，结果如何不言而喻。

幸福主要取决于他的心理力量

中学阶段，家长应该逐步从"亲自辅导作业"中走出来，让孩子依靠自己的自制力自主学习。凡是家长非常用心、非常勤劳或越俎代庖的，我们看到的都是走入了一种恶性循环，最终大家互相埋怨。试想：如果孩子听话，将来会不会成为家长的附庸，而缺少主见？如果孩子不听话，会不会过度叛逆而偏离教育的初衷？过度的关心，带来的不仅是孩子成长空间的狭小，更是违背了青少年时期建立自信、培养独立能力的教育规律。

教育专家说：人的一生，强大与否、成功与否、幸福与否、快乐与否，不取决于他的肢体力量，也不主要取决于他的知识力量，而主要取决于他的心理力量。我们是否注意了在教育中激发孩子的心理力量？还是我们沉浸于题海战术之中，沉醉于自己成为帮助孩子补习的"十项全能"？你沾沾自喜的时候，也许正是你孩子失去自学能力，失去独立生存能力的时候。

好习惯，就是好教育

几十年后，我们还记得学生时代记忆的多少知识？至今为止，我还会不会"鸡兔同笼"的数学题呢！统统忘却了罢！但是经历过的那些熏陶，却沉淀在了我们行事的骨髓之中，那些年养成的学习习惯、思维习惯，始终影响着我们的言行。这就是教育，"千淘万漉虽辛苦，吹尽狂沙始到金"。

那天和一位朋友谈到了职业精神，深表认同。学生时代，正是我们性格养成的黄金时期。"山人"注意培养学生的细节，强调注重细节。走上社会你会发现，注重细节不仅仅是一种习惯，更是一种高级职业精神，它能引领你不断完善自己的人格和能力，最终一步步走向成功。"山人"也以为，那些愿意注重别人忽略的细节的人，那些把职业中"可有可无"的事情当作"必须的"事情来做的人，终将成就事业，也终将成就自己强大的内心。

那时候，回忆起当年的寒窗苦读，当年的尝试挑战，会不会有一种美好充溢内心？

导读：营造出能够让学生积极尝试、探索的氛围，给学生"犯错误"的机会，通过这样的教育契机，来帮助学生发展得更好！

免战牌

吃过了饕餮大餐的人，不是不能去吃街边小摊，而是不会只吃街边小摊了。

——网络格言

学生犯错误，正是一个给你的教育契机

据说，这半年来最让人感伤的词语，不是"爱过"，而是"赚过"。潮涨潮落，这是自然规律，就如月圆月缺一样，此事古难全。当看到矫枉过正的一些行为的时候，比起符合自然规律的大起大落，更让人感到害怕。

一个在学生时代没有受到过批评的学生几乎是不存在的。当然，这不应该成为我们不断犯错误的理由。老子说："大道至简。"我们的人生也应该以简单制胜、长期制胜作为我们的准则。

学生犯错误，从另一个角度来讲，是遇到了一个很好的时机；学生犯错误呢，正是一个给你的教育契机，尤其是那些所谓的"优生"，有了这么一次机会，正是好好教训教训，打击一下的宝贵时机！只是，我们很多的教育工作者害怕面对问题。

让他发现自身的智慧

遇到问题后，一般人都是本能地选择逃避，只有在万不得

已的情况下，才不得不直面问题。所以鲁迅先生说，真的勇士，敢于直面惨淡的人生，敢于正视淋漓的鲜血。机会总是稍纵即逝的，教育契机，如果因为轻视，因为拖延症而选择了放弃，那么这些问题所造成的心理影响，可能埋藏了下来，成为人生道路上不可预知的炸弹。

把人生之路越走越简单，把自己的快乐越走越淳朴，那是一种何等的智慧啊！做事情是如此，教育也是如此，最终的结果不是你去"使他智慧""给他智慧"，而是让他发现自身的智慧，发现自身的价值。你不过就是帮助他成长而已，这其中还不能揠苗助长，不能越俎代庖。成长是一件个人的事，虽然也有着社会的需要、社会的标准，但是最终依然是依靠个人的觉悟，个人的努力。

三方在亲切友好的氛围中交换了意见

我是不喜欢在电话里接受家长咨询孩子情况的，根据自己多年来的经验，无论你在电话里说得多么诚恳、多么真挚，然而对孩子的教育作用都非常小——经过家长的转述，信息丢失量惊人——你说得越多，家长误传的可能性就越大，反而是三言两语可能家长还记得清楚一点。所以常常是，接电话是要靠缘分的——有重要事情请短信通知即可。不善于和家长闲聊，也不太愿意这样隔空喊话进行教育。

然而我喜欢观察学生在学校的种种表现，寻找机会找学生来聊聊，给予锻炼的机会，给予可能的指点。帮助学生在学校的活动中去体验，如果做得好，顺便拿个奖项回来也不错。观察和思考，成为教育中不可或缺的前奏；指点和协助，成为日常教育活动的重点。

一切成长都是在现实行为中完成的。你如果选择什么也不做，当然很少犯错误，做得越多，犯错误的机会就会越多。那么你怎么选择？什么也不做本身就是错误！作为家长和老师，对于那些"错误不断"的学生，你看到的是"错误本身"，还是犯错误背后学生对于事情的好奇心，积极尝试，以及学生积极改变自己的努力？

没空和家长聊，但是有空和学生聊，这就是我的教育。如果家长觉得要交换意见，最好的方式是来办公室，和孩子一起，三方会谈。"三方在亲切友好的氛围中交换了意见，对重大问题各自阐述了自己的立场和看法"。在这种环境和氛围中，教师希望传达的信息就不容易被误解，从而可以准确地表达自己的看法。

除了"专业指点"，还得培养这样的教育环境

做任何事情都是这样的，成功者只会默默地去做一些其他人不太爱做的事情。你的眼界，已经决定了你的成就大小。不同人生态度的人，往往其人生结果是不一样的。放在一个班级上，每个学生的人生态度是不一样的，每位家长的关注心态也是不一样的，最终学生的成就（成绩）也会是不一样的。

有的家长到班主任这里咨询了一番，不断表示自己接受老师的意见和建议，转身回去又找别人"讨教经验"，然后老师的建议已经抛诸脑后了。自己行动的要么就是东一榔头西一棒子接受的碎片化"教育秘诀"，要么绕了一圈自己还是老样子老观念，孩子问题自然越积越多，无法解决。"谨遵医嘱"，还得积极配合治疗，还得看你谨遵的是不是专业指导，如果拿了好药，但是最终执行的是江湖游医的狗皮膏药和胡言乱语，那么真的还不如什么都不知道，自然疗法！

一个学生能否转变，除了"专业指点"，还得培养这样的

教育环境。我常常说，我提的建议不见得是最优秀、最科学的，但是如果家长愿意配合，那么在学校我一定营造出可以向着这方面发展的良好环境，来让学生随时可以在这样的氛围里积极上进。我的一些建议也许在你的孩子身上能够发挥作用，但是这样的方法用到别人班级的孩子身上，不见得效果明显，这是因为还有个不同的环境因素的存在。

能不能发现学生身上的一些积极的因素，看到一些上进的潜质，真的很重要。努力去挖掘这些，努力让这些隐藏的优势逐渐地显露出来，这就是教育中的"价值投资"，长线是金啊！

当然，遇到突如其来的挫折，会不会因为找不到理由而逃避？

高挂免战牌，战争就不再继续了吗？去问问诸葛亮吧！

如何面对质疑？不接受反驳

在自己的地盘上，玩儿起来比较舒畅

"老师，他们说我在背后说人坏话，你觉得我应该解释一下吗？"

"请问，你真的说过没有？如果说过了，那就坦率承认，道歉，不存在解释。如果没有说，为什么要越描越黑？"

措施要简单有效，遇到这种情况，如果你顺着对方的方式来解释，你就掉入大坑中了！就犹如在面对老于世故的人时，绝对不是按照他们的方式来相处，因为那样的方式你要被玩儿死的。最好采取的是：直性子，单刀直入，总有人熬不住要被噎死。把话挑到明处，大家都在阳光下，还有什么话说！在自己的地盘上，玩儿起来比较舒畅。

教一招：不是说你总是歧视差生吗？没关系，你生活中注意多与人为善，积极鼓励和帮助那些比你弱的人，牺牲一点时间，做一些力所能及的事情。那些谣言自然会消失，对那些造谣的人，你笑脸以待，仿佛不曾耳闻。最后搬石头砸自己脚的，就是那些本想腹黑别人的人。要知道，聪明人和"傻子"吵架，在围观的人看来，是分辨不出哪个是"傻子"的。正邪混杂的时候，吃瓜群众是很难分清楚高尚与卑鄙的。

当然，有些人在网上造谣，那已经涉嫌侵害他人名誉权了，有这样做法或者想法的傻孩子，一定要及时收手，不然后果不堪设想。这也是我们更应该教育的一个点。有人说，老师，你最近的某些言论不符合我们学生的心，和我们想的不一样。这就对了，如果什么都和你们一样，还能够引领你们吗？那不成了一群青春期的大小孩子一起瞎胡闹？

班级实实在在的改变，最有说服力

有人问："有家长质疑我们班级，对我不信任。"

"请问，从你接手班级到现在，你们班有什么值得学生自豪的事情吗？你们开展的活动，有让更多同学都觉得很有意义吗？你对这位家长的孩子，是否表扬多过批评？是否给予了这个孩子相应的锻炼平台？"

一个班级要让人认可，首先就要有那么一些有特色的事情，让学生和家长感受到。你对班级的热爱和用心。作为班主任，你可以超严格，只要在你的严格管理下，班级确实呈现出一种积极向上，与别的班级相比更优秀的地方。你也可以擅长于搞班级活动，让学生在活动中看到自己的潜力，找到自己发展的方向。

其实这些都不用想得太多，很多人刚刚接手班级的时候都会遇到。其实危机驾驭得好，就是机遇。抓班级常规管理，永远要比德育处要求的更严，最经典的表述就是：不管别人的班级是怎么样，我们的班级都应该是这样的！我们有自己的高标准，有自己与众不同的严格要求。最开始的时候，肯定有人是不理解的，甚至家长们也半信半疑。但是很快，大家看到了孩子们习惯的改善，看到了精神面貌的改变，感受到孩子和以前相比大不一样了。当然，班级也相应地得到了行政上的考评认可，那就自然没有话说了。

做出班级的特色

如积极坚持引导学生阅读与写作，坚持学生作文集的印刷。当别人没有的时候，你有这个东西，当别人也模仿的时候，你可以做得更巧妙。套用一句话："人无我有，人有我优。"如果什么都等到别人的模板出来了，你再去仿制，那么你永远无法达到超越别人——少部分情况下可以后发制人，弯道超车。

就连歌咏比赛抽签，抽到第一个，也可以面不改色地告诉学生说：与其去愤愤不平去埋怨抽到第一，打乱我们的心绪，削弱我们的信心，还不如奋起努力，把我们的专注力放在如何唱好歌上。让我们的歌声更优美，唱出我们的心声，唱出我们集体的力量，展现我们最佳的风貌。"唱我们的歌，让别人去评论吧！"

这就是我们的特色，我们班级的思维方式，当我们不断地完善自己，当我们的教育管理理念不断地得到实践的检验，家长们的质疑就慢慢变成全力以赴地支持了。

那时候，还需要去面对质疑吗？实际上，我们更相信行动，而不是苍白的语言。把前面的几个问句变成陈述句、肯句，难道不是最好的回应质疑的方法吗？

不接受反驳！

"C位"[1]时刻（节选）

"Y老，你能不能给××老师说一下，某某学科应该这样教！"家长希望通过班主任给学科老师"指点教学"。"我下来了解一下，一定及时回复您哈！"我常常这样回答。

家长指点科任老师教学方法，既有好心好意的一面，更多的也许是外行来指导内行。身为班主任，既不能一口答应如实传达，也不能给人一种不接受任何建议的"妄自尊大"的印象。所以，下来了解情况，再作说明是比较妥当的。

科任老师在学科教学上有其独特学科特点，以及带有个性化的教学能力，就连班主任也未必能够跨学科教书，何况是家长呢！如果贸然转达，那就很可能让科任老师极其不满意，由个别学生的问题蔓延到对整个班级学生有情绪。所以，要慎重转达。了解了实情，确确实实需要调整教育教学态度和方法的，再研究如何改进学生的学习思维和我们的应对策略。

班主任，最好的策略就是把自己的学生教育好，让他们能够适应不同风格的老师。如果科任老师在班级管理上弱一点，那么就好好突出科任老师教学上的优点，让学生信任老师，敬重老师，从而弥补管理能力上的不足。如果学生认真程度不够，就多组织学生成立学习小组，并督促学生通过自我学习，

1　"C位"，指核心位置。

来弥补课堂知识拓展上的不足。总之，班主任不是越俎代庖，而是通过对自己学生的鼓励与有效组织动员，来做好和科任老师的配合。

班主任在这个时候，一定要站稳自己的"C位"，你要能够稳定军心，稳住家长，强化科任老师对自己班级的信心。用合适的表达方式把班级管理及与科任老师交流的情况传递给家长们——注意，不是个别家长，而是全体家长，让家长们认同班级管理，这样才能够把握住班级舆论导向，形成班级的主流文化。

突破口

我只知道一件事，就是我一无所知。

——苏格拉底

如果你要得到朋友，就要让你的朋友表现得比你优越

我常常发现，有些非常聪明的学生，伶牙俐齿，巧舌如簧，上知天文，下知地理，然而这样渊博的知识，如此炫目的表现，却并不被同学所喜欢，他们的人际关系并不融洽。相反，有些沉默寡言的学生却朋友众多。这一现象值得我们思考，也值得和学生探讨。

通常情况下，我们对聪明的人，对能干的人，对某些方面表现优异的人，都有一种莫名的崇拜，也许是远古时代留下来的对生存技能的需要吧！

然而，如果一个人处处都表现得比别人优秀，处处都显得与众不同，那反而让人敬而远之，甚至感到讨厌。

法国哲学家罗西法古说："如果你要得到仇人，就表现得比你的朋友优越吧；如果你要得到朋友，就要让你的朋友表现得比你优越。"

每个人的内心深处都有被别人敬重、被别人崇拜的情绪。你天分的充分表现往往意味着别人的无能，意味着你在不停地

挑战对方的自尊心，你在让别人积累着自卑感，在积累着羡慕嫉妒恨。

多欣赏别人的成就，多分享别人的欢乐，只在他们要你说的时候，稍稍说一下自己的成就，也许是一种很好的为人处事的方法。

分享观点时，表达的态度往往比内容重要得多

与人相处，总免不了有意见和观点的交流，也就会不时地发生观点不一致的情况。每个人都希望别人赞同自己的观点，都不希望自己所说的被别人否定。因为被否定，意味着自己的智慧和判断力被蔑视，自己的荣耀和自尊心被抹灭，自己的感情被忽略。在这种情况下，我们常常不自觉地拿起了反击的武器，防卫自己的精神领地。

周总理当年在万隆会议上的方法值得我们借鉴，那就是四个字："求同存异。"心理学研究表明，人们在交往的过程中，尤其是在分享观点的时候，表达的态度往往比内容重要得多，这意味着同样的观点，如果以一种更友善的方式表达出来，会更容易让人接受。

当你不赞成别人的某些观点的时候，你提出了反对的意见，你的第一句话会怎么说？是"我不赞同你的观点！"，还是"我觉得你的观点中的第123点我非常的赞同，考虑得全面，而且很切合实际，只是我对第4点有个小小的完善建议，不知道是否正确。"

第一种貌似你很高明，不过实际中，往往会引来别人的攻击，往往你们就会在没有实质内容交锋的状态下，在进行情绪的较量。

而选择第二种呢？因为你赞同了别人的那么多地方，别人自

然不好意思，也一般不会反对你说出自己的观点，这就给了你一个说话的机会。在别人热切期待你解释的时候，你慢慢地说出了自己的看法。也许，说到最后的时候，你已经完全颠覆了别人的看法，但是，随着时间的推移，别人恐怕已经忘记了自己的那些内容，而是感激你对他的意见的"理解和支持"，如果你的意见更有理有据，别人自然也就不会再坚持他的看法了。

自己人效应，不妨试着接受家长的批评

求同存异，真的是很高明的一招。对于学生来说，当你的成绩没有考好，家长在责备你的时候，你的第一反应是什么？家长说："你就是懒，就是不努力！就是好耍！"你是忙着反击呢，还是忙着解释？反击的结果当然是受到更猛烈的攻击，而解释呢？解释就是掩饰，掩饰的就是事实，事实就是你没有努力。

那怎么办？其实，想想看，也许你确实努力了，不过是一阵子，是三分钟热情，总之，造成的现实是此次考试成绩确实不理想。既然事实如此，为什么不首先接受家长的批评？更何况，从科学研究的角度发现，把自己的失败归因于自己的努力，更有利于激发我们的学习动力，检查自己的学习方法，学习状态，更有益于下一次的考试。家长的指责也不见得一点道理都没有，如果你们就在情绪上纠结半天，结果是双方都觉得受到了伤害，而且浪费了宝贵的反思和学习时间。

不妨试着接受家长的批评，回答"我也觉得自己这一周努力得不够，上课有几次的笔记记得不够好，下来才补上的；还打了两次瞌睡，要不是下来找老师重新讲了哈，恐怕考试成绩还要差一点。要不，你们帮我看看，这卷子还有那些是我没有整明白没有过关的地方？我回校的时候去问老师？"看，你这

么爽快的承认错误，恐怕你父母也就首先消了点点气了，然后，你的自责里面又包含了多少巧妙的解释，并且暗含了你的努力。当然，这要是事实，或者说，即将成为事实，成为你努力的方向。

先说说你同意的地方，这就是站在了别人的立场上来看问题，成了别人的"自己人"，自己人效应告诉我们，对我们的同伴，我们往往要宽容一些，要容易接受一些。如果，一开始双方之间就成了敌人，就一直站在对立面上，那互相之间的炮火征战肯定是免不了的。

关心孩子飞得累不累

对于家长来说呢？是不是第一句话就是"你看，你这个成绩，我看着都丢脸！你就是一直很懒，一直不努力！"本来，孩子回家，确实觉得可以放松一下，随口说了句："好累哦！"，而你的回答是："就这个成绩，还觉得累！"

于是，你们又开始了一场没有结果的争论，浪费了时间，浪费了口舌。

孩子说"好累哦！"，你觉得真的不该吗？姑且不论学校生活学习是否真的很累，不论孩子有没有努力，扪心自问，自己有没有下班回家后，也觉得有些疲倦的时候？表达一下情绪总是可以的嘛！谁也不是工作或者学习的机器，机器还有检修的时候呢！

"累了？先休息一下吧！30分钟后吃饭。""考差了？是某些知识没有掌握牢？要不找个时间我们一起分析一下？""没有考好？不会吧？老师家校通里说最近你很努力，上课也比较认真，作业完成得也不错嘛。"诸如此类，站在体谅孩子的角度，然后帮助孩子一起分析，一起解决问题，这样的教育往往能够起到更好的效果。

有些话家长说不得的

当然，有些话我觉得一定不能说，比如"成绩不重要，只要你健康就好了！"成绩不好，真的不重要？那是你自欺欺人，其实你比孩子更着急。而你说的话会让孩子真的觉得，你对成绩并不看重。你要让孩子懂得，成绩很重要，但是在追求成绩的过程中，有着良好的心态，有着良好的学习习惯、健康的身体，那才是真正的成长。

有些时候，双方之间的争辩开始后，就是双方的抱怨。因为家长喜欢一棒子打死孩子的表现，鸡毛蒜皮、陈谷子烂芝麻，翻来覆去说半天，弄得人，尤其是成绩考坏了想努力一下的人觉得特烦，于是最后撒手不干——反正免不了被你责骂，罢工不干是最好的选择。结果呢？你的责骂唠叨起到了反作用。

"听说你周末作业星期三补交上去了？有没有反省自罚啊？"看似轻描淡写，但是已经表明你知道了其作业没有完成的事情，但是你说的是"已经补交"，所以他就没有办法来回答"我不是补交了嘛！"因为平常我们的问话是："你周末作业又没有完成？"

总之，家长在问话的时候，没有考虑好说话的方式，就先不要说，免得孩子有借口，揪住你的小口误，然后避重就轻和你狡辩。

找到突破口，把时间和精力用在实际完成事项上

赢得了争论，却花费了大量的时间和精力，不如把这些时间和精力用在实际完成事项上，用在共同反省提高上。家长，

其实是在和孩子共同成长的，成长不单是孩子的事情。

就如，教师同样是在和学生成长的过程中。三年一届的教书，其实孩子的个体不同，学生群体的特点不同，我们采取的教育方式方法也还是有区别的。

最关键是，要找到解决问题的突破口。

"突破口"，2005级的小朋友们最熟悉了！那是你们帅气的郭老的口头禅。做任何事情，都要首先找到一个进入点，找到解决问题的第一步。与人交往，则重在换位思考，感同身受。

能不能成为最好的队员

"不想当将军的士兵不是好士兵。"

——拿破仑

如果我们成不了一个优秀的领导者，能不能主动做一名最好的队员？

俗话说，一山不能容二虎。在一个团队之中，领导者不可能是多人，至少核心人物不能太多，否则会天下大乱，谁说了算，那是有规则的。于是乎，不可能人人都是领导者，很多人就得成为别人的追随者。

我们鼓励学生成为各种活动的参与者，既是希望通过活动来发现学生的潜质，或者是通过承担责任来发现学生的领导素质，也是希望在活动中培养学生的团队意识，这些早期意识对学生整个人生成长一般都能够起到积极的促进作用。

积极心理学建议我们做如下的练习

如何成为一个团队的好队员，可能对更多的学生来说，更为现实和迫切。积极心理学告诉我们，成为好队员其实很简单，只要坚持去做就可以了。想想，我们身边谁是最好的同桌或最受喜爱的同学？这些人为什么能够得到我们的尊重？我们从他们的身上能学习到什么？积极心理学建议我们做如下的练习：

1. 表明自己的观点，明说或打比喻都可以;

2. 不要发牢骚、抱怨，或者在团队里搞分裂，或者嫉妒别人；

3. 在所分配的任务之外，再多干一点；

4. 积极主动地去做事情，而不要等着别人催；

5. 在团队里博得众人的好评；

6. 帮助团队的领导者——当然还有整个团队——完成团队目标，记录下你做了什么，以及你做这些的感受是什么。

以上6点中，特别是出现意见不一致的时候，要注意对领导者的礼让（表达观点和争论时的礼貌），做到"忠诚地反对"。

孟子说："穷则独善其身，达则兼善天下。"孔夫子说："不在其位，不谋其政。"其实就有着对当政者，或者说对领导者的尊敬在里面。在一个团队里面，如果你在没有成为领导者的时候，自恃才能出众，不听号令，往往不利于团队的发展。《三国演义》里这种例子太多了。

老子的《道德经》中，可谓蕴含丰富，其中最厉害的就是，要懂得大智若愚，懂得隐藏自己的锋芒。

让孩子的每一次提升都是踏踏实实

做一名最好的队员，我们可以在竞争激烈的环境中，获得对自己有利的生存与发展机会。在学生时代，则表现为从这些合作之中展示出个人才干，赢得更好的发展机会。一个好汉三个帮，有能力且谦逊的人，众人自然会在恰当的时机让你一展身手，何况那些慧眼培养人才的老师！

有些时候，我们的心里想法和行为恰恰相反。内心期盼得到重用，却在行为上处处与老师，与团队对着干，借此显示自己的与众不同。你的行为往往对达到团队目标起到了负面作用，而被众人认为是破坏者，是一个对团队不忠的人，谁还敢重用你？所以我们常常看到，那些老实憨厚的，那些兢兢业业的，那些默默为团队奉献的人，成了最后的胜利者。因为他的忠诚与勤劳，让团队得以成功，让团队得以不断地创造辉煌，这才是团队的功臣。

如果我们有着一种首先成为一名好队员的心境，那么做事时可能就平和很多，也会积极很多。在教育教学中，我不时遇到这种情况，家长希望老师"重视"自己的孩子，最好是"给个大官"。殊不知，孩子在班级里面没有丝毫的积累，如何服众？没有经验的积累，如何完成工作？要是因为完不成工作而被多次批评，或者被众人轰下台，那对孩子来说是祸是福就很难说了。最保险的办法，就是先做一名好队员，得到大家的认可，然后逐步地发展，最终达到自己的目标。这样的路径，让孩子的每一次提升都是踏踏实实的，走得稳，才走得远。

有一个家长曾经说过这样一句话，说在职场中，一个好员工就是做得比你老板期望的更好一点。我觉得这是职场真理。想想，当别人做得比我们期望的更好一点的时候，我们是什么样的心情？如果每次他都让你感到惊喜，你又会怎么想？

"过度保护"下，经不起风雨来袭

这让我想到了最近一直耿耿于怀的一个感觉，那就是有些家长对孩子的"过度保护"。生怕身边有些许"影响"孩子发展的东西，巴不得把地都铲平了，让孩子来走，最好是铺上地毯。艰难困苦，玉汝于成，适当的挫折教育，对孩子绝对是有益无害。想想，我们身边是不是也有种种诱惑，种种影响我们的东西？我们采取的方法是逃避，还是努力去适应并且做到尽量自动"屏蔽"这些影响？

小小的影响都不能抵抗，那将来到社会上面临那么多不可控的干扰，我们该如何是好？更何况，能够被影响，那只能说明你还不够优秀。老说别人对你没有正面影响，回头看看，你对别人有没有正面影响？当诸多借口成为我们不够优秀的托词时，我们还有机会去追求优秀吗？还有心态去完善自我吗？

"过度保护"，培养出的就是脆弱的优秀，就是不优秀。我常常说，优秀的学生其实并不是我教育出来的，我没有那么大的本领，没有化腐朽为神奇的秘籍。老师只是去提供那些或许可以帮助孩子发现自我、提升自我的机会，或者根本就是用语言来激励学生而已。优秀是一种习惯，优秀是一个孩子在家庭教育中获得的基本素质，尤其是面对社会，如何正确认知自己，把握自己，改变自己的能力。

一个教育专家对家长说，什么是教育专家？你把自己的孩子培养得出类拔萃了，健康积极向上了，你自己就是教育专家。这话在理。

要善于逆向思维，弄清楚不同的角色

有个很有名的老师说过一句很不中听，但是也很在理的话，每个优秀的学生背后，都有一个优秀的家庭；每个"差生"背后，往往有一窝不懂教育的家庭成员。想想，孩子在你自己家庭里，10多年了都没有养成好习惯，难道与老师短短的相处几周、几个月，或者3年就可以培养出来吗？

我们生怕老师教育得不好，对老师不信任，才会不断地指点老师，"教育"老师该如何教育管理自己的孩子。其实想想，要是这些方法都行得通，那前10年早就成功了，还需要现在来"补课"进行这样的习惯培养吗？我觉得要善于逆向思维，弄清楚不同的角色，做好自己的事情，才是正道。

　　一直以来，我都尽量让自己做"好队员"，至少在不断地努力着。

导读：家长会是不是作为班主任每学期的痛苦事项之一？为什么不让我们的相见成为一种愉快？为什么不把复杂的教育理念，简化为可以执行的小项目呢？

浅水塘

这些不稳定的收据，包围了我的浅水塘。

——翟永明《潜水艇的悲伤》

每一次讲台上慷慨激昂演说完毕，走下来的时候，我都感到一种惶恐和不安，生怕那些脱口而出的语言，成为自己浅薄与无知的明证。

让我们的相见成为一种愉快

仿佛是行走在浅水塘的渔夫，能够知道的东西，只有那些小小的鱼虾而已；哪能如那些勇敢地涉足深水者，时时窥见蛟龙？于是，在一次又一次的挣扎中，行走过了多少个家长会。心中的忐忑，依然时不时地奏响。

这学期两次家长会，都邀请了家长来谈谈自己的教育理念和方法，我在教室后面认真地倾听，更加确信那句话：能够把自己孩子教育得出色的家长，才是真正的教育专家。而我夸夸其谈的背后，其实蕴含了多少的肤浅与冷漠。学会倾听，真是一种幸福，是一种幸运。聆听家长的教育实践感悟，往往让我们感受到一种质朴而真诚的教育心态，一种来自实践的真理。

我们听惯了所谓专家们的高谈阔论，那些高深理论确实在某些时刻让我们热血沸腾，或者让我们因为无法达到而感到垂头丧气。但是，来自成功家庭教育的这些淳朴的教育方法，却让我们有着一种天然的亲近感，是一种可以模仿、可以学习的指南。

我希望，我们的这些交流，可以让我们的家长会变得更为务实，更为有意义。家长会，不是给家长布置暑假作业的机会，也不是单纯发个成绩，更不是把家长聚集起来，说说班级的不足，责备家长的不给力。家长会，其实是我们互相了解与交流的一个机会，更是家长们发现自己教育方法合适与否的一个机会。班主任，不是对家长布置作业，其实是和家长探讨如何合作教育，如何多给孩子的成长提供帮助。如果把教师的责任，或者说角色转变为帮助学生成长，这样的定位，是否可以让我们的相见成为一种愉快？

简单，其实是一种最强大的力量

说到最后，我都不知道怎么来形容我的心情了。只能说，如果我的抛砖能够引来家长们的美玉，那就是一种小小的成功吧？！今天没有怎么表扬人，不是我没有发现表现好的同学，而是因为值得表扬的同学太多了，而依据我一贯的没有批评就是最好的表扬，那么，恭喜你，其实你"遭"表扬了。

暑假要求只有简短的三句话，概括了我最想说的话。一是好好做作业，看书阅读；二是坚持锻炼，跑跑步或者其他运动；三是学做家务，和家庭成员多交流沟通。这也算是约法三章吧！

能够做好这三点，我觉得已经足够了。这也是我一贯追求的目标，最简单的就是坚持，最困难的也是坚持。那些令人眼花缭乱、色彩斑斓的种种美好设计，其实随着暑假的日子一天天流逝，很多到了最后都成为更大的遗憾。而这简单的坚持，虽然看上去很一般，不太耀眼，但是却在不哗众取宠之中有了实实在在的收获。

教书的时间越久，就越崇尚简单而又实效的东西，越喜欢实实在在地做，而不喜欢轰轰烈烈地唱。诚如我的暑假生活，也没有太多的奢求，就是阅读、写作，听听音乐，陪一直阅读的同学们唠叨唠叨，然后有机会驾车出去逛逛，感受感受自然风光。

简单，其实是一种最强大的力量。这些年来，我的理想都太简单了，太不起眼了，也就习惯了低调，习惯了默默地做自己喜欢的事情。就这么笨笨地生活着，不奢望那些多姿多彩的人生。唯有简单，才能专注，才能执着；唯有喜欢，才能在各种纷扰袭来的时候不见异思迁，而始终如一地坚持着。也许，这就是一种傻傻的生活方式吧，不敢用郑板桥的"难得糊涂"来形容，因为那是一种极高的境界，我求之而不得之。

于是也期望，家长们不要对我有着太高的期望，我没有妙手回春的能力，也没有化腐朽为神奇的特异功能。我简单的思维方式、简单的生活理念与质朴的渴望，只能协助那些渴望成功，渴望成长的孩子们，走向成功，健康快乐地成长，而这也仅仅是我的初衷，能不能达到，我不敢打包票。

喜欢这平凡而朴实的真理

对于那些在此次考试中不太理想的同学们，我真没有苛责的意思。成长的过程中，出现失败、挫折，那是多么平常的事情。我喜欢"屡败屡战"这个典故，虽然失败是我们不愿意接受的。越挫越勇，失败不是用来我们悲伤的，而是用来警醒我们，某些道路，某些方法是行不通的，我们可以选择更好的方式方法来达到我们的目的。

务实，是我们成功的基础。我常常惊异，在如此摇曳多姿的社会中，我居然如此的没有上进心。生于改革开放前夕的我，这四十年来社会的风云激荡，于我近似浮云。每到一个地方，我都很快地感受到身边的美好、团体的温馨，居然没有时间去感受某些被人津津乐道的所谓时事，而只是坐拥书城，无暇八卦。

高深的理论已经开始渐渐淡出视野，而喜欢这平凡而朴实的真理。

感谢你们

感谢你们，给我一个可以填写"学习标兵"的机会；感谢你们，给我一个可以偶尔高调一下的机会。很喜欢你们小班会唱歌时的那种激情，那种氛围。拿到我们的作文集的时候，我欣喜地看到里面你们那些妖娆的身影，和质朴生动的生活琐事，感受到我们一起成长的快乐。

关于考试失利的痛苦，我可以找到很多的形容词来表达，然而最最让我深刻的就是，没有比人更高的山，没有比脚更长的路，能够拯救你的，只有你自己，别人的同情，别人的嘲笑，其实都是浮云。

对于那些一直以来相信我、支持我、鼓励我的朋友们，我真的很感谢。即使那些曾经藐视过我的人，我也感谢，因为，从你冰冷的眼神和冷酷的预言中，我看到了自己内心深处的渴望，对自我成功的渴望，它激发了我心灵深处的热情，让我更有勇气在不眠的夜晚捧书苦读，一次又一次地在考场上奋斗，直到最后胜利跨越。

我觉得，自己跨越的，不仅仅是一次考试，更是跨越一道心灵的魔障，让我找到了真实的自己。当我们发现，人生还有很多未知的精彩在等待的时候，为什么总是沉湎于过往的痛苦呢?

我相信你，我始终在关注着你的成长。

我希望，包围我的浅水塘的，是更多的快乐与欢欣，是黑夜中的萤火虫，虽然比不过璀璨的星星，但是依旧散发自己的光芒。

喜 欢

只要找到了路，就不怕路远。

——读书笔记

家长会做两件事情：表扬学生和批评家长

大道至简，一直深信。

每一次的家长会，很容易变成简单的重复——重复昨天的故事——昨天的问题、昨天的答案，最多增加一点点最新的"证据"。说真的，越到后来，我越不愿意解答这些问题了。如果，你不苛求家长会"毕其功于一役"，每次只解决孩子存在的根本问题中的一点，让这一点的改善来带动其他方面的改变，不是很好么？其实我们老师也是，每次都会把一大堆的问题抛出来，让家长"配合解决"，家长也有些应付不过来的。实在太生气了，回家之后对孩子就是来一场形式各异的"暴风雨"。

其实关于家长会，我觉得应该做两件事情：表扬学生和批评家长。有的孩子自从进入中学以来，已经懂事了很多，开始了新的旅程，有了新的转变，并且在班级中积极参与活动，也没有家长所说的在家里的那些"恶行"，虽然成绩还不太理想，但是真的不能说是"差生"。可是为什么家长来了之后，我们总是得找出来一些东西，狠狠地批评，似乎这样才能够促进孩子的成长？！所以，我的做法就只有：表扬学生在班级中的积极影响，批评家长还把观念眼光停留在孩子小学阶段的表现上。最终的一句话是：你的孩子已经比以前改善了很多，变得积极向上了很多，你为什么还是不满意？赶紧高高兴兴地回家表扬你孩子吧！一起去找个好吃好玩的地方，一家人开开心心地过周末！

勤奋是在成长的过程中，一直都这样"做"出来的

什么人会变得越来越勤快？那些在家会被家长要求做点家务的孩子。勤奋不是教育出来的，勤奋是在成长的过程中"做"出来的，形成了习惯，变成了一种随手完成的乐趣。凡是在家"只要好好读书就可以了，家务事你不要管"，对于孩子而言都是一种纵容，一种教育的"过犹不及"。成功的家长既要善于思考孩子发展的大方向，也要注意在孩子成长过程中的许多小细节。

在班级活动中，作为班主任，让学生去完成班级事务，就是对学生的信任，就是对学生的培养。做之前鼓励、指点，做的过程中及时提供帮助，完成以后根据效果提出表扬或者批评，这些都是日常教育的细节。无论最终结果是完美，还是缺憾，其实带给孩子的都是一段经历，都是一笔人生的财富。参与得越多，当然得到的经验值就会越多——前提是还要教会学生完成事情之后进行自我总结——无论是书面的，还是口头的，或者是互相交流的。

有道是："专业人士缺少主见，非专业人士不断地指手画脚"，然后就是对于教育方向总是无所适从。教育，就是帮助人成长，找到自己的人生道路。家长要有主见，教师也要有自己的教育理念，互相之间在交流之中达成共识的地方，就一起

努力去帮助孩子实现。求同存异是很重要的，毕竟不同家庭对孩子个体发展期望还是有不同的，学校的共性教育不能够替代家庭的个性教育。

敢于让孩子承认错误，这种宽容心态是非常重要的

是的，在学生成绩差的时候，成绩真的很重要——这是看你有没有努力的最简单直接的证据；成绩好了之后呢？当然是心态最重要。有些学生成绩不错，但是对班级事务不太热心，甚至对班级纪律反而不放在眼里——我成绩好就是任性。当然，这样的学生我们不能老是打击人家——反正我就是忽略成绩，而看表现——常常表扬那些热心公益、积极为班级服务、人际关系融洽的学生。一个班级在班主任的方向设计下，一如既往坚持的、坚信的理念，会在日复一日的教育中形成班级的风格，也会形成学生的人生信念——至少在这一教育阶段内。

善于走自己的路，才可能走别人没有走过的路。只要我们曾经比别人稍微优秀一点，或者是我们在某个方面比别人稍微优秀一点，然后我们能再多坚持一会儿，就可以为我们的人生赢得更多的发展机会。这种机会叠加起来，就是人生效应的逐级放大，最终造成人与人之间巨大的落差。学生的成绩差，有时候不仅仅是班级平均分的问题，如果没有让学生树立一种"我要进步我在进步"的观念，那么随着时间推移还可能造成班级的风气问题，至少会对班级的积极向上的风气造成负面影响。我们要善于发现学生正在起积极变化的方面，及时鼓励，给予改变的客观有利环境，让他们的改变更容易达成。

我们都常常遇到那些善于找借口的学生，因为别人的错误所以自己没有做好，因为别人有错误所以自己也可以犯错误，这些观点都是极其有害的。不过我发现，有些家长面对孩子

找借口，自己也就无言以对，找不到真实有力的证据来反驳孩子。其实我觉得，如果你的孩子常常找借口，你就对他说：如果你做的每一件事情都是正确的，那么为什么你还没有成为班级里面最优秀的？当然，孩子找借口的深层次根源，可能就是小时候家长的教育中太过于苛刻，让孩子不敢承认错误，于是就只有通过寻找借口来逃避责任，减少减轻家长对自己的惩罚。有一种敢于让孩子承认错误的宽容心态，也是非常重要的。

浅尝辄止，最终没有效果

我读书少，你又骗我！

回到正题，我们太想让孩子一次性就变得完美无缺了，所以总是提出了太多的改进办法，最终导致孩子无所适从。实际上，那些着急孩子的家长，也常常是病急乱投医，到处询问怎么办，然后又问科任老师怎么办，每种方法都浅尝辄止，最终没有效果。

其实太简单：还记得手表定律么？有一块表的时候，我们可以确信时间；当有两块以上走时稍有不同的手表时我们就糊涂了！抓住孩子成长中需要改进的"关键的少数"，这才是王道。想提升学习，不要讲那么多什么错题本什么定时复习，讲了千百遍，你以为老师没有重复么？家长只要坚持周末检查作业的认真程度这一项就够了！孩子想提升自己的成绩，自己不知道想各种方法？不知道模仿身边优秀的同学？还需要你给他啰唆？技术性的问题都不是最重要的，人都有主观能动性，就看你有没有本事去激发他们发挥出来。

就语文学习来说，其实我的观点只有两个：其一是坚持阅读，其二是课堂认真听。少做点作业，少写点作文，也未尝不可。不是每个人都喜欢写作的，当然做题是正常人都不喜欢的；但是阅读习惯确实不可缺少，听讲过程中注意力的专注度也是不可或缺的能力。其实我晓得，很多孩子周末在家的阅读是没有做好的，而家长的督促和示范其实也是个挺困难的事情。

各种折腾恰恰是培养和检验的机会

融洽向上的集体里，我们听到的更多的就是对善的称颂，对正能量的高度认同；而在了无生气的集体里，更多的就是对"恶"的谴责，负能量的不断传播。正视现实，当然有应该谴责的方面，但是人总是受到语言的不断暗示的，如果身边听到的总是那些不好的东西，虽然我们都在极力地拒绝成为"恶"，但是潜意识里"见多识广"了，也会时不时为自己的"恶"找到合适的借口！

如果家庭、学校里，都不容许欢声笑语，教育者自身就没有温暖的笑容，怎么可能让你身边这些受教育者也能够"积极乐观，笑靥花开"？我们的教育中，实际上太缺少让我们开怀大笑的机会了，我们不得不学会老气横秋，不得不学会时刻防止"乐极生悲"，从来不敢快乐一下，人生就成了一场苦的修行。记得《增广贤文》里面有这么一句："遇饮酒时须饮酒，得高歌处且高歌。"教育的目的不是要急吼吼地达到人生的巅峰，而是体会生活本身应该有的乐趣——奋斗也是一种乐趣，奉献也是一种乐趣……

在成长的道路上，我们情愿多花一点时间，情愿再慢一点，减少一点前进中的错误。教育的过程就是：不断发现学生成长过程中的问题，直到解决这些问题或者找到解决问题的方法。对于那些有潜力的学生来讲，溺爱就是摧毁，而各种折腾恰恰是培养和检验的机会！

　　而对于勇气的培养来讲，条件不好往往更能够激发勇气的力量！所以，如果我无法控制现实，我就尽力去影响它！无论怎样，面对这一切，谦虚地说一声：

　　我喜欢。

导读： 临危受命，这是在接管一个需要整顿的班级时，与家长在微信群里交流的内容。内容比较的芜杂，耐心地看吧！净多一个多月的管理，班级风气有了明显的好转，且在会考中取得了比预期更好的成绩。

班级管理日常语录

家长要主动跟老师交流，增进理解，化解误会，促进行动

各位家长，我们共同的希望是，为孩子的成长，用心去关注，去纠正，去督促，去帮助，不是撒下不管。其实，只要家长们从孩子们成长的角度出发，愿意拿出更多时间来陪伴，来和老师、孩子一起交流，少一些抱怨，少一些怀疑，多一些理解，多一些严格执行，孩子一定可以越来越好的。

我们不讳疾忌医，不病急乱投医，而是坚定信念，坚持陪伴，坚持遵循教育规律，是可以得到改善的。

这两天我都在研究考试成绩，就算是整体成绩一般的孩子，也有某些学科成绩突出的，这就是教育契机，所以五一节后，请家长们可以多和老师们交流，从这些方面入手，来激发孩子的学习兴趣，并辅之以行动，那么孩子的转变也是必然的。

有些家长，快两年了，孩子成绩一直上不去，家长从来没有联系过与老师交流，这样教育很难做到配合默契，孩子的转变就比较困难。我们为什么不主动一些呢？

如果家长对老师都不够信任，都不能交流联系，您对孩子教育的时候，孩子又怎么能配合呢？

有些家长觉得跟老师"找不到话说"，其实最好的话题，就是教育孩子的问题。

有些家长觉得老师不好说话，不好交流，所以没有来。但是老师很想说，你从来没有来交流过，你怎么知道老师不好说话？所以，交流才能够增进理解，才能够化解误会，才能够促进行动。

不放弃，不抛弃，是从行动上来的。相信我们很多家长都能够理解。特别是，如果孩子某些学科比较弱，家长们主动加老师的联系方式，主动和老师沟通。也是给孩子一个很好的示范，让孩子知道，可以积极主动寻求帮助，解决问题。

重视细节，重新改造学习环境

孩子的良好习惯，对自己的严格要求，都是从小事做起的，只有每一项工作都认认真真，才能把它做好。

今天中午进行了第一次课桌抽屉收拾整理检查，大部分同学做得很好，但是还有少部分没有清理课桌，内部东西比较混乱。

请家委会协助一下，我们班级班训更换为：好学不倦，与人为善。

各位家长好，根据学校寝室管理规定，学生必须在中午12点50分前回到寝室。请中午与孩子交流的家长注意时间安排。另外，如果确实需要和学生、老师一起交流，请务必让相关老师在请假条上签字，及时通知生活老师，以免生活老师到处找学生。作为班主任，生活老师的要求和规定就是我的规定，一切以生活处的标准来管理。希望大家多多支持！

重新制订了清洁卫生要求，现在B班教室的清洁卫生好多了。桌椅板凳整整齐齐，清空桌子里面的东西，把黑板擦得干干净净，讲桌上物品摆放整齐有序。这些细节，能够给同学们、老师们一种享受学习的感觉。

班干部要积极行动起来，做事情执行力要强，不拖沓。把时间用在思考如何做好事情，什么时候行动上，而不是整天争论该不该做。

各位家长，为了培养孩子良好的整理收纳习惯，使各种学习资料能够有序摆放，提高学习效率，请为孩子们购买那种透明的文件袋，可以装A4纸的那种，应该是每位同学10个，价格应该在一元左右一个。另外，那种标签贴纸每人至少一版。

学生将文件袋按学科装试卷和资料，贴上标签，整齐划一。

买一个挂钟，挂在教室前面，以便提醒同学们。

信息及时反馈，家校沟通促进问题解决

请各位班干部用专门的班干部记录本统一格式，每个部门值周干部写出本周班干部总结，然后拍照发到群里。这是第13周。

各位家长，经过一周的观察，相信您也逐渐了解了班级，尤其纪律上存在需要改进的学生名单。也希望家长积极主动联系，一起来参与教育管理。

各位家长，经过两个星期的观察，想请各位家长在本周日晚上，（6月2日晚上）18点30分，在7222召开家长会，对班级情况进行总结。希望家长们准时到会。请与门卫联系一下。

各位家长，经过深入了解，我们发现确实有很多方面需要家校合作，可能最近发的这些会让部分家长感觉不适，但这是班级真实情况的反馈，也可以看到，只是少部分同学存在问题，特别请这些同学家长谅解。

有些问题，可能家长也不太了解详情，如今暴露出来，正是我们一起来解决的时候。

不讳疾忌医，不拖延甩锅，正视现实，一起努力，班级风貌一定可以改变。

女生寝室这周两天总体来说还好，比以前有进步。

尊重规则，重塑形象

我们以前积累了太多这种不尊重长辈、不尊重规则的事情，以至于有些同学长期以来不思改进，甚至以之为一种荣耀，真的感到非常遗憾，非常让人伤感。

班级还需要树立正气，而家长们正是背后最强大的支撑力量，也是孩子内心强大的重要正能量。只有家长们支持班级学生自主管理，支持孩子勇敢维护班级利益，也就是维护每个人在一个最适合环境中学习的权利，我们的工作才能够更持续地进步。

到初二下期了，还要整顿这些事情，是我班主任生涯中第一次。原来班主任做了很多工作，但是有时候得不到最有力的支持，好多很好的措施，只能半途而废。也让人遗憾。这次我们一定要坚持下去，让同学们养成良好的心态和习惯。

抓学习，就从抓时间开始

时间观念，对于有些同学来讲需要强化。中午安排20分钟复习生物地理，有人迟到几分钟，然后整理一下抽屉东西再花几分钟，接着东看西看，认真看书时间竟然不到5分钟！

这才是重点，是学生之间发展不同的根源。

虽然改变学习习惯不容易，但是我们仍然不会放弃，从一点一滴开始。从现在开始，犹未为晚。

把懒懒散散的习惯，用积极向上的态度来代替。

开始的时候，是需要外力来督促，强制，逐渐过渡到内心的自律。

这是一个过程，是需要多方面一起来配合的。

要求6:20到教室复习，这时迟到的同学，凡是没有手表的孩子，请家长买一块手表，让孩子随时有时间观念。

各位家长，特别说明一下周末语文作业，因为我们作业叫作常规作业，也就是每周日常的作业，平时学生都知道周末要做哪些。按照要求，星期一到星期四就可以完成其中大部分内容。只是课代表还可以细化到每天，做不完的，周末回家完成。

只有每天都练习，才能保持语文知识积累，因此，周末作业并不算多。

这两周来，我们提出了要求，课间教室里说话，必须轻言细语，不得高声喧哗，追逐打闹。

一事一毕，坚决检查到底。

同学们学习了成外学长们的工作总结后，确实有长进。很细致，很认真。

团结一致，彻底实施，才有机会

对于孩子的教育，我们最怕的，是家长一方面希望能够严格教育，另一方面对班级教育管理方式又这里不认同，那里感到不合自己心意。特别是在自己并没有见过老师的管理效果，甚至闻所未闻的情况下。特殊情况采用特殊的管理模式，这才是因地制宜，实事求是。如果期待常规的、众所周知的方式来管理特别时期的班级，又期待要有不一样的效果，那就是做白日梦。

根据情况反馈，这两天晚自习有所好转，希望家长们能够继续支持我们新的管理方式。

这段时间，请家长们多关注群里的信息反馈，我们一起把孩子各方面的习惯培养出来。

作业检查不合格的，需要家长监督完成，或者把孩子带回家完成。

一般来讲，现在正是对学生进行严格要求的开始，如果这一次没有办法拿下，可能以后就比较困难。

这次班级风貌的改变是一个开始，只有每一项都严格落实到底，学生才会有认同感。

让家长也真正认真起来

各位家长，本周总体情况良好，同学们在寝室方面进步最大。

学习方面需要注意的是：

1. 部分同学应该回家完成作业后再将作业送回来，家长没有按照要求配合，对孩子过于将就，这也是孩子长期不完成作业的原因。狠不下心，怕孩子受不了，吃不了苦，今天早上孩子作业没有完成就把孩子送来了。老师能够做的，所谓的严格教育，其实就是这些。如果让老师做坏人，家长做好人，可能对孩子来讲，就会越来越自我放任，不接受学校教育。

2. 晚自习前三天表现很好，昨晚只有两个学生不遵守纪律，打招呼不听，讲话影响班级。按照上次说法，请家长从下周日开始，六点半到学校守着孩子自习。地点7222。

另外，有家长要求这四天在家复习，个人觉得除非家长天天在家监督辅导，否则对于这些自主学习能力不够的孩子来说，放任自学恐怕弊大于利。

我们将要求本次考试成绩70分以下的学生，每天晚自习全力以赴复习生物和地理，但是其他时间该上课还是要上课。不然期末参加市上考试，又怎么安排？

这个时候不是要去威胁孩子，而是要去帮助孩子渡过难关，要多鼓励和坚定不移支持他，帮助他打起精神，把时间用在复习，而不是争论上。

确实有这个要求的家长，本着对学生负责的态度，请家长提交具体辅导方案，学校方可同意回家复习。

人际关系好转，从各个层面改变

只要静下来，学习上看到希望，有同学努力学习成为榜样，就会激发更多的同学参与其中，从而改变班级学习风气，向好的方面发展。

请生活老师每周一公布一下上周寝室表现优秀的学生，以及文明寝室名单。让家长们知道孩子的情况，并把对寝室的要求发到群里，让家长们知晓。

现在班级中部分同学学习目标不明确，没有学习动力，家长的督促和要求也远远不够。

初中阶段是孩子可塑性非常强的时候，如果家长放任孩子"自我成长""野蛮生长"，孩子未来的发展真的堪忧。

教育是一项细致活儿，需要家长们用心去对待。

希望家长们也及时向孩子转达生活老师的表扬。

良好的人际关系——师生关系，就是从这些地方开始的。让孩子接受生活老师的管理，认同学校生活管理的要求，就可以实现自我约束能力的提升。

以前班级学生之间人际关系比较复杂，学生容易情绪化，心思没有在学习上。现在要他们简化人际关系，与人为善，把重心转移到学习上。

只要有人开始改变，就会带来连锁反应

也感谢过来守自己孩子自习的两位家长。这是给孩子一种信号：规则就是要遵守，学习就是自己这个阶段必须做的事情。

各位家长，今天下午最后一节课，我再次向同学们提出了几点建议：

1. 每天离开寝室、回寝室都要和生活老师打招呼，说话要和气，文明，善于与人沟通，而不是蛮横无理。这叫作"见面问好"。

2. 向老师请教，或者老师帮助自己解答了疑惑，要说谢谢。只有懂得感恩的人，才会越来越优秀。

3. 每天离开座位，要"起身看座"，把座位整理干净整洁，让教室里保持舒适清爽的感觉。

改变是一点一滴的，但是只要有人开始改变，就会带来连锁反应，产生积极向上的氛围。

第五部分

班科教师协作

沟通，沟通，沟通。班主任要协调好学生、家长等等，一起配合科任老师把班级工作做好。风雨同舟共进退，天天见面不会累。

导读： 本篇重点是，要充分地尊重与你搭档的教师，无论他们是新教师还是老教师，你都应该在密切交流的基础上，给予无条件的信任和支持。同时，作为班主任要多指点和帮助学生，让他们掌握人际沟通的技能技巧，尤其要有交流、沟通、解决问题的思维模式，要有积极主动性，及时排解生活和学习中遇到的人际矛盾，从而让自己的学习生活环境更和谐友善！

和谐我们自己

那天一大早，就收到生活管理处老师交过来的罚单，我班有两个学生晚出寝室，扣班级寝室分2分。再看名字，居然是班干部，心中不禁一阵悲哀。冲进教室搜索一阵，没有看到人，只好下了口谕：回来立即来见我！

做班主任，要么在处理学生的这类事情，要么就在处理这类事情的路上，每天都在奔忙，其实是很难看到亮丽成绩的。而一旦某天你的学生出了什么漏子，那一定是说：某某班的，班主任在干吗？

这样看来，做班主任吃力不讨好的时候是很多的。所以常常有句话，就是"没有批评就是最好的表扬"。到成外做了八年的班主任了，经历了种种风雨，也体验了种种难堪，当然也积累了更多的经验和教训。在这个"00年代"即将结束的时候，我更想总结的是：班主任如何处理好与科任老师之间的关系。

服从科任老师的管理是最明智的选择

以上面的事件为例，我在快速调查了最近学生出寝情况之后，知道冬天确实有部分学生意志力不够，起床难，生活老师多次提醒时间，但有的学生还和生活老师吵，态度很是恶劣。想到生活老师管理的辛苦，如果我们班主任不给力，那一定会增加他们管理的难度。于是在和违纪学生分别谈话教育之后，我在班级再次重申：严格遵守学校生活管理的相关规定，服从生活老师的管理，凡是有违纪情况发生，一律以生活老师的要求和汇报为准。

学生问："如果老师弄错了呢？"

班主任："以生活老师说的为准。我完全相信生活老师的管理！"

解释如下："如果你觉得生活老师冤枉你了，请主动到生活老师处做出合理的解释，并让生活老师转告我，我方予以认可你的'对'，请注意与生活老师的沟通方式。"

我认为，认可并全力支持科任老师的管理，不仅仅是对科任老师的尊重和信任，更是对学校管理的坚决支持。作为班主任，是基本上没有机会选择自己想搭档的老师的，再说选择总是双向的，也不是你认为最合适的老师，人家内心也乐意和你搭档。充分认识到这一点，不怨天尤人，而从实际出发，努力和现任科任老师做好配合，才是我们班主任的责任。而能否做好配合，也是衡量一个班主任优秀与否的因素之一。

所以，我说：认可科任老师对学生违纪的处理，并积极做好学生的工作来配合科任老师，是班主任必须做好的事情。我还给科任老师和学生都讲：凡是科任老师交到我这里处理的案件，我一定会比科任老师的处理更为严厉。有什么事情，服从科任老师的处理是你明智的选择。

妥善沟通，才会得到真正发自内心的关心

生活老师说的话本身学生就不大听，如果班主任再放任学生，甚至在学生面前，也说一些不利于生活老师的话，将严重降低生活老师的威信，并人为地增加了生活老师的管理难度。在生活区，我认可生活老师的管理，并坚决相信生活老师的能力，这样生活老师在学生那里，才有足够的信心和魄力去严格管理，而学生才能够对生活老师的管理引起足够的重视。这样也体现了教师阵线的坚固统一，让学生无法两面耍滑头。

有一次，我班有个男生和生活老师发生纠纷，并对老师出言不逊，事情到我这里之后，我迅速地通知了家长。在充分探讨了各种处理意见的利弊之后，我向家长提出：①让孩子回校后立即给生活老师承认错误并道歉；②家长主动去给生活老师做沟通，了解孩子的情况，并表示对生活老师严格管理的诚挚谢意。

之所以这样做，是因为和谐的生活环境才更有利于学生的身心健康，也更有利于学生的学习。首先，寝室是学生在学校里可以彻底放松的少数空间之一，如果每天的生活都有一种怨气，其实最终受到伤害的是学生自己。其次，孩子最终还是很需要生活老师多方面关心和帮助的，如果家长只注意自己孩子在这次事件中的"冤屈"，而同样的"怨气"，其实是给孩子一个错误的信息，那就是孩子永远是"对的"，结果是孩子将肆无忌惮，最终恐怕连家长的话都不会听。师生之间肯定会有矛盾不和谐的时候，但只要妥善沟通就可以解决，只有双方的心态放平和了，那种关心才是真诚而自然的，也才能够打动双方的心灵。

讨好学生成不了一个负责任有远见的班主任

那么有人一定说，老师也有错误的时候啊。是的，有一届的时候，我班曾经遇到了一个生活老师，管理我班男生，扣分扣到了−2分，结果还是管理不下来。什么是−2分？恐怕最后统计老师都不明白！那就是把下个月的"工资"都扣了还不够哈。当然，这种管理方式我实在不敢苟同，然而我也只是对老师本人提出询问和建议，并没有在学生面前表现出对老师的任何意见。

又如，本学期男生生活老师更换了，有学生就不听新的生活老师的话，还说以前老师"如何如何"的管理，是如何的好。我问学生："那个老师还来不来管理你？"学生说："不来了。"我问："现在的老师有没有权力管理你？"学生说："有。"我说："那就对了。以前的老师如何，我们记在心里。但是每个老师都有一些特别的管理方法，我们要做的是适应新老师，而不是追念过去。这就是一种实事求是的态度。不会适应环境的改变，那你就只会退步甚至被淘汰。回头说，现在的老师有没有优点？"学生说："其实还是多关心我们的。"我说："这就对了，抱怨什么？我铁定支持生活老师的管理！"

这就是我的原则，支持科任老师的管理。

反观有些班级在处理和生活老师关系方面的情况，我更坚信支持生活老师的管理能够为学生成长创造良好的环境。纵容了学生，为讨好学生，其实最终受害的是不断产生情况而身心疲惫的班主任。尤其是班级如果有一种轻视老师的舆论，那更是班主任的一大灾难。

"转述"要从和谐的角度来措辞

对于科任老师的支持，我是有着深刻教训的。我刚刚担任班主任时，（那时候真年轻）有一次一个家长对我说，他的孩子感到没有得到老师的"关爱"，很伤心，希望老师不要嫌弃他。我当时也没有多思考，就和科任老师说了原话。结果科任老师很伤心，交流了很久，我才知道是最近对该学生太严格了，学生回家说的是气话。好长一段时间，科任老师的教学热情都受到了影响。从此，我明白，支持科任老师，相信科任老师，了解了整体情况再谨慎交流，更有利于教育教学，更有利于学生的健康成长。

因此，每当听完家长或者学生的叙述，我常常说一句："我知道情况了。但是这件事情你要亲自和科任老师联系，了解最真实的情况，以便于真正地解决问题。"

专业人士提供专业建议，"分权"也"分责"

有学科问题直接找科任老师，这是我的另一条原则。

一般情况下，家长和班主任比较熟悉，有事情通常直接找班主任。有时候，接到家长的问话："我孩子某某科怎么老是学不好？"一般面对这样的问题，如果是我语文学科的，我都尽力地分析解答；如果是其他科目的，我一定请他直接和科任老师联系。科任老师对学生的学科情况最为熟悉，所提出的建议也最具有权威性，请务必相信科任老师。作为班主任，我除了自己的专业学科以及学生思想教育外，其他方面，虽然不能说完全是外行，但毕竟不专业，因此，不提供任何不成熟的建议。班主任不充当全能的人才，其实是对科任老师的一种尊重，是一种基本的同事之间的尊重，也是维护科任老师权威的方式。

因此，可能我的这种做法，让更多的科任老师接了不少的电话，添了不少的麻烦，但却是让家长心中有科任老师的一种方式。事实上，家长需要的是一种专业建议，对此，科任老师是最有发言权的。同时，也让孩子更多地得到了老师的关注，用我们的行话说，就是面对提问，你至少要知道一点这个学生的情况吧？那就得在平时多认识了解这个学生，那不就是一种关注么？

学生的健康成长，是在各科老师共同教育下实现的，绝对不是班主任一个人的功劳。各科老师都在关注，那孩子就能够体会到老师们对自己的关爱，各方面的不足也容易被发现并采取适当的方式予以弥补。因此，家长和科任老师多了直接的交流，很多误解和矛盾也就容易解决，而家校之间的联系和合作也就更紧密了。

常常为科任老师真心点赞

对科任老师的支持，除了支持对学生违纪的处理，让家长直接和老师交流外，还包括在学生面前表现对科任老师的信任、赞赏。我班的怪现象是，班级综合成绩不错，但是在各科成绩中，名次最低的是班主任的科目。我常常嘲笑说："我们班各科都不错，就是语文老师教的比较差！"学生哄笑，然后说："那是我们班主任管理得好。"

全力支持科任老师，我对学生讲："学生的成长，不是班主任一个人就能教导出来的。有的家长说，老师，我的孩子就全靠你了，我的回答是，要靠大家的合力。学校生活除了学习知识外，更多的是人文熏陶，学生要学习各个老师身上的优秀人格因素，来锤炼自己的优秀人格。只有对各科老师有着充分的尊重，有着学习的精神，才能够得到自己想得到的成长营养。所以，尊重老师，不是为了老师的面子，而是你自身素养的提高，是你人生境界的提升。"

我赞赏科任老师的能力、人格魅力，是一种发自内心的叹服，是对自身不足的反省与承认。所以，我们班级的学生对科任老师的喜爱和接受程度远远高于班主任，这和我的心愿是一致的。科任老师做好人，我不以为功，为而不争。

我常常说，除了极少数的班级管理问题外，科任老师的话同样是圣旨，不遵守就是抗旨不遵，后果很严重！既然如此，除非你有一身过硬的本领，来领教班主任的暴风雨！

调动科任老师齐抓共管，班级管理才能全方位无死角

让学生学会沟通，处理好身边的人际关系，是我的另一个原则。

放手让科任老师管理，不是单纯把事务推托给科任老师，而是充分调动科任老师的教育管理特长，让班级教师队伍的综合实力得以全面的展示，并产生积极有效的管理效果。而作为班主任，要避免出现冤案，得注意培养学生的沟通能力。

培养学生的人际沟通能力，就是对学生综合素质的培养。不是说，科任老师的每个决定都一定要和班主任的管理理念相同，而是充分尊重思维的多向性，多维角度处理问题。班主任绝不可能是一个完人，绝不可能每件事情都提出最佳处理方法。其实我们搭档的很多老师，有着丰富的教育教学经验，处理问题的方法也各异，反正比我这个貌似还年轻的人要稳妥恰当得多，很多地方需要我认真学习。尊重科任老师的处理意见并严格执行，是班主任应该学习的一课。不能让学生觉得，到了班主任那里，就变成和风细雨，最后不了了之，这是对科任

老师资源的一种浪费，对科任老师威信的损害，不利于教师团队的和谐融洽团结。那么，如果确实有些方面有不同的看法，我觉得应该从教育学生着手，而不是从科任老师那里去寻求沟通。

培养学生主动与老师沟通交流的能力，解铃还须系铃人

我做过科任老师，知道科任老师一般都是这样的态度：当班主任说某件事情要斟酌的时候，我们一般都是说："你全权处理吧，班主任处理效果好些。"然后就彻底脱手了。班主任成为救火队长，其实是一种班主任工作的悲哀。

教育学生学会主动和科任老师沟通，其实也是增强师生之间相互信任和理解的方式。如果学生觉得自己委屈了，可以给我说，但我只是听，不是重新审判或者调解。我的建议就是，你再认真思考，自己有没有不妥当的地方？适当巧妙的解释有没有？对老师的尊重充分吗？你主动去找过老师解释吗？态度真诚吗？最终是你一定要主动和老师沟通，尽快化解双方之间的矛盾冲突，也能够早日放下心理负担。

只有你自己，才能解救你自己。不然你在课堂上会因此而痛苦，你的学习也会因此受到影响，最终不利于你的成长。最终，你要接受科任老师与你和解后对你的严格要求。

自己的问题，自己去和老师解决。这是一种对学生人生负责的态度。在今后的人生道路上，没有那么多的机会去"求"班主任，去"拼爹"，要依靠自身的力量解决生活中的种种困难和矛盾。在学生最烦恼的诸多事情中，其实最苦恼的不是学习，而是人际关系的处理。这种能力，不是老师一手包办就可以做好的。

加强交流，和谐共生

总结：班主任处理好与科任老师之间的管理关系，对班级的整体发展有着极其重要的作用。全力支持科任老师，表现在对科任老师管理能力的信任，相信科任老师会严肃处理学生问题；表现在对科任老师教学能力的充分信任，相信科任老师的教学建议是最权威的；表现在对学生人际交往能力的培训，相信学生在主动和老师交流沟通过程中是能够解决问题的。

深信科任老师，即使其教育教学中可能有不完美的地方，但是在和学生的交流沟通中，教师自身的反省能力和素养，一定会让科任老师逐渐地完善自己；深信学生，相信学生在解决矛盾的过程中，学会了成长，在沟通中加深了师生感情。在教学相长的过程中，有着融洽和谐的环境，有着健康快乐的心情，天更蓝，云更白，未来就如晴空一样高远！

导读： 班主任当然不是随叫随到的老好人，但真的可以做一个善解人意的协调人。班主任作为班级发展的"中流砥柱"，善于组织协调班级师生关系、同事关系、上下级关系等等，也是自己走向成熟的体现。

班主任，把握住"C位"时刻

"Y老，今天我们学科都考完了，晚自习你帮我们守一下如何？"某老师如是说。"没问题，反正我都要在这里陪着学生的。"我想也没想就回答。

关键时刻，学生更需要班主任的陪伴

其实这是标准答案。想一想，在半期考试、期末考试等重大时刻，学生有紧张焦虑的情绪是必然的，他们如何能够安心下来？当然是看到班主任在，看到科任老师在。你会发现这期间他们特别粘人，有时候是跑到办公室来找你聊天，有时候是假装问问题在你旁边逗留。你安慰的话语、鼓励的眼神，甚至就是平淡无奇的聊天，都能够让他们找到一种归属感。

这个时候，班主任如果抛下自己平时严肃的一面，保持平和的心态，安安静静地陪在旁边，或者偶尔去教室里晃一下，让他们看到你的身影，带来的感觉自然不同。有些孩子这个时候特别浮躁，看到班主任的身影，他会赶紧安静下来，至少会"假装学习"。优生在这个时候更期待班主任到场，能够"维护"好复习氛围，让自己能够安静复习。总之，不管是谁，其实这个时候都渴盼身边最熟悉、最信任的人在。

投桃报李，大家都有着合作愉快的期待

更何况，班主任与科任老师想要更默契地配合，在这些关键时刻更要给对方"撑起"。身为班主任，多付出，在关键时刻能够顶得起，这是十分考验人的胸怀。谁是最好合作的人，与谁合作最愉快，不是你嘴巴说得好听就可以的，大家属于"多重博弈"，也就是交往时间会很长，合作次数远远多于与学生的合作！

所以，实实在在的行动，更能够看得出你的合作精神。如果用一个更贴切的词语，就是"吃亏"精神，实际上，大家互相支援，长期来看也不存在谁吃亏的问题。科任老师觉得跟你合作很愉快，自然愿意在班级教育教学上更用心，学生管理和成绩当然会受到有益的影响，这也让班级整体发展呈现良性循环状态，身为班主任，其实也是很省心的了。所以，"失之东隅，收之桑榆"是有道理的。

说实话，这种考试时刻，大家都很辛苦，很多空档时间，班主任都必须主动去填满，当然是很劳累的。如果这个自习时间，原本就是科任老师应该守的，班主任不愿意换，也是可以的。毕竟"帮你是情分，不帮你是本分"，不过就人际交往来说，我更看重情分。这个时候，身为班主任，站稳"C位"，是极为重要、极有意义的。其他事情亦然，在班主任力所能及的时候，从全局出发，考虑将来班级发展和自己工作氛围营造，吃亏是福，是幸运。人心都是肉长的嘛，投桃报李，大家齐心协力，是可以把班级管理理顺的。

面对负面信息，要回顾目标深入分析再作决断

"Y老师，你们班级最近太浮躁了！"方方面面传递过来了

这样的声音。不要慌，班主任一定要"C位"出镜，把握住班级这艘航船的方向。没有哪个班级永远都只有正面反馈，在发展成长中的学生，每天都有新情况，都有新的事情在发生；在不断整合中的班级，状况不断是常态，不必惊讶。事实上，正因为每个阶段的事情不一样，才证明了他们在成长。

浮躁，不过就是该安静的时候安静不下来，该学习的时候学不进去，废话多过文化。班主任多反思：自己班级最近是不是活动过多，节奏不够恰当？是不是最近对学生的批评和管教太过严厉，引起学生的情绪反抗？还是因为自己最近的引导和关注不够，学生对近期目标不明确，所以"自寻目标"，各自为政而缺乏班级共同进步的愿望？

劳逸结合，一静一动，班主任应该hold住全场。有时家长的意见是个别现象扩大化，有时科任老师的意见是偏重于自己学科，总之班主任要细细甄别，然后巧妙调控。

你心中的理想班级是什么样的？你准备从哪些方面来做？这三年坚持做好哪几件对学生有终生影响的事情？班主任门儿清，那么就不会被发展过程中的小插曲给带偏了。

整合班级各方力量，协同作战解决问题

"好的，我下来收拾一下他们！"我常常这样回答。至于下来怎么收拾，当然是在认真研究之后，采取适合自己班级的方针了。

我们班的风格就是，偏重于严谨，班干部有比较大的权力和能力管理班级，基本上属于自主管理——"专制"下的民主，他们自己组织班干部队伍，制定规则，一月一换。在学习上，我们和学生、家长谈话确定目标，随时保持联系，多鼓励、多帮助。既有远期目标，也有现阶段任务；重成绩，更注

重成长。

　　"收拾"，首先不是去打压那几个所谓的典型"叛逆分子"，而是找班干部来提出要求，找班级中积极向上的学生来提班级管理建议。这些学生善于思考，敢于管理，因此才是班级的中坚力量。"叛逆分子"，是在班级自律主流已经形成后，通过集体压力来解决的。好人都不团结一致，怎么可能搞定那些天生就善于自我组团的"破坏分子"？

　　班主任有责任在这样的时刻站在承担责任的立场上，毕竟你是班主任，是这个管理团队的核心，就该在关键时刻站在"C位"！班主任不应该轻易地责备科任老师、责备学生家长，或者责备学生。应该做到设身处地思考，多找解决问题的方法，把注意力集中在解决问题上，动员各方面的力量来协同作战，解决问题。

功成身退天之道

　　"C位"，是很荣耀，不过这背后还是有着诸多的艰辛。当然，如果把班级管理好了，同事之间关系处理好了，家长们说："老师，我们孩子太幸运遇到您了"，科任老师们说："下一届我们继续搭档哈"，这个时候，你就应该退隐了。让出"C位"，让他们去展示吧！

　　毕竟，谁不知道你是班主任呢？即使你靠边站了，那里也是目光的焦点。

　　班主任，站在哪里，哪里就是"C位"！

后　记

　　万事开头难，中间难，结尾更难。从2019年8月计划整理文稿以来，一直处于焦虑之中，直到2020年五一节，才算是结束了主体工作。反复修改之中，也感悟甚多。

　　本书重点不在于理论，而在于从班主任教育管理的小事情中，体现出班主任的管理细节，体现班主任管理的理念。侧重于班主任工作是实实在在的，是和学生成长息息相关的，因此可以当成是故事来看，在轻松愉悦中，完成班主任管理经验的学习和领悟。

　　笔者长期从事班主任工作，在成外的这些年，受到身边众多优秀班主任的熏陶，得到他们的鼓励和指点，因此很多的方法和观念，代表了某一类班主任们的集体观念，具有相当的代表性。

　　本书内容分为以下几部分：起始年级管理、班干部培养、班级活动组织、家校交流原则、班科教师协作。对原来作品进行了分类挑选，重新校正。为了保持当年作品的原汁原味，又体现如今的认识水平，本书采取了"导读"+"原作"的模式。以前的文章标题显得有些奇怪，请不要介意；原作部分文段与教育无关，适当地作了删减。部分引文未做标示，敬请原谅一个喜欢读书好做读书笔记却又不太严谨的阅读人的慵懒。

　　希望读者在轻松愉快的阅读中，感悟到做班主任的那种快乐与智慧并存的可能性。

感谢职业生涯里一直帮助"山人"的所有领导、同事们，是你们的宽容、耐心、热情指点和保护，让"山人"能够一路走来，不惧风雨。

感谢出版社的各位老师，为本书的出版做了很多细致的工作，费心费力，令人感动！

晏光勇

2020年5月14日